한식조리 학습모듈

Korean Cuisine
Learning Module Application

윤수선 · 김성옥 · 이시은 · 김주현 · 손은수 · 강봉옥 · 황수정 · 정봉구 · 강송목

지식인

Profile

윤수선 안산대학교 호텔조리과 교수

김성옥 동원대학교 호텔조리과 교수

이시은 강동대학교 호텔조리제빵과 교수

김주현 동서울대학교 관광학부 호텔외식조리과 교수

손은수 창원문성대학 호텔외식조리과 교수

강봉옥 부산여자대학교 호텔조리제빵계열 교수

황수정 대구한의대학교 한방식품조리영양학부 교수

정봉구 백석예술대학교 외식산업학부 교수

강송목 경남관광고등학교 교사

한식조리 학습모듈

2020년 2월 15일 초판 1쇄 인쇄
2020년 2월 20일 초판 1쇄 발행

지은이 | 윤수선 · 김성옥 · 이시은 · 김주현 · 손은수 · 강봉옥 · 황수정 · 정봉구 · 강송목
펴낸이 | 김종욱 · 명사동
펴낸곳 | 지식인
등 록 | 제301-2013-134호
주 소 | 서울시 도봉구 도봉로 180길 20, 투웨니퍼스트 102동 602호
전 화 | 02)2266-8606
팩 스 | 02)2266-8607
E-mail | jisikin2013@naver.com

ISBN 979-11-88105-56-4 (93590)

값 24,000원

한식조리 학습모듈

Preface

오랜 세월 동안 인류는 음식을 만드는 기술을 연마해 왔으며, 미래에까지도 식품의 조리는 우리의 일상생활과 삶에 밀접하게 관계되어있다고 할 수 있다. 따라서 식품에 관하여 많은 연구와 함께 세계의 식품을 조리할 수 있는 학문과 기술을 연마하고, 예술적인 가치와 영양소를 보존할 수 있는 조리를 하여야 할 것으로 생각된다.

필자들은 요리에 대한 기초를 학생들에게 교육시켜야 한다는 생각이 지배적이었으나, 그동안 많은 변화를 겪으면서 정말 필요한 것은 조리에 대한 기본자세이며 음식의 역사와 조리사의 정체성을 깨달아야 한다는 것을 느끼게 되었다. 대한민국 조리인의 한사람으로써 조리를 어떻게 해야 하는지, 왜 그렇게 해야 하는지에 대한 방향을 제시해 주는 것이 매우 중요한 요소라는 것을 깨닫게 되었다. 어떻게 하면 조리를 통해서 글로벌세계 속에 살아갈 것인지에 대한 문제와, 그에 대한 대답을 이끌어내야 된다는 고민에 빠지게 되었다. 또한 조리 관련학과 학생들의 현장 진출 시 재교육에 투자되는 시간적 · 물적 자원이 많이 허비되는 것을 보면서 참으로 안타까웠으며, 조리전문 직업인으로서 많은 걸림돌들이 있어 참으로 아쉬운 부분들이었다.

이러한 고민의 결과로, 『한식조리』는 조리를 처음 배우거나 앞으로 조리를 직업으로 하려는 분들에게 필요한 서적으로, 조리를 접하는 젊은 예비조리인들에게 음식을 만드는 것 이상으로 중요한 내용을 전달하려고 노력하였다.

본서는 다음과 같이 총 3부로 구성하였다.

이론편으로 제1부에서는 한식조리 직무 개요와 한식조리 학습모듈에 따른 산업현장에서 직무를 수행하기 위해 요구되는 지식 · 기술 · 소양 등의 내용을 산업부문별 · 수준별로 국가적 차원에서 체계화 · 표준화한 것을 기술하였으며, 제2부에서는 한식조리 능력단위 24개를 바탕으로 개발된 한식조리 학습모듈 14개(한식 기초조리실무, 한식 밥조리, 한식 죽조리, 한식 면류조리, 한식 국 · 탕조리, 한식 찌개 · 전골조리, 한식 찜 · 선조리, 한식 조림 · 초조리, 한식 볶음조리, 한식 전 · 적조리, 한식 튀김조리, 한식 구이조리, 한식 생채 · 회조리, 한식 숙채조리, 김치조리, 음청류조리, 한과조리, 장아찌조리)를 모두 적용하였으며, 실기편에서는 새로운 '한식조리기능사 과정 31가지'와 기존 자료는 '실기 더 알아보기'로 한식기능사 과정 모두를 다루었다.

필자들의 오랜 현장 경험의 노하우와 학교에서 학생들을 지도하면서 필요하다고 느낀 부분을 오랜 시간 준비하고 정리하여 정성들여 만들었으나, 미흡하고 부족한 부분이 있으리라 사료된다. 이 점에 대해서는 교정에 교정을 거듭하겠으며, 필요하다면 앞으로도 수정과 보완을 거치면서 더욱 완성도 있는 책이 되도록 노력하겠다.

자료수집과 실기를 도와주신 분들과, 이 책이 출간되기까지 사랑과 관심으로 지켜봐 주시고 격려해 주신 주위의 모든 분들께 진심으로 감사의 말씀을 드린다. 마지막으로, 집필을 할 수 있도록 지원해 주신 지식인의 대표님과 편집에 힘써주신 관계자분들께 감사의 인사를 드린다.

공저자

Contents

이론편

실기편

Korean Cuisine

Learning Module Application

이론편

Chapter 01

한식조리 직무개요

한식조리 직무개요

1) 한식조리 직무 정의

한식조리는 조리사가 메뉴를 계획하고, 식재료를 구매, 관리, 손질하여 조리법에 의해 조리하며 식품위생과 조리기구, 조리시설을 관리하는 일이다.

2) 능력단위

순번	능력단위	실기 적용
1	한식 위생관리	
2	한식 안전관리	
3	한식 메뉴관리	
4	한식 구매관리	
5	한식 재료관리	
6	한식 기초조리실무	재료 썰기
7	한식 밥조리	비빔밥, 콩나물밥
8	한식 죽조리	장국죽
9	한식 면류조리	국수장국, 비빔국수, 칼국수
10	한식 국 · 탕조리	만둣국, 완자탕
11	한식 찌개조리	생선찌개, 두부젓국찌개
12	한식 전골조리	소고기전골, 두부전골
13	한식 찜 · 선조리	닭찜, 돼지갈비찜, 북어찜, 호박선, 오이선, 어선, 달걀찜
14	한식 조림 · 초조리	두부조림, 홍합초
15	한식 볶음조리	오징어볶음
16	한식 전 · 적조리	섭산적, 화양적, 지짐누름적, 풋고추전, 표고전, 생선전, 육원전, 화전
17	한식 튀김조리	채소튀김
18	한식 구이조리	제육구이, 너비아니구이, 더덕구이, 생선양념구이, 북어구이
19	한식 생채 · 회조리	도라지생채, 무생채, 더덕생채, 육회
20	한식 숙채조리	겨자채, 탕평채, 잡채, 미나리강회, 칠절판, 북어보푸라기
21	김치조리	오이소박이, 보쌈김치
22	음청류조리	배숙
23	한과조리	매작과
24	장아찌조리	무숙장아찌, 오이숙장아찌

3) 능력단위별 능력단위요소

분류번호	능력단위	수준	능력단위요소
1301010115_16v3	한식 위생관리	2	개인위생 관리하기
			식품위생 관리하기
			주방위생 관리하기

1301010116_16v3	한식 안전관리	2	개인안전 관리하기
			장비 · 도구 안전작업하기
			작업환경 안전관리하기
1301010117_16v3	한식 메뉴관리	4	메뉴관리 계획하기
			메뉴 개발하기
			메뉴원가 계산하기
1301010118_16v3	한식 구매관리	3	시장 조사하기
			구매 관리하기
			검수 관리하기
1301010119_16v3	한식 재료관리	2	저장 관리하기
			재고 관리하기
			선입선출하기
1301010120_16v3	한식 기초조리실무	2	기본 칼기술 습득하기
			기본 기능 습득하기
			기본 조리법 습득하기
1301010121_16v3	한식 밥조리	2	밥 재료 준비하기
			밥 조리하기
			밥 담기
1301010122_16v3	한식 죽조리	2	죽 재료 준비하기
			죽 조리하기
			죽 담기
1301010103_16v3	한식 면류조리	4	면류 재료 준비하기
			면류 조리하기
			면류 담기
1301010104_16v3	한식 국 · 탕조리	2	국 · 탕 재료 준비하기
			국 · 탕 조리하기
			국 · 탕 담기
1301010123_16v3	한식 찌개조리	2	찌개 재료 준비하기
			찌개 조리하기
			찌개 담기
1301010124_16v3	한식 전골조리	4	전골 재료 준비하기
			전골 조리하기
			전골 담기
1301010106_16v3	한식 찜 · 선조리	4	찜 · 선 재료 준비하기
			찜 · 선 조리하기
			찜 · 선 담기
1301010125_16v3	한식 조림 · 초조리	3	조림 · 초 재료 준비하기
			조림 · 초 조리하기
			조림 · 초 담기
1301010126_16v3	한식 볶음조리	4	볶음 재료 준비하기
			볶음 조리하기
			볶음 담기

1301010127_16v3	한식 전 · 적조리	2	전 · 적 재료 준비하기
			전 · 적 조리하기
			전 · 적 담기
1301010128_16v3	한식 튀김조리	4	튀김 재료 준비하기
			튀김 조리하기
			튀김 담기
1301010109_16v3	한식 구이조리	4	구이 재료 준비하기
			구이 조리하기
			구이 담기
1301010129_16v3	한식 생채 · 회조리	2	생채 · 회 재료 준비하기
			생채 · 회 조리하기
			생채 · 회 담기
1301010130_16v3	한식 숙채조리	4	숙채 재료 준비하기
			숙채 조리하기
			숙채 담기
1301010111_16v3	김치조리	4	김치 재료 준비하기
			김치 양념 배합하기
			김치 조리하기
			김치 담기
1301010112_16v3	음청류조리	3	음청류 재료 준비하기
			음청류 조리하기
			음청류 담기
1301010113_16v3	한과조리	5	한과 재료 준비하기
			한과 재료 배합하기
			한과 조리하기
			한과 담기
1301010114_16v3	장아찌조리	4	장아찌 재료 준비하기
			장아찌 양념 배합하기
			장아찌 조리하기
			장아찌 담기

Chapter 02

한식조리 학습모듈

1. 한식 조리실무 학습모듈
2. 한식 밥, 죽조리 학습모듈
3. 한식 면류조리 학습모듈
4. 한식 국 · 탕조리 학습모듈
5. 한식 찌개, 전골조리 학습모듈
6. 한식 찜 · 선조리 학습모듈
7. 한식 조림 · 초, 볶음조리 학습모듈
8. 한식 전 · 적, 튀김조리 학습모듈
9. 한식 구이조리 학습모듈
10. 한식 생채 · 회, 숙채조리 학습모듈
11. 김치조리 학습모듈
12. 음청류조리 학습모듈
13. 한과조리 학습모듈
14. 장아찌조리 학습모듈

대분류	음식서비스
중분류	식음료조리 · 서비스
소분류	음식조리

세분류

- 한식조리
- 양식조리
- 중식조리
- 일식 · 복어조리

능력단위(학습모듈명)	실기 적용	능력단위요소
한식 위생관리		개인위생 관리하기
		식품위생 관리하기
		주방위생 관리하기
한식 안전관리		개인안전 관리하기
		장비 · 도구 안전작업하기
		작업환경 안전관리하기
한식 메뉴관리		메뉴관리 계획하기
		메뉴 개발하기
		메뉴원가 계산하기
한식 구매관리		시장 조사하기
		구매 관리하기
		검수 관리하기
한식 재료관리		저장 관리하기
		재고 관리하기
		선입선출하기
한식 기초조리실무	재료 썰기	기본 칼 기술 습득하기
		기본 기능 습득하기
		기본 조리법 습득하기
한식 밥조리	비빔밥, 콩나물밥	밥 재료 준비하기
		밥 조리하기
		밥 담기
한식 죽조리	장국죽	죽 재료 준비하기
		죽 조리하기
		죽 담기
한식 면류조리	국수장국, 비빔국수, 칼국수	면류 재료 준비하기
		면류 조리하기
		면류 담기
한식 국 · 탕조리	만둣국, 완자탕	국 · 탕 재료 준비하기
		국 · 탕 조리하기
		국 · 탕 담기
한식 찌개조리	생선찌개, 두부젓국찌개	찌개 재료 준비하기
		찌개 조리하기
		찌개 담기
한식 전골조리	소고기전골, 두부전골	전골 재료 준비하기
		전골 조리하기
		전골 담기

능력단위(학습모듈명)	실기 적용	능력단위요소
한식 찜 · 선조리	닭찜, 돼지갈비찜, 북어찜, 호박선, 오이선, 어선, 달걀찜	찜 · 선 재료 준비하기
		찜 · 선 조리하기
		찜 · 선 담기
한식 조림 · 초조리	두부조림, 홍합초	조림 · 초 재료 준비하기
		조림 · 초 조리하기
		조림 · 초 담기
한식 볶음조리	오징어볶음	볶음 재료 준비하기
		볶음 조리하기
		볶음 담기
한식 전 · 적조리	섭산적, 화양적, 지짐누름적, 풋고추전, 표고전, 생선전, 육원전, 화전	전 · 적 재료 준비하기
		전 · 적 조리하기
		전 · 적 담기
한식 튀김조리	채소튀김	튀김 재료 준비하기
		튀김 조리하기
		튀김 담기
한식 구이조리	제육구이, 너비아니구이, 더덕구이, 생선양념구이, 북어구이	구이 재료 준비하기
		구이 조리하기
		구이 담기
한식 생채 · 회조리	도라지생채, 무생채, 더덕생채, 육회	생채 · 회 재료 준비하기
		생채 · 회 조리하기
		생채 · 회 담기
한식 숙채조리	겨자채, 탕평채, 잡채, 미나리강회, 칠절판, 북어보푸라기	숙채 재료 준비하기
		숙채 조리하기
		숙채 담기
김치조리	오이소박이, 보쌈김치	김치 재료 준비하기
		김치 양념 배합하기
		김치 조리하기
		김치 담기
음청류조리	배숙	음청류 재료 준비하기
		음청류 조리하기
		음청류 담기
한과조리	매작과	한과 재료 준비하기
		한과 재료 배합하기
		한과 조리하기
		한과 담기
장아찌조리	무숙장아찌, 오이숙장아찌	장아찌 재료 준비하기
		장아찌 양념 배합하기
		장아찌 조리하기
		장아찌 담기

1 한식 조리실무 학습모듈

학습 1 한식 위생관리하기 1301010115_16v3

학습목표

- 개인위생을 위한 위생복과 안전한 복장을 착용할 수 있다.
- 개인위생을 관리하기 위해 신체청결을 유지해야 하고 근무 중 흡연, 음주, 취식 등에 대한 작업장 근무수칙을 준수할 수 있다.
- 법률기준에 따라 작업장 위생관리 업무를 준비 및 수행할 수 있다.
- 작업장 내에서 사용하는 주방도구, 장비, 작업공간을 구분하여 사용할 수 있다.
- 위생안전에 있어 위해요소를 파악하고, 취급 규칙에 따라 다룰 수 있다.
- 작업 중 교차오염의 발생을 예방하기 위하여 세척, 소독, 작업 순서를 조절할 수 있다.
- 남은 재료, 폐기물 등을 정해진 절차에 따라서 처리할 수 있다.

필요지식

[개인위생]

개인위생이라 하면 공중위생에서 개인을 대상으로 하는 위생을 말한다.

1. 올바른 손씻기

손은 모든 표면과 직접 접촉하는 부위로, 각종 세균과 바이러스를 인체로 전파시키는 매개체이다. 우리가 알고 있는 감염성질환은 공기를 통해 코나 입으로 병균이 직접 침입하기보다는 바이러스가 묻은 손이 눈이나 코, 입과 접촉하여 감염되는 경우가 더 많다고 알려져 있다.

손은 43℃ 온수에서 20초 이상 물비누를 사용해야 씻어야 한다. 손세척이 필요한 상황은 화장실 이용 후, 날음식물 처리 후, 몸을 만지거나 타인과 접촉한 후, 음식찌꺼기 및 폐기물 취급 후, 식기세척 작업 후, 식사 · 흡연 · 차를 마신 후, 오염 가능성이 있는 집기나 물품과 접촉한 후, 코를 풀거나 기침 · 재채기 후, 베인 상처나 창상을 만진 뒤, 식품의 보관 또는 정리 후, 쓰레기통, 화학제품 사용 후, 청소 후, 칼을 간 후 등이다.

2. 올바른 조리위생복 착용방법

위생복은 주방의 잠재적 위험요소들로부터 신체를 보호하기 위해, 또 위생적으로 조리업무를 수행하기 위해 착용한다. 따라서 매일 깨끗한 위생복을 착용해야 하며 오염이 되었을 때는 즉시 갈아입어야 한다.

1) 조리위생복 착용모습

① 위생모는 머리카락이나 땀이 조리중인 음식에 떨어지는 것을 방지한다. 청결하고 구겨지지 않도록 관리해야 하며, 조리 시 반드시 머리카락이 90% 이상 가려지도록 쓴다.

② 스카프는 머리카락과 땀이 떨어질 때 걸려서 음식에 들어가는 것을 방지하는 역할을 하며, 다쳤을 때 응급처치용으로 사용하기도 한다. 짧고 단정하게 매야 하며, 필요 시 탈착이 용이해야 한다.

③ 상의 앞부분이 두 겹으로 겹쳐지는 것은 조리 시 발생하는 뜨거운 열기를 차단해주고, 뜨거운 음식물이 튀었을 때 화상을 방지하기 위한 것이다. 자신의 몸에 잘 맞는 것을 입어야 하며, 소매는 적당히 걷어 올리도록 한다.

④ 앞치마는 뜨거운 것으로부터 신체를 보호하기 위해, 위생복에 음식물이 튀는 것을 방지하기 위해 착용한다.

⑤ 바지는 안전화의 윗부분만 살짝 덮이는 길이의 바지를 입어야 하며, 땀 흡수가 잘되고 움직임이 편한 것으로 선택해야 한다.

⑥ 신발(안전화)은 방수가 되며 미끄럼방지 기능이 있어야 하고, 날카로운 조리도구 등이 떨어지거나 충격이 가해졌을 때 그 충격을 흡수해주는 안전장치가 있는 조리안전화를 신어야 한다.

2) 앞치마 착용방법

① 앞치마를 흘러내리지 않게 한 단 접어 준비한다.

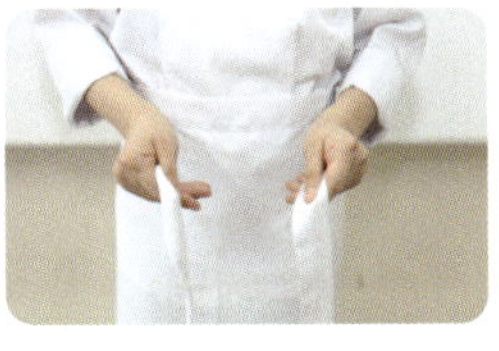

② 끈을 허리 뒤쪽으로 한 번 돌려준다.

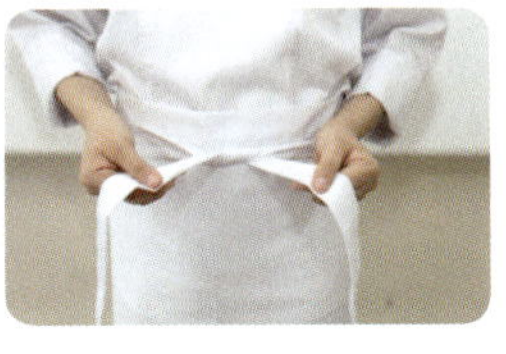

③ 앞치마 끈을 앞으로 돌려 묶는다.

④ 앞으로 묶은 끈을 나비넥타이 모양을 만든다.

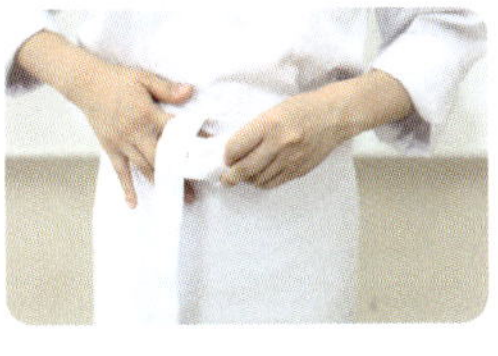

⑤ 나비넥타이 모양으로 매듭을 만든다.

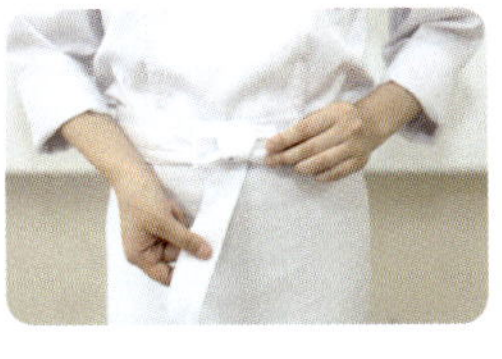

⑥ 한쪽 끈을 이용해 돌돌 말아주는 형태로 만든다.

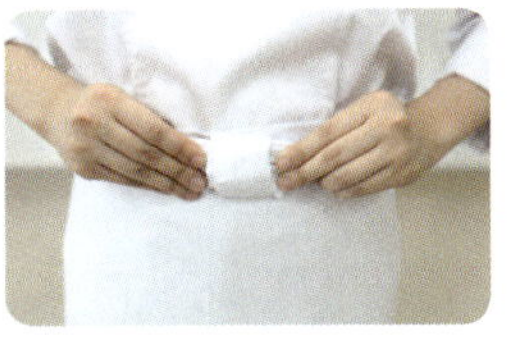

⑦ 마무리로 끈을 말아 착용한다.

3) 위생모자 착용방법

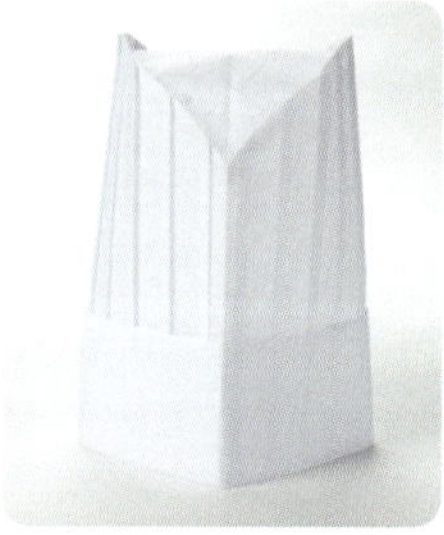

위생모자는 머리카락이 음식에 떨어지는 것을 방지하며, 이마의 땀을 흡수하여 얼굴로 흐르는 것을 방지한다. 모자의 재질과 모양은 각기 다르지만, 청결하고 구겨지지 않게 관리하고 똑바로 착용하는 것이 중요하다.

4) 여성의 경우

머리망과 실핀을 사용하여 머리카락이 음식에 들어가지 않도록 잔머리를 포함하여 깔끔하게 묶어 머리망을 착용한다.

3. 기본위생 습관

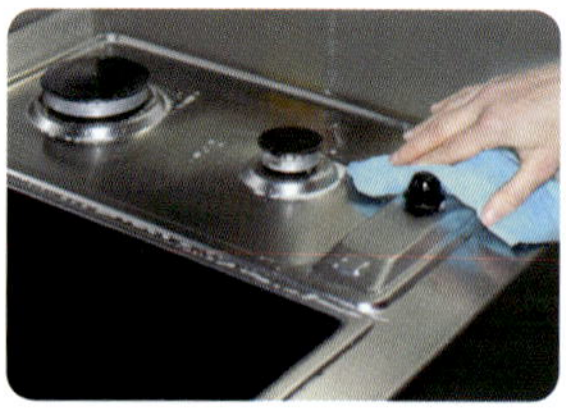

조리작업장 위생관리

① 손톱은 늘 짧고 깨끗하게 유지하여야 한다.
② 아무리 작은 상처나 베인 곳은 붕대로 감싸고 합성수지 장갑을 착용한다.
③ 식품을 취급 중에는 담배나 껌, 침을 뱉지 않는다.
④ 화장실에 갈 때는 탈의실에서 작업복, 작업모, 신발 등을 바꿔 착용한다.
⑤ 반지, 팔찌, 손목시계, 목걸이 등의 장신구는 식품을 조리하는 작업 중에 교차오염을 일으킬 수 있으므로 착용하지 않는다.

개인위생이 개인에게는 사소한 문제이지만, 식품의 안전성에는 결정적인 영향을 미친다. 그러므로 질병은 신체의 어느 부분에서도 전파될 수 있으므로, 작업장 내에서 개인위생과 관련하여 준수해야 할 개인습관들은 다음과 같다.

- 식품취급 장소에서는 절대 흡연하지 않는다.
- 식품취급 장소에서는 먹거나, 마시거나, 껌을 씹지 않는다.
- 침을 뱉지 않는다.
- 손톱을 물거나 핥지 않는다.
- 코를 만지거나 긁지 않는다.
- 식품 앞에서는 재채기를 하지 않는다.

- 주방 내에서는 머리를 만지지 않는다.
- 국자 등으로 절대로 음식을 맛보지 말고, 한 번 사용한 숟가락으로도 맛보지 않는다.

4. 조리작업장 위생관리

1) 조리작업장 출입 시

2차오염 방지를 위해 작업장 입구에 소독액을 첨가한 발판을 만들어 신발(안전화)을 소독한다.

2) HACCP 개인위생 및 작업장 위생에 대한 법률적 기준

「식품위생법」(2015) 제3조 '식품 등의 취급'에 따르면, "누구든지 판매(판매 외의 불특정다수인에 대한 제공을 포함한다. 이하 같다)를 목적으로 식품 또는 식품첨가물을 채취 · 제조 · 가공 · 사용 · 조리 · 저장 · 소분 · 운반 또는 진열할 때는 깨끗하고 위생적으로 하여야 한다."라고 정의하였다.

3) 교차오염

① 칼과 도마 등의 조리기구나 용기는 조리과정에서 교차오염을 방지하기 위하여 용도별로 구분하여 사용하고, 수시로 세척 및 소독하여 사용한다.
② 조리작업 중 교차오염 발생을 줄이기 위하여 작업자는 여러 종류의 장갑을 착용할 수 있다. 단단한 식재료를 절단해야 할 때는 그물장갑을 착용하고, 기구 등을 세척할 때는 고무장갑을 착용한다.
③ 조리작업 중 타액으로 발생하는 각종 바이러스, 식재료 교차오염 발생을 줄이고자 작업장 혹은 고객과 직접 대화가 가능한 오픈 주방에서는 마스크 착용을 권장한다.
④ 교차오염을 줄이기 위해서 1회용 페이퍼타월 사용을 권장한다.

4) 음식물쓰레기 처리

① 쓰레기통은 잔반과 쓰레기를 분리하여 사용하되 뚜껑은 항상 덮어둔다.
② 음식물쓰레기는 관할구역에서 지정한 방법으로 처리하도록 한다.

③ 음식물쓰레기는 물기를 제거하고 뚜껑이 있는 쓰레기통에서 관리하며, 작업이 끝난 후에는 쓰레기통을 반드시 비운다.

④ 폐식용유는 모아서 폐식용유 수거함에 넣거나 관리업자가 수거해가도록 한다.

⑤ 분리수거를 생활화 한다.(색깔로 구분)

학습 2 한식 안전관리하기 1301010116_16v3

학습목표

- 개인 안전사고 예방을 위해 도구, 장비의 정리정돈을 상시 할 수 있다.
- 반복작업에 의한 부상과 질환에 대하여 안전장구류를 착용하여 예방할 수 있다.
- 화재발생 시 소화기 등을 사용하여 초기에 대응할 수 있다.
- 안전장비류(가스레인지 등) 취급 시 주의사항을 숙지하고 실천할 수 있다.
- 조리기구의 종류를 파악하여 안전하게 사용할 수 있다.
- 작업장 내의 밝은 조명으로 이물질오염 및 미끄럼을 방지할 수 있다.
- 작업장의 환기를 위한 통풍을 파악할 수 있다.

필요지식

1. 안전관리

작업장 내에서의 사고와 재해를 방지하고 조리 종사자가 안전하게 작업할 수 있도록 운영하는 것으로, 조리 전 과정에서 반드시 필요한 예방작업이다. 조리작업은 화기, 동력, 칼날 등을 사용함으로써 화상, 감전, 화재, 폭발, 골절, 절단 등의 사고가 발생하기 쉬우므로, 관리자와 종사자는 안전사고가 일어나지 않도록 기구의 사용법을 숙지하고 시설의 점검을 철저히 해야 한다.

1) 각종 칼에 대한 안전예방 수칙

칼은 음식을 자르는 이외의 목적에는 절대 사용하지 말아야 한다. 손에 들고 장난치는 것은 절대 금물이며, 혹 조리 중 칼을 바닥에 떨어뜨릴 때 절대로 손으로 잡지 않고 피하는 것이 원칙이다.

① 칼을 쥐고 걸을 때는 칼의 뾰족한 부분은 항상 아래로 향해야 한다.

② 작업 중 바닥에 떨어지는 칼은 절대로 잡으려고 하지 말아야 한다.

③ 칼은 항상 도마에서만 사용해야 한다.

④ 칼은 사용 후 바로 세척하는 것이 가장 좋으며, 주방기물을 세척하는 싱크대에 칼을 놓아

서는 안 된다.

⑤ 손으로 칼날이 서있는 정도를 확인하는 것은 위험하다.

⑥ 조리용 칼은 날이 항상 잘 서있어야 한다. 날이 무뎌있는 칼은 작업을 어렵게 할 수 있으며, 이로 인하여 안전사고가 발생할 수 있다.

⑦ 뜨거운 식기세척기의 열에 의해 손잡이와 칼날 연결부위가 헐거워져 안전사고 위험이 발생할 확률이 높기 때문에, 칼은 식기세척기 사용을 금해야 한다.

⑧ 사용 후 세척할 때는 칼의 등쪽에서 칼날을 바깥쪽으로 조심스럽게 세척한다.

⑨ 칼을 보관하기 전에는 반드시 세척 → 소독 → 건조과정을 거친 후 보관한다.

⑩ 조리용 칼은 반드시 식재료손질에만 사용한다.

⑪ 칼의 사용은 칼의 형태와 크기, 용도에 맞게 사용하여야 한다.

⑫ 다른 사람에게 칼을 전달할 때는 칼날 등쪽을 조심스럽게 붙잡고 칼의 손잡이가 상대방을 향하게 하여 전달한다.

⑬ 칼을 테이블 위에 놓아둘 때는 테이블 끝에 놓는 것은 위험하다.

⑭ 칼을 사용하지 않을 때는 칼날이 작업자와 반대방향으로 향하게 놓아야 한다.

⑮ 칼은 행주나 일회용 타월 등으로 덮어놓지 말아야 하고, 반드시 누구든지 칼을 볼 수 있게 해야 한다.

⑯ 테이블 정리 · 정돈 시 칼을 가장 먼저 정리하여 안전사고를 예방한다.

2) 작업장 안전관리

주방 주변은 해충 또는 해충의 알이 서식할 수 있는 오물이 제거되어야 하며 매연, 악취, 분진 등이 존재하지 않도록 항상 청결하게 관리해야 한다.

창문은 바닥면에서 적절한 높이에 설치하고, 방충망을 설치하여 해충 및 오염물질의 침입을 예방해야 한다.

배수구를 적절히 설치하여 주방바닥에 폐수가 고이지 않도록 관리한다. 배수구에 생길 수 있는 해충의 서식지를 제거하고, 폐기물 · 음식물 또는 폐수에 의한 오염을 방지하는 것이 중요하다.

(1) 작업장 조명

작업장의 조명은 작업자의 능률과 안전에 직접 영향을 미치므로, 주방과 홀의 조명은 220Lux 이상 조도를 유지하여야 한다. 식자재의 색상이 다른 색으로 보이는 광선을 사용하지 않는 것이 좋다.

(2) 낙상사고

낙상이란, 자신의 의지와 관계없이 갑자기 넘어져서 뼈와 근육, 즉 근골격계에 상처를 입는 사고를 말한다. 낙상사고는 주로 노인들에게 많이 발생하지만, 젊은 사람들도 자주 낙상사고를 당하여 해마다 발생률이 늘고 있는 추세이다.

(3) 기기사고

주방 책임자는 주방 종사원의 안전과 장비관리를 위하여 주방에서 사용하는 모든 장비의 사용법, 분해방법, 세척법 등을 수시로 교육하며 장비를 점검하는 것이 중요하다. 이때 기계작동 전 안전장치를 확인하고 기계의 이상 유무를 먼저 확인한 뒤 교육한다.

(4) 화상사고

주방에서 주로 발생하는 화상사고는 크게 두 가지로 나뉠 수 있다. 하나는 뜨거운 주방기구의 표면을 접촉하여 작업자가 화상을 입는 경우, 또 다른 하나는 뜨거운 물이나 기름, 수증기 등에 화상을 입는 경우이다.

2. 화재 및 안전예방

1) 올바른 소화기 구별법

소화기는 사용하는 약품이나 방법에 따라 다양한 종류로 나뉜다. 현재 일반적으로 사용하는 소화기에는 포말 소화기, 분말 소화기, 할론 소화기, 이산화탄소 소화기로 나눌 수 있다. 모든 소화기는 소방법에 따라 사용 가능한 화재 종류를 표시하게 되어 있다.

2) 소화기 보관과 관리방법

화재가 발생했을 때 소화기를 제대로 사용하려면 평소 소화기 관리가 매우 중요하다. 흔히 소화기를 일회용이라고 생각하지 쉽지만, 관리를 잘한다면 소화기 수명은 늘어날 수 있다. 소화기는 특별하게 유통기한이 없으며, 관리를 잘하며 사용한 소화기라도 약제를 다시 충전해 사용할 수 있다.

수행내용

올바르게 소화기 사용하기

소화기를 준비한다.

안전핀을 제거한다.

바람을 등지고 소화기 호스를 잡는다.

소화기 호스를 불쪽으로 향하게 잡아 불을 진압한다.

학습 3 한식 메뉴관리하기

1301010117_16v3

학습목표

- 균형 잡힌 식단 구성방식을 감안하여 메뉴를 구성할 수 있다.
- 원가, 식재료, 시설용량, 경제성을 감안하여 메뉴구성을 조정할 수 있다.
- 메뉴의 식재료, 조리방법, 메뉴명, 메뉴판 작성 등 사용되는 용어와 명칭을 정확히 구분하고 사용할 수 있다.
- 레시피에 준하여 조리작업을 수행할 수 있다.
- 조리방법과 자르기방법을 기준으로 조리작업을 수행할 수 있다.
- 메뉴에 따른 식재료와 영양 특성을 파악하고 조리할 수 있다.
- 식단별 · 메뉴별로 칼로리량, 주요 영양소의 양을 계산 · 관리할 수 있다.

필요지식

1. 메뉴의 정의

메뉴는 '고객이 알아보기 쉽도록 식음료의 품목과 가격을 작성 · 기록하여 고객이 식음료를 주문하는데 필요한 정보를 제공하여 고객과 업소 간의 식음료 제공을 약속하는 차림표'로 정의되고 있으며, 식당에서 고객에게 상품을 판매하는 가장 중요한 수단 중의 하나이다. 식당에서 판매하는 상품이 메뉴이며, 그러므로 메뉴는 음식과 서비스가 합쳐진 상품을 뜻한다.

2. 메뉴의 종류

메뉴의 종류로는 기본메뉴, 순환메뉴, 단기메뉴, 복합메뉴 등 네 가지가 있다.

1) 기본메뉴

한식 · 중식 · 양식 · 일식 · 뷔페 등 어떠한 레스토랑이든지 그 레스토랑만의 특색이 있다. 즉 기본적인 메뉴는 그 레스토랑의 이미지를 대표하는 메뉴이다.

2) 순환메뉴

순환메뉴는 일정한 기간을 두고 그 기간에 주기적으로 판매하는 메뉴로, 그 기간은 여러 가지 목적에 따라 설정된다. 어떤 경우에는 일주일 간격으로 매주 같은 날에 고정된 요리를 고객에게 제공하기도 하고, 제철음식을 가지고 프로모션을 하는 경우도 이 메뉴에 해당한다. 주로 종교적인 색채가 짙은 나라에서는 이와 같은 메뉴가 오랜 전통으로 자리 잡혀 있다.

3) 단기메뉴

단기메뉴는 특별한 기간에 고객의 시선을 끌거나, 행사의 일환으로 모든 재료나 조리준비가 되었을 때 시행하는 메뉴이다. 조리장이 가지고 있는 능력을 고객에게 상기시키기 위한 일종의 고객유치 방안으로 주로 이용하는데, 우리가 쉽게 볼 수 있는 특별메뉴가 바로 이러한 종류에 속한다.

4) 복합메뉴

모든 메뉴의 형식을 골고루 갖춘 메뉴라 할 수 있다. 일반적으로 요리의 판매는 아침, 점심, 저녁으로 나뉘는데, 고객이 시간에 관계없이 언제라도 요리를 선택하여 즐길 수 있도록 되어 있는 레스토랑에서 판매할 수 있다.

3. 한식 메뉴구성

주메뉴와 찬품류를 조리법과 식재료에 따라 구성한다. 원가, 식재료, 시설용량, 경제성을 감안하여 메뉴구성을 조정할 수 있다.

〈한식 메뉴구성의 예시〉

음식 유형	음식 예	권장 반찬 가짓수	메뉴 구성	반찬의 예시
곰탕류	곰탕, 갈비탕, 설렁탕 등	2~3	밥, 탕, 장아찌, 깍두기, 배추김치	양파장아찌, 고추장아찌, 무장아찌
장국류	대구탕, 추어탕	2~3	밥, 장국, 전, 나물, 장아찌, 깍두기	장아찌 : 양파, 무, 버섯 나물 : 생채류(부추무침, 오이/무생채)
찌개류	김치찌개, 된장찌개, 순두부찌개 등	3~4	밥, 찌개류, 나물, 조림, 배추김치	나물 : 숙채류(숙주, 콩나물, 시금치, 버섯) 조림 : 감자, 콩, 고추 마른반찬 : 멸치볶음
밥류	비빔밥, 영양돌솥밥 등	2~3	비빔밥, 고추장, 콩나물국, 전, 물김치	전 : 부추, 해물파전, 애호박, 생선
면류	국수, 칼국수, 냉면 등	1~2	냉면, 구이류, 전류, 물김치	구이 : 갈비, 불고기, 너비아니 전 : 부추, 해물파전, 애호박, 녹두빈대떡
떡국류	만둣국, 떡국 등	1~2	만둣국, 전, 간장, 배추김치, 물김치	전 : 부추, 해물파전, 애호박, 녹두빈대떡
전골류	두부전골, 해물전골, 버섯전골	3~4	밥, 전골, 나물, 전, 배추김치	나물 : 무/오이생채, 미역초/오징어초무침, 참나물 전 : 부추, 애호박, 버섯
구이류	불고기, 생선구이, 갈비	4~5	밥, 불고기, 콩나물국, 냉채, 쌈, 배추김치, 물김치	냉채 : 겨자채, 해물/수삼냉채, 대하무침 쌈 : 상추, 모듬쌈, 무쌈
			밥, 무국, 생선구이, 나물, 배추김치, 물김치	나물 : 취나물, 참나물, 가지, 시금치
찜류	닭찜, 갈비찜	3~4	밥, 무국, 전, 냉채, 배추김치, 물김치	냉채 : 겨자채, 해물/수삼냉채, 대하무침

출처 : NCS 한식조리 학습모듈

4. 메뉴표

일반적으로 한국음식 메뉴는 주식, 국이나 찌개류, 주반찬, 부반찬, 김치류의 순으로 기재하며, 함께 제공하는 후식이나 음료수가 있으면 맨 뒤에 기입하면 된다. 메뉴표(식단표)는 여러 가지 형태로 작성되며, 음식명 외에 각 음식을 구성하는 식재료명, 1인 기준의 식재료량, 주요 영양성분 등을 기재한다.

5. 메뉴작성의 원칙

메뉴의 품목을 결정한 뒤 메뉴를 작성한다. 이때 주요리를 먼저 결정하는 것이 좋다. 그뿐 아니라 아래 사항들을 고려하여 코스메뉴를 작성한다.

① 같은 재료로 두 가지 이상의 요리를 만들지 않는다.
② 요리의 장식에 주의하여야 한다.
③ 완성요리의 색상이 비슷한 요리를 반복하여 구성하지 않는다.
④ 코스 메뉴구성 시 같은 조리방법을 두 가지 이상 요리에 사용하지 않는다.
⑤ 계절, 요일 등의 감각에 알맞은 메뉴를 구성한다.
⑥ 영양배합은 현대 메뉴구성의 중요한 고려사항 중 하나이다.

수행내용

1. 레시피 작성하기

1) 표준 레시피를 작성

① 식재료명, 분량 또는 부피, 조리방법(재료의 절단 크기, 조리시간과 온도, 사용기기 또는 도구, 유의점 및 중요사항 등), 총생산량, 1인 제공량, 배식방법 등을 기록한다.
② 레시피는 1인 기준(또는 2인 기준), 대/중/소 분량 기준으로 작성하고, 실제 주문자수를 곱한 후 양을 조정하여 활용한다.
③ 표준 레시피를 개발할 때에 재료별 분량을 가식부량Edible Portion과 구입 시 중량Aspurchased 두 가지로 적어두면 편리하다.

- 가식부량 : 재료를 손질한 후 실제 조리에 사용되는 양
- 구입 시 중량 : 재료를 손질하기 전의 양
- 폐기율 : 구입한 후 전처리 및 조리단계에서 손실되는 부분의 비율

예) 당근 1인 분량이 50g, 폐기율이 10%인 경우 구입 시 중량 구하는 방법

구입 시 중량 = 가식부량 ×100/(100−폐기율) = 50×100/90 = 55.6g

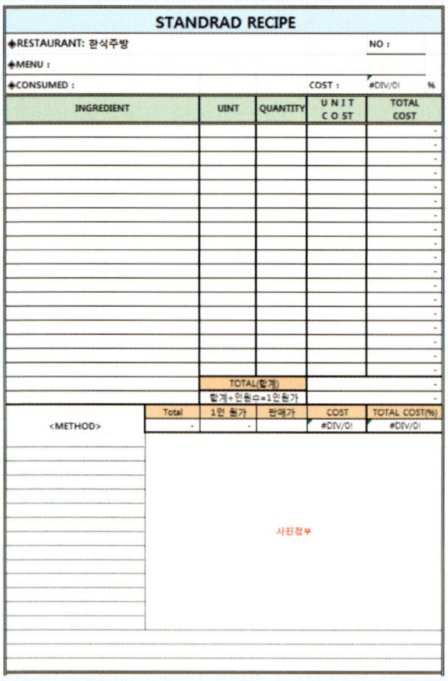

STANDRAD RECIPE

◆RESTAURANT: 한식주방 NO :

◆MENU :

◆CONSUMED : COST : #DIV/0! %

INGREDIENT	UINT	QUANTITY	UNIT COST	TOTAL COST
				-
				-
				-
				-
				-
				-
				-
				-
				-
				-
				-
				-
				-
				-
				-
				-
				-
				-
	TOTAL(합계)			-
	합계÷인원수=1인원가			-

<METHOD>	Total	1인 원가	판매가	COST	TOTAL COST(%)
	-	-		#DIV/0!	#DIV/0!

사진첨부

④ 작성된 표준 레시피에 맞춰 구매, 검수, 저장, 조리가 이루어지며, 구매와 조리의 근간이 된다.

⑤ 표준 레시피를 이용하여 식재료의 구매량을 산정한다.

⑥ 식재료의 세부적인 영양성분 확인을 위해 농촌진흥청의 농식품종합정보시스템http://www.koreanfood.rda.go.kr이나 식품의약품안전처의 영양성분 산출 프로그램http://www.foodnara.go.kr/kisna/index.do을 활용하면 국내에서 시판되는 식재료, 식품의 영양성분을 쉽게 검색할 수 있다.

학습 4 한식 구매관리하기

1301010118_16v3

학습목표

- 시장조사를 수시로 하여 재료의 원활한 공급이 이루어지도록 할 수 있다.
- 특산물, 희귀품, 고가품의 품목 특성을 파악하고 활용할 수 있다.
- 매일 재고량을 파악하여 수급문제 등에 대비한 대체방안을 준비할 수 있다.
- 식재료의 신선도를 선별하여 구매할 수 있다.
- 공급업체 선정과 주문 주기, 방법에 따라 구매를 수행할 수 있다.
- 원가에 맞추어 식재료, 소모품의 질과 양, 종류를 결정할 수 있다.
- 조리에 맞는 식재료 특성을 감별할 수 있다.

필요지식

1. 식재료 구매방법

1) 직접구매

① 보유하고 있는 식재료의 저장량을 바탕으로 필요한 구매량을 결정하여 구매한다.

② 대형마트, 주변 슈퍼, 재래시장 등을 이용하여 사람이 직접 가서 물건을 구매하는 형태로 구매 절차가 간단하여 긴급 시에 유용하나 매번 장을 봐야 하는 번거로움이 있으며, 유통 중간마진에 의해 구입 단가가 높다.

2) 간접구매

(1) 구매업체 종류

1 식자재 유통 전문업체를 통한 구매

중간 유통과정을 축소시키고 다양한 공급업체를 확보하여 식재료를 구매할 수 있다.

2 할인마트, 인터넷 쇼핑몰을 통한 구매

가장 보편적인 방법으로 정기적 또는 비정기적으로 편리하게 이용할 수 있다는 장점이 있으나, 상대적으로 비싸고 업체별 · 품목별로 가격 차이가 난다.

3 지역별 카페 공동구매

지역별 카페 등을 통해 식자재 업체와 계약 후 공동구매를 실시한다.

2. 식재료 보관

식재료는 반드시 선입선출(先入先出)을 원칙으로 한다. 선입선출이란 먼저 입고된 식재료를 먼저 사용하는 것으로, 식재료를 낭비 없이 항상 신선한 것으로 사용하는 방법을 말한다. 온장고는 65℃ 이상, 중탕기는 90℃, 냉장고는 0~5℃, 마지막으로 냉동고는 −18℃ 이하로 조절하여 사용한다.

3. 식재료 정리방법

① 실온에서 장시간 방치하지 않는다.

② 식재료를 함부로 다루지 않는다.

③ 박스 · 쓰레기는 즉시 정리하여 식자재와 섞이지 않도록 주의한다.

④ 바닥에서 15cm 이상의 높이에 식재료를 보관하여 교차오염의 발생을 줄인다.

학습 5 한식 재료관리하기

학습목표

- 요리에 맞는 육류, 가금류의 종류와 부위, 품질등급을 선별할 수 있다.
- 산지, 계절, 특성에 따라 요리에 맞는 어패류를 선별할 수 있다.
- 산지, 계절, 특성에 따라 요리에 맞는 채소, 과일, 곡류를 선택하여 보관과 전처리를 할 수 있다.
- 식재료의 유통기간, 입 · 출고일, 단가, 제품 등 관리항목을 정하여 표시하고 분류할 수 있다.
- 요리에 따른 식재료를 전처리하여 신선도가 유지되도록 보관할 수 있다.
- 조리장비(냉장고, 냉동고)의 작동상태를 파악하고 조치를 취할 수 있다.

필요지식

1. 한식요리에 맞는 육류, 가금류의 종류

1) 소고기

한식요리에서 소고기 조리법의 일반적인 원칙은 양지, 사태, 목심 등 결합조직이 많은 부위는 탕, 편육, 찜 등 물에 장시간 조리하는 습열조리법이 적당하고, 안심, 등심, 채끝, 우둔 등 지방이 많고 결합조직이 적은 부위는 구이 등 건열조리법이 적당하다. 구이나 횟감용으로는 등급이 좋은 것을 선택한다.

구 분	사용용도	구 분	사용용도
소머리	찜, 편육	갈비	구이, 찜, 탕
목심	불고기, 국거리	설도	불고기, 샤브샤브, 국거리
등심	구이, 스테이크, 불고기	사태	장조림, 국거리, 찜
채끝	구이, 스테이크, 샤브샤브	양지	편육, 국거리
안심	구이, 스테이크, 볶음	우족	편육, 탕
우둔	불고기, 육회, 장조림	소꼬리	탕, 찜
앞다리	불고기, 국거리	도가니	탕

2) 돼지고기

구 분	특 징	조리법
목심	뒷목에서 등으로 이어지는 부분으로 지방의 마블링이 잘 발달되어 부드럽다.	수육, 구이
등심	지방이 적어 담백하며 볶음요리 재료로 사용하면 적당하다.	잡채, 볶음, 커틀릿
안심	허리 안쪽에 위치하여 지방함량이 낮고 결이 곱고 부드러우며 담백하다.	구이, 탕수육, 로스
갈비	옆구리 늑골의 첫 번째부터 다섯 번째 늑골 부위로, 근육 내 지방이 잘 박혀 있어 풍미가 좋다.	갈비찜, 숯불구이, 불갈비
삼겹살	갈비를 떼어낸 부분에서 복부까지의 넓고 납작한 모양의 부위로, 근육과 지방이 삼겹의 막을 형성하며 풍미가 좋다.	귀, 수육, 샤브샤브
앞다리	어깨부위의 고기로, 안쪽에 어깨뼈를 떼어낸 넓은 피막이 나타난다.	찌개, 수육(보쌈), 불고기
뒷다리	볼기 부위의 고기로, 지방이 적고 식육이 섬세하며 부드럽고 맛이 좋으므로 식육 맛을 즐길 수 있는 요리에 적합하다.	구이, 장조림, 전, 튀김, 불고기

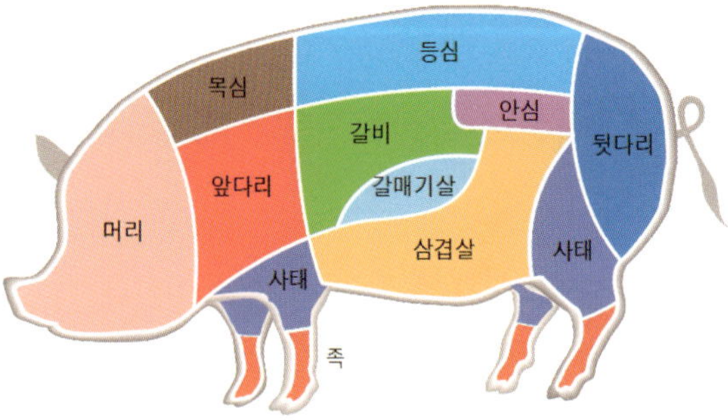

3) 닭고기

부위명	소분류	특 징	조리법
가슴살	가슴살	지방이 매우 적어 맛이 담백하고 근육섬유로만 되어 있어, 칼로리는 낮고 단백질함량이 높다. 오래 가열하면 단단하고 퍽퍽한 질감이 되므로, 소스나 수분이 많은 채소와 함께 섭취하면 좋다.	냉채, 튀김, 샐러드, 카레
날갯살	통날개 닭봉 날개채	살은 적으나 지방과 콜라겐이 많아 부드럽고 맛이 좋아 조림이나 튀김요리에 많이 활용되고 있다. 날개 위쪽인 닭봉과 아래쪽인 날개채가 있다.	조림, 구이, 튀김
안심	안심	가슴살 안쪽의 고기로 담백하고 지방이 거의 없다.	튀김, 샐러드, 카레
다릿살	통다리 넓적다리	운동을 많이 하는 부위로, 탄력이 있고 육질이 쫄깃하며 근육의 색이 갈색으로 짙다.	구이, 튀김, 조림, 닭갈비, 훈제

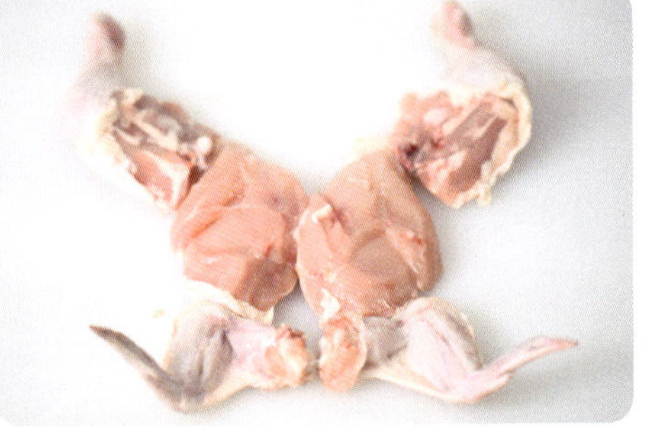

2. 식재료 선별 · 보관 방법

식재료 선별 · 보관의 의의는 저장과정에서 도난과 변질로 인하여 발생하는 갖가지 형태의 낭비 및 손실을 최대한 줄이고 재고의 원활한 회전을 돕기 위해서이다. 현대의 식품 저장방법으로는 진공포장 · 냉장 · 냉동 · 통조림 · 냉동건조 · 염장 · 절임 등이 있다.

1) 저온저장

냉장이란, 식품을 0℃ 이상 동결되지 않을 정도의 온도에서 식품을 저장 · 보관하는 것을 말한다. 냉장은 단기저장을 목적으로 저장하기 때문에 시간이 오래 경과하면 저장된 식품이 변질될 수 있으므로, 세밀한 저장계획(저장 날짜와 만든 사람, 유통기간)을 만들어 보관하는 것이 좋다.

(1) 냉장고

식재료 또는 완성된 요리를 저온에서 보관하기 위한 공간이다. 사람이 직접 들어가 물건을 적재할 수 있는 룸형과, 일반적인 냉장고 형태를 갖춘 박스형으로 구분한다.

- 냉테이블 : 냉동 · 냉장고를 조리대와 작업대로 동시에 사용할 수 있도록 만든 제품이다.

(2) 냉동고

평균온도 −18℃를 유지하고 있는 외식업체에서 꼭 필요로 하는 대형 조리기계이다. 거의 모든 박스형 냉장고에 어느 정도 냉동 공간을 보유하고 있지만, 룸형 냉장고는 냉동실을 개별적으로 만들거나 냉장고를 통하여 냉동실을 들어갈 수 있도록 설계하는 경우가 많다. 룸형 냉동고는 규모가 매우 커서 사고를 예방하기 위하여 방 안에서도 문을 열 수 있는 장비가 반드시 부착되어 있어야 한다.

(3) 급속냉각기

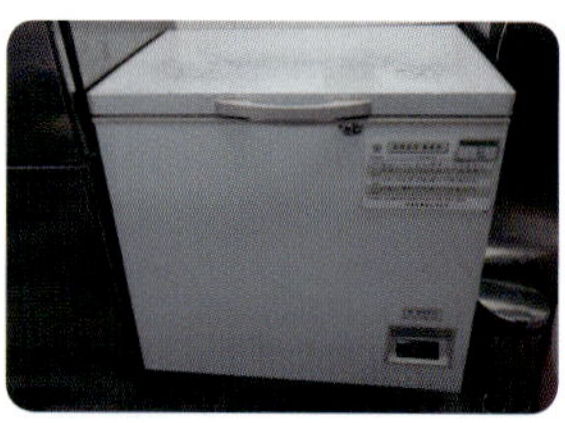

일반 냉동고와 다르게 낮은 온도로 빠른 시간에 얼리도록 하는 기계로, −40℃까지 냉동이 가능한 대형 조리기계이다. 음식을 신속하게 냉각시켜주어 음식이 식는 과정에서 박테리아가 급속한 성장이 가능한 온도에 머무르는 시간을 최대한 단축하게 해주는 장점이 있다.

2) 냉동저장

냉동저장은 식재료의 영양가나 맛, 조직, 색 등 재료의 파괴를 최소화하고, 저온저장보다 오랜 시간을 저장할 수 있는 것이 특징이다. 냉동의 형태는 일반냉동과 급속냉동으로 구분한다. 일반냉동은 −1~−20℃로 이 온도에서는 냉동된 상태라 할지라도 미세하게 세균의 증식이 진행되므로 장기간 저장하는 것은 피해야 한다. 하지만 급속냉동은 −40℃ 이하로 급격하게 냉동시킨 뒤 그 상태를 유지하므로 비교적 장기간 보존해도 식품의 상태를 일반냉동보다 양호하게 제품을 보존할 수 있다.

3. 창고저장 방법

창고저장은 일반식품보다는 가공이 완료되거나 반가공 혹은 제품의 일부 가공된 식품을 그 보존기간 내에 최대의 품질을 유지하기 위하여 최적의 상태로 보관하는 방법이다. 주로 건조식품이나 통조림식품, 기물 등을 보관하는 데에 사용한다.

학습 6 한식 기초조리실무

1301010120_16v3

학습목표

- 조리도구를 사용하고 종류별 특성에 맞게 적용할 수 있다.
- 식재료와 조미료를 파악하고 메뉴에 맞게 사용할 수 있다.
- 표준 조리를 위한 계량기구를 사용하여 계량할 수 있다.
- 한식 양념류를 용도에 맞게 사용할 수 있다.
- 조리용어와 기본썰기에 대하여 이해하고 습득할 수 있다.
- 한식 기본재료를 손질하여 고명을 만들 수 있다.

필요지식

1. 기본 칼 사용방법

1) 칼

칼은 주방에서 사용하는 조리기구 중에서 가장 기본이 되는 도구이다. 다양한 식재료를 자르고, 다지고, 썰고, 모양내는 등 어떤 기기나 기물보다 효율적으로 사용할 수 있는 칼은 그 수를 헤아릴 수 없을 정도로 매우 다양하다. 칼은 비싸다고 좋은 것이 아니며, 일반적으로 사용할 때 손잡이가 편안하고 전체적으로 균형이 잘 잡힌 것, 쉽게 갈아지지만 쉽게 무디어지지 않고 오래 유지되는 것, 사용할 때 안전하고 기술을 마음껏 발휘할 수 있는 것이어야 한다.

(1) 칼의 구성

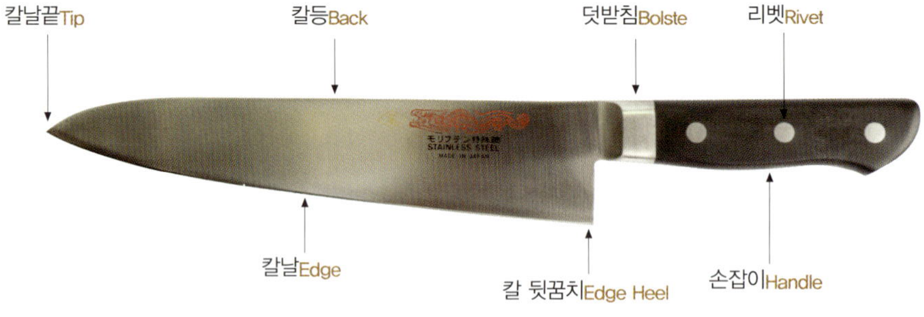

(2) 숫돌로 칼을 가는 순서(오른손잡이 기준)

- 숫돌은 사용하기 전 물에 30분 정도 담가 수분을 충분히 흡수시킨다.
- 테이블 위에 숫돌을 고정시킨다. 젖은 행주를 접어 숫돌 밑에 넣거나 숫돌 고정틀 위에 올려 고정시킨다.
- 숫돌면과 칼단면의 각도는 15~20도가 적당하다.
- 입자가 거친 숫돌에서 고운 숫돌로 넘어가며 간다.(날세우기용, 다듬기용, 마무리용)
- 칼날을 연마할 때에 보통 2~4mm 정도 길이로 칼날의 각을 세운다.
- 숫돌의 중간 부분만 움푹 파이는 것을 방지하기 위해서는, 사용 후 숫돌갈이나 거친 샌드페이퍼로 문질러 평평하게 유지해 줘야 한다. 움푹 파인 숯돌에 칼을 갈면 칼날이 손상될 수 있다.

① 앞쪽 칼끝에서 힘을 주고 당길 때는 힘을 뺀다.

② 칼을 가는 중간중간 물을 숫돌에 뿌려준다. 불순물이 제거되고 마찰열을 최소화한다. 편날 연마일 때 80% 정도를 양날 연마일 때는 50%를 갈아준다.

③ 손잡이쪽의 칼날은 날을 많이 세우지 않고 50% 정도만 갈아준다.

④ 칼을 뒤집어 반대쪽을 갈아준다. 편날 연마일 때는 20% 정도 갈아준다.

⑤ 갈면서 칼날의 상태를 확인하며 갈아야 하는데, 칼날을 만질 때는 각별히 주의해야 한다.

(3) 쇠 칼갈이Steel 봉에 칼갈기

쇠 칼갈이Steel는 칼을 갈기 위한 목적으로 사용하는 것이 아니고 칼날을 바고 잡고 예리함을 유지시키기 위해 사용한다. 간혹 식재료를 써는 과정에서 칼이 잘 안든다고 느껴질 때 잠시 잘 들게 하기 위해 사용하기도 하지만, 마찰열에 의해 변형을 일으키거나 손상될 수 있으므로 권장하는 방법은 아니다.

1 칼갈이 봉으로 칼가는 방법(봉을 세워서 갈아줄 때)

① 칼갈이 봉을 약 45도 정도 기울이고 흔들리지 않게 힘껏 잡는다.

② 반원형을 그리며 아래쪽으로 부드럽게 문지른다.

③ 칼의 반대쪽도 같은 방법으로 문질러준다. 한쪽 당 3~4회를 넘지 않도록 한다.

④ 마지막으로 위쪽에서 아래쪽으로 내려주면서 문질러 준다.

2 칼갈이 봉으로 칼가는 방법(봉을 밑으로 향해서 갈아줄 때) : 권장하는 방법임

① 칼갈이 봉을 밑으로 향해 갈아주는 방법으로, 위험하지 않고 신체에 영향이 없어 권장하는 방법이다.

② 칼갈이 봉이 밑으로 향하게 왼손으로 잡고, 칼은 10~20도 정도의 각도로 반원형을 그리며 문질러준다.

③ 칼날의 반대쪽도 같은 방법으로 문질러준다.

④ 마지막으로 위에서 밑으로 내려주면서 문질러준다.

(4) 기본 칼잡는 방법

1 칼의 양면을 잡는 방법

일반적인 식재료 자르기와 슬라이스 할 때 가장 많이 사용하는 칼잡는 방법으로, 오른손 엄지와 검지손가락이 칼날 면을 잡은 형태이다.

2 칼등쪽에 엄지를 얹고 잡는 방법

힘이 많이 필요한 딱딱한 식재료를 자를 때나 뼈를 부러트릴 때 칼잡는 방법으로, 오른손 엄지손가락이 칼등쪽에 있는 형태로 누르는 힘이 강하다.

3 칼등쪽에 검지를 얹고 잡는 방법

정교한 작업을 할 때 칼의 끝쪽을 사용하기 위해 잡는 방법으로, 오른손 검지손가락을 칼등 위쪽에 얹어놓고 칼을 잡는다.

4 칼 손잡이만 잡는 방법

칼의 손잡이만 잡는 방법으로, 힘을 가하지 않고 칼을 사용할 수 있다.

2. 한식 썰기의 기본동작

1) 밀어 썰기(1)

무 · 양배추 등을 채 썰 때 사용하는 방법으로, 오른쪽 검지손가락을 칼등에 대고 칼을 끝쪽으로 미는 듯하게 가볍게 움직이면 곱게 썰어진다. 위에서 아래로 내리누르듯이 힘을 주면 채소의 섬유가 파괴되고 썰어진 단면이 거칠어진다.

2) 밀어 썰기(2)

큼직한 호박(단단한 것)이나 무 등을 토막 낼 때의 방법이다. 칼을 안쪽에서 끝쪽으로 밀어넣는 듯한 기분으로 재료에 넣고, 왼손으로 칼끝쪽을 누른 채 이쪽저쪽으로 번갈아 힘을 주면서 쪼개듯이 썬다.

3) 밀어 썰기(3)

순대나 샌드위치, 김밥, 묵 등 말랑말랑하고 속에 무엇이 들어있는 재료를 썰 때, 무조건 힘을 주어 눌러 썰면 속재료가 삐져나와 지저분해진다. 우선 칼끝을 재료의 안쪽에 밀듯이 가볍게 넣고 미끄러지듯 단번에 썬다.

4) 잡아당겨 썰기

칼의 안쪽은 들어올리고 칼끝을 재료에 비스듬히 댄 채 잡아당기듯 하며 써는 것이다. 오징어를 채 썰 때 이 방법을 사용한다. 재료는 썰어진 채로 그대로 있으므로, 그 밑으로 칼을 뉘어서 넣고 살짝 들어서 그릇으로 옮겨 담으면 된다.

5) 눌러 썰기

다져 써는 방법의 하나로, 왼손으로 칼끝을 가볍게 누르고, 오른손을 상하좌우로 움직여 누르듯 하면서 써는 것이다.

6) 저며 썰기

재료의 왼쪽 끝에 왼손을 얹고, 오른손으로는 칼을 뉘어서 재료에 넣은 다음 안쪽으로 잡아당기는 듯한 동작으로 얇게 써는 것이다.

3. 한식 양념장

<table>
<tr><th>모체양념군</th><th>기본양념장</th><th>주요용도</th><th>식재료에 대한 양념장 사용비율</th></tr>
<tr><td rowspan="2">간장</td><td>간장양념장</td><td>찜, 구이, 볶음, 무침 등</td><td>찜 : 19~22%
구이, 볶음 : 15~17%
무침, 비빔 : 26~30%</td></tr>
<tr><td>초간장</td><td>무침, 채소절임, 초장</td><td>무침 : 20~25%
절임 : 110~130%</td></tr>
<tr><td rowspan="3">고추장</td><td>고추장양념장</td><td>비빔, 볶음, 구이</td><td>비빔 : 9~11%
볶음, 구이 : 12~16%</td></tr>
<tr><td>고추장찌개장</td><td>쌈장, 곁들임 등</td><td>건더기와 물 포함 : 8~11%</td></tr>
<tr><td>초고추장</td><td>찌개, 매운탕 등</td><td>무침 : 22~28%</td></tr>
<tr><td rowspan="2">된장</td><td>된장양념장</td><td>무침, 쌈장 등</td><td>무침 : 22~28%</td></tr>
<tr><td>된장찌개장</td><td>찌개, 국 등</td><td>찌개, 건더기와 물 포함 : 10~15%
국 : 4~6%</td></tr>
<tr><td rowspan="2">젓갈</td><td>김치양념장</td><td>배추김치, 깍두기, 오이소박이, 즉석겉절이 등</td><td>겉절이, 배추김치 : 30~37%
절인 경우 : 15~18%</td></tr>
<tr><td>젓갈양념장</td><td>찌개, 찜, 볶음, 곁들임 등</td><td>찌개 : 7~9%
찜 : 4~5%
볶음 : 5~6%</td></tr>
<tr><td>식초</td><td>단촛물</td><td>무침, 절임, 초밥 등</td><td>무침 : 9~12%
절임 : 50~60%</td></tr>
</table>

출처 : NCS 한식조리 학습모듈

4. 한식조리 전문용어

한국요리의 전문용어에는 일상적으로 사용하는 단어 이외에 잘 모르는 단어들이 있는데, 이들 단어는 고어(古語)에 나온 것 또는 지방 방언에서 유래된 것 등 여러 가지가 있다. 흔히 모국

어라 하여 지나쳐버리는 경우가 있으나, 한국요리의 정확한 이해를 위해서는 이들 용어에 대한 이해와 습득이 필요하다.

- 삶기 : 끓는물 속에서 가열함으로써 재료 중의 불미성분과 불필요한 수분이 용출되며 살균도 된다. 경한 것은 연하게 하여 맛을 좋게 하고, 소화율을 증가시키며 좋은 색깔이 나게 하여 식욕을 증진시킨다.
- 끓이기 : 삶기와 같은 끓는물 속에서 가열하는 것으로, 삶기는 식품만을 연하게 하고 나머지 물은 사용하지 않으나, 끓이기는 향신료를 함께 넣고 장시간 끓여 식품의 맛 성분이 용출된 물까지 사용하는 것이다.
- 중탕 : 식품에 직접 열을 가하지 않고, 바깥용기에 물을 적당히 하여 오랜시간 중불에서 끓이면서 음식물을 담은 내부용기에 열이 전달되게 하는 조리법이다.
- 뜸들이기 : 음식물을 찌거나 삶을 때 충분히 익게 하기 위하여 가열한 뒤, 뚜껑을 열지 않고 잠시 그대로 두어 재료가 푹 익게 하는 방법이다.
- 고으기 : 약재나 소고기, 사골, 우족, 닭, 잉어 등의 재료에 물을 넉넉히 붓고 오랫동안 푹 끓이는 조리법이다.
- 쑤기 : 죽이나 풀 등을 끓여서 익게 하는 방법이다.
- 왼죽 : 쌀을 통으로 하여 쑨 죽이다.
- 원미죽 : 쌀을 굵게 동강나게 쑨 죽이다.
- 무리죽 : 쌀과 물을 함께 갈아서 쑨 죽이다.
- 미음 : 쌀이나 좁쌀에 많은 양의 물을 부어 푹 끓인 후 체에 거른 죽이다.
- 응이(의이; 薏苡) : 율무가루, 녹말, 수수가루로 걸쭉하게 쑨 묽은 죽이다.
- 찌기 : 이중냄비 등을 이용하여 수증기에 의해 익히는 방법으로, 시간은 걸리지만 영양소의 손실이 적고 온도분포가 고르므로 모양이 흩어질 염려가 없다.
- 선 : 호박, 오리, 배추, 가지, 두부 등과 같이 식물성 재료를 사용하여, 찜과 같은 방법으로 조리하는 것을 '선'이라 한다.
- 굽기 : 가장 오래된 조리법으로, 직접 불을 대는 방법과 간접적으로 굽는 방법이 있다. 다른 방법에 비해 열효율이 나쁘고 온도조절이 어려우나, 눋고 타는 데에 따라 독특한 방향이 생긴다.
- 튀기기 : 식품을 고온의 기름에서 단시간에 익히는 것으로, 영양소의 파괴가 적고 기름에 의해 풍미가 첨가된다.
- 튀각 : 호두나 다시마, 가죽나무순 등을 그대로 기름에 튀긴 것이다.
- 부각 : 재료에 풀칠을 하여 바짝 말려두었다가, 기름에 튀겨 안주나 마른 찬으로 하는 것이다. 감자, 고추, 깻잎, 김, 가죽나무순, 동백잎, 국화잎 부각 등이 있다.

- 볶기 : 한 가지 혹은 두 가지 이상의 재료를 섞어 기름과 양념류를 첨가하여 뭉근하게 익히거나 또는 센불에서 색을 살리면서 재빨리 익히는 것으로, 끓이는 것보다 시간이 적게 드는 방법이다.
- 씻기 : 모든 식품에 응용되며 조리의 전제가 되는 것으로, 식품에 부착되어 있는 흙, 먼지, 미생물, 농약 등의 불순물을 씻어내는 것이다.
- 담그기 : 담그기에는 물 속에 담그는 것과, 조미술 속에 담그는 것 두 가지의 경우가 있다. 물 속에 담그는 목적은 조리 전에 물에 담가 식품을 팽윤시키는 데 있다.(미역, 무말랭이, 젤라틴, 박오가리 등) 조미술에 담그는 경우는 냄새 제거, 맛은 상승효과 등을 위해서인데, 예를 들면 냄새 나는 고등어를 생강, 마늘 등의 휘발성 조미액에 담근다.
- 절이기 : 재료에 소금이나 간장, 설탕, 꿀 등을 넣어 저장하는 조리법이다.(예 : 배추를 소금에 절인다, 유자를 설탕에 절인다.)
- 썰기 : 식품을 적당한 크기로 절단하는 것을 말하며 어슷썰기, 반달썰기, 막썰기, 얄팍썰기, 채썰기, 네모썰기, 다지기 등의 기초적인 것과, 식품의 색이나 모양을 살린 매화, 국화, 난초, 솔잎 등의 모양으로 장식적인 멋을 살리는 방법도 있다.
- 다지기 : 칼로 재료를 여러 번 반복하여 썰어 잘게 만드는 것으로 실백, 파, 마늘, 육류의 식재료를 곱게 만들기 위해 이용한다.
- 섞기(혼합) : 두 가지 이상의 재료를 섞거나 조미료 등을 넣어 혼합하는 것으로, 재료의 분포상태를 균일하게 하거나 온도 및 조미료의 분포를 고르게 하여 맛의 침투를 촉진시키기 위한 것이다. 재료의 성질, 비율, 혼합하는 방법 등에 따라 음식의 맛이 달라지므로 주의를 요한다.
- 누르기 : 액즙을 짜거나 압착에 의하여 모양이나 조직을 변화시키는 방법이다. 예를 들면, 과즙을 짜거나 채소 · 과일을 갈거나 초밥 · 주먹밥 등을 만들 때, 혹은 편육 · 생선묵 등의 모양 만들기에 이용된다.
- 빚기 : 지에밥(고들밥)과 누룩을 버무려 술을 담그거나 가루에 반죽하여 경단, 만두, 송편, 주악 같은 것을 만드는 조리법이다.
- 데치기 : 끓는물에 재료를 넣어 살짝 삶아내는 조리법이다.
- 무치기 : 나물이나 기타 식재료에 양념을 섞어 버무리는 조리법이다.
- 버무리기 : 식재료를 한데 골고루 뒤섞는 조리법이다.(예 : 떡가루를 버무리다, 김칫속을 버무리다.)
- 지지기 : 국물을 조금 붓고 끓여 익히거나, 식재료를 뜨거운 번철에 기름을 두르고 전을 부치는 조리법이다.
- 조림 : 식품을 물이나 국물, 조미료를 합해서 익혀내는 조리법이다. 재료가 익은 후에도 그 조림의 국물을 끼얹어가면서 윤이 나게 조리하는 것이 좋다.

- 초 : 조림을 달게 하거나 녹말풀을 입혀 국물이 없이 윤기 있게 조린 것으로 홍합초, 전복초, 밤초, 대추초 등이 있다.
- 장과 : 장아찌의 다른 말이며 간장, 고추장, 된장, 식초 등을 사용하여 만든 음식으로, 저장성을 높일 수 있는 장점이 있다. 바로 해서 먹는 '갑장과'와 절인 후 볶아서 익혀 먹는 '숙장과'가 있다.
- 자반 : 생선을 소금에 절이거나 또는 콩, 미역, 김, 소고기 등을 간장에 조리거나 기름에 튀겨 만든 것을 말한다.
- 국 : 반상차림에 기본적인 것으로 수 · 조육류, 어패류, 채소류 등의 재료로 끓인 국물요리이다. 국에는 소금과 간장으로 맛을 내는 맑은장국과, 된장이나 고추장으로 맛을 내는 토장국 두 종류가 있다.
- 감정 : 탕과 찌개의 중간으로, 국물도 있고 건대기가 많은 음식으로, 주로 고추장으로 간을 한다. 게감정, 오이감정 등이 있다.
- 찌개(조치) : '찌개'는 널리 통용되는 명칭이고, '조치'는 궁중용어라고 알려져 있다. 대개 국처럼 국물이 많지 않고 찜보다는 국물이 많은 것으로, 국보다 간이 좀 진하다. 찌개의 재료는 그 범위가 매우 넓고 한정이 없으며, 여러 식품을 배합하여 만들기 때문에 영양상 매우 좋은 요리이다.
- 전골 : 전골냄비에 여러 재료를 보기 좋게 담고 간을 한 육수를 넣어 끓인 음식이다. 옛날의 전골냄비는 쇠나 놋쇠로 만들었지만, 요즘은 넓은 모양으로 가운데 국물이 고일만큼의 깊이를 가지고 있다.
- 전유어 : 생선이나 육류, 채소류 등을 기름에 지져 익혀내는 것이다. 재료를 손질하여 적당한 크기로 썰어 밀가루를 묻히고, 그 다음 달걀을 씌워서 기름을 두른 번철에 약한 불로 얌전히 지진 것을 뜻한다.
- 화양적 : 재료를 각각 양념하여 익혀, 색을 맞추어 꼬치에 꿴 것이다.
- 누름적(지짐누름적) : 재료를 꼬치에 꿴 다음, 전을 부치듯이 지져낸 것이다.
- 지짐 : 빈대떡이나 파전처럼 재료 자체에 부재료를 섞어서 직접 기름에 지져내는 것이다.
- 회 : 육회, 어회, 두부회 등을 들 수 있는데, 식품 자체의 신선함을 이용하여 초고추장이나 겨자즙, 양념장 등에 찍거나 무쳐서 먹는 간단한 조리법으로 만든 요리이다.
- 숙회 : 뜨거운 물에 살짝 익힌 회로 문어회, 오징어회 등을 말한다.
- 강회 : 숙회(熟膾)의 일종으로, 미나리나 쪽파와 같은 채소를 소금물에 데친 다음, 다른 재료와 함께 예쁘게 말아놓은 것이다.
- 유밀과 : 밀가루나 쌀가루를 주재료로 하고, 기름과 꿀을 부재료로 사용하여 만든 과자류로 약과, 강정, 다식, 매작과 등이 있다.
- 강정 : 찹쌀가루를 반죽하여 잘라서 말렸다가 기름에 튀겨 부푼 것에 고물을 무친 것이다.

강정의 고물에 따라 깨강정, 세반강정, 잣강정 등이 있다.

- 다식 : 곡식가루나 송화를 꿀로 반죽하여 뭉쳐 다식판에 박아 모양을 만든 것이다.
- 전과 : 과일이나 채소 중 고르지 않은 것을 꿀이나 조청으로 조린 것을 말하며, '정과'라고도 한다.
- 화채 : 우리나라 고유의 음료로, 차게 하여 마시는 것을 말한다. 원소병, 송화밀수, 딸기화채, 진달래화채, 오미자화채 등이 있다.
- 황화채 : 말린 원추리꽃과 잎을 가리키는 것으로, 끓는물에 데쳐 식초, 소금, 기름에 무친 것을 말한다. 예로부터 봄철에는 원추리의 어린싹을, 여름철에는 꽃을 따서 김치를 담가먹거나 나물로 무쳐먹었으며, 말린꽃을 물에 불려 반으로 잘라 참기름에 볶아 잡채에도 사용했다.

수행내용

1. 한식 기본 썰기

(1) 편 썰기(얄팍 썰기)

재료를 원하는 길이로 자른 후 그대로 얄팍하게 썰거나 원하는 두께로 고르게 얇게 써는 방법이다. 주로 볶음이나 무침 등에 이용된다. 마늘이나 생강 등의 재료를 다지지 않고 향을 내면서 깔끔하게 사용하거나, 생밤이나 삶은 고기를 모양 그대로 얇게 썰 때도 이용하는 방법이다.

(2) 채 썰기

재료를 원하는 길이로 잘라서 얇게 편을 썰어 겹쳐 놓고 일정한 두께로 가늘게 써는 방법이다. 보통 생채, 구절판이나 생선회에 곁들이는 채소를 썰 때 쓰인다.

(3) 다지기

채를 썬 것을 가지런히 모아서 잡은 다음, 직각으로 잘게 써는 방법이다. 파, 마늘, 생강, 양파 등 양념을 만드는데 주로 쓰이며, 크기는 일정하게 써는 것이 좋다.

(4) 막대 썰기

재료를 원하는 길이로 토막 낸 다음 알맞은 굵기의 막대 모양으로 써는 방법이다. 무장과, 오이장과나 적 등을 만들 때 사용한다.

(5) 골패 썰기와 나박 썰기

무 · 당근 등 둥근 재료의 가장자리를 잘라내어 직사각형으로 만들어 얇게 써는 방법이며, 나박 썰기는 가로 · 세로가 비슷한 사각형으로 반듯하고 얇게 써는 방법이다.

(6) 깍둑 썰기

무 · 감자 등을 가로 · 세로 · 두께 모두 2cm 정도의 같은 크기로 주사위처럼 써는 방법이다. 주로 깍두기 · 찌개 · 조림 등에 이용된다.

(7) 둥글려 깎기

감자, 당근, 무 등 각이 지게 썰어진 재료의 모서리를 얇게 도려내어 둥글게 만드는 방법으로, 오랫동안 끓이거나 졸여도 재료의 모양이 뭉그러지지 않아서 조리 후에 음식이 보기 좋게 된다.

(8) 반달 썰기

무 · 감자 · 당근 · 호박 등을 길이로 반을 가른 후, 원하는 두께로 반달 모양으로 써는 방법이다.

(9) 은행잎 썰기

감자 · 당근 · 무 등의 재료를 길이로 십자 모양으로 4등분하여 원하는 두께로 은행잎 모양으로 써는 방법이다. 주로 찌개나 조림 등에 이용된다.

(10) 통 썰기

모양이 둥근 오이, 당근, 연근을 통째로 써는 방법이다. 두께는 재료와 음식에 따라 다르게 조절하며, 보통 조림, 국, 절임 등에 이용된다.

(11) 어슷 썰기

오이 · 당근 · 파 등 가늘고 길쭉한 재료를 칼을 옆으로 비껴 적당한 두께로 어슷하게 써는 방법으로, 주로 볶음 · 찌개 등에 이용된다.

(12) 깎아 썰기

우엉, 밤, 오이 등의 재료를 칼날의 끝부분으로 연필 깎듯이 돌려가면서 얇게 써는 방법이다. 무 등 굵은 것은 칼질을 여러 번 넣은 다음 썬다.

(13) 저며 썰기

재료의 끝을 한손으로 누르고 칼 몸을 뉘여서 재료를 안쪽으로 당기듯이 한 번에 써는 방법으로 표고나 고기, 생선, 버섯 포를 뜰 때 이용한다.

(14) 마구 썰기

오이 · 당근 등 비교적 가늘고 긴 재료를 한 손으로 빙빙 돌려가며 한 입 크기로 작고 각이 있게 써는 방법이다. 주로 채소의 조림에 이용된다.

(15) 돌려깎기

호박 · 오이 등을 일정한 크기(길이 5cm 정도)로 토막을 낸 뒤, 껍질에 칼집을 넣어 얇게 돌려깎아내는 방법으로, 가늘게 채를 썰 때 이용한다.

(16) 솔방울 썰기

갑오징어나 오징어를 볶거나 데쳐서 회로 낼 때 큼직하게 모양을 내어 써는 방법이다. 반드시 오징어 안쪽에 사선으로 칼집을 넣고, 다시 엇갈려 비스듬히 칼집을 넣은 다음 끓는물에 넣어 살짝 데쳐서 모양을 낸다.

2. 고명 만들기

고명은 음식의 겉모양을 좋게 하고 포인트를 주는 것으로, 너무 많이 사용하지 않는 것이 보기에 좋다.

(1) 달걀지단 만들기

① 달걀을 깨서 흰자와 노른자로 나누어 소금을 뿌려 간을 한다.
② 흰자는 알끈을 떼고, 거품이 일어나지 않도록 잘 저어 체에 내린다.
③ 팬을 달구어 기름을 두르고 약불에서 황 · 백달걀을 각각 넣고 원하는 두께로 황 · 백지단을 부친다.

(2) 채소고명 만들기

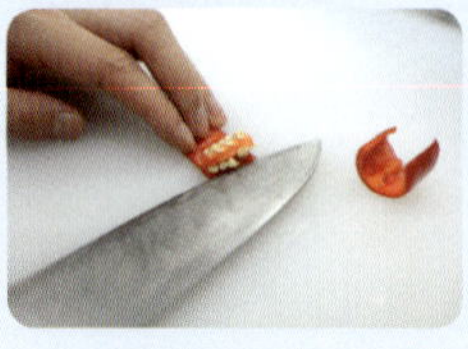

① 청 · 홍고추 : 길이로 반을 잘라 씨를 빼고, 채 썰거나 골패형 · 마름모꼴 · 어슷 썰어 고명으로 사용한다.
② 말린 홍고추 : 씨를 털어내고 어슷 썰거나 곱게 채 썰어, 실고추를 만들어 고명으로 사용한다.
③ 오이 · 호박 : 소금으로 비벼 씻은 후 길이로 잘라 껍질만 돌려깎아 채를 썬 다음, 소금에 절인 후 볶아서 사용한다. 또는 골패형 · 마름모꼴로 썰어 고명으로 사용한다.
④ 실파 : 뿌리를 자른 후 겉잎을 벗겨내어 깨끗이 씻은 후, 송송 썰거나 길이로 잘라 사용한다.

(3) 미나리촛대 만들기

① 달걀을 깨서 소금으로 간을 한 후, 거품이 일어나지 않도록 잘 저어 체에 내린다.

② 미나리는 잎을 떼어내고 줄기 부분만 길이 10cm 정도로 잘라 꼬치로 양 끝을 꿰어 고정한다.

③ 미나리에 밀가루와 달걀물을 씌운 후, 팬을 달구어 기름을 두르고 약불에서 지진다.

④ 부쳐진 초대는 골패형, 마름모꼴 등으로 다양하게 썰어 고명으로 이용한다.

(4) 여러 가지의 한식 고명 재료들

2 한식 밥, 죽조리 학습모듈

밥 : 1301010121_16v3
죽 : 1301010122_16v3

학습 1 밥, 죽 재료 준비하기

학습목표

- 쌀과 잡곡의 비율을 필요량에 맞게 계량할 수 있다.
- 쌀과 잡곡을 씻고 용도에 맞게 불리기를 할 수 있다.
- 부재료는 조리방법에 맞게 손질할 수 있다.
- 조리방법에 따라서 쌀 등 재료를 갈거나 분쇄할 수 있다.
- 돌솥, 압력솥 등 사용할 도구를 선택하고 준비할 수 있다.

필요지식

1. 쌀의 종류와 특성

쌀은 형태에 따라 인디카형, 자포니카형 및 자바니카형으로 분류된다. 모양이 긴 종류의 쌀은 수분이 적어 거의 무한정일 정도로 보관기간이 길지만, 쌀을 주식으로 하는 우리나라의 쌀은 긴 쌀보다는 수분이 많아 보관기간이 짧고 신선한 최근에 생산된 것을 선호한다. 모양이 긴 종류의 쌀은 수분을 흡수하여 1.5배로 불어나며, 냄비에 매우 낮은 불로 쌀의 1.5~2배 정도의 물을 붓고 조리한다. 반면, 보관기간이 짧은 쌀은 1~1.2배의 물로 조리한다. 쌀은 쌀 자체로 조리하거나 쌀가루, 으깬 쌀 등으로 떡, 푸딩, 케이크, 소스의 농후제, 수프, 스튜 등에 사용할 수 있으며, 발효음료의 주성분으로 사용되는데, 중국의 매우 강한 증류주와 일본의 유명한 사케 등이 해당된다.

(1) 흑미

항산화작용을 하는 안토시아닌 색소가 다량 함유되어 있다. 검은색을 띠는 흑미는 현미로 도정해서 사용하므로, 다른 곡류보다 영양적으로 우수하다.

(2) 찹쌀

벼는 메벼와 찰벼로 구분되는데, 그 중 찰벼의 배아로 끈기가 많은 쌀을 찹쌀이라고 한다. 멥쌀은 반투명이지만, 찹쌀은 유백색으로 불투명이다. 끈기가 많고 찰지기에 점미(黏米) 또는 나미(糯米)라고도 한다.

(3) 쌀

벼의 왕겨와 겨층을 벗겨 먹을 수 있게 가공한 것으로 보리, 밀과 함께 세계적으로 중요한 농산물 중 하나이다.

(4) 야생쌀

전세계에 약 20여 종이 알려져 있는데, 주로 낱알은 흑갈색을 띠며 풀과 견과류의 맛이 난다. 길쭉하면서 잘 부서지지 않는 것이 좋은 쌀이다.

2. 두류의 종류와 특성

두류는 식물성단백질이 풍부한 식품으로, 종피가 단단하여 장기 저장이 가능하다. 구성성분에 따라 대두와 낙화생같은 고단백질(35% 내 · 외), 고지방 및 저당질(25% 내 · 외)의 것과 팥, 완두콩과 같은 저단백질(20% 내 · 외), 저지방 및 고당질(55% 내 · 외)의 것 그리고 풋완두와 조림콩같이 야채적 성격을 띤 것이 있다.

3. 채소류의 종류와 특성

채소류는 수분이 85~95%로 칼로리는 매우 적은 편이며, 섬유질로는 셀룰로오스와 헤미셀룰로오스 등이 함유되어 있어 장(腸)을 적당히 자극하여 변통을 좋게 한다.

4. 육류의 종류와 특성

육류의 주성분은 단백질(20%)과 지질이며, 일반적으로 지질함량과 수분함량은 반비례하고 어린 동물의 육(肉)은 수분이 많고 지방이 적다. 무기질은 1% 전 · 후로 칼륨, 인, 황이 많으며, 칼슘, 마그네슘, 아연 등의 2가 금속이온은 고기의 보수성과 밀접한 관계가 있다.

5. 어패류의 종류와 특성

어패류는 단백질이 우수하며 결합조직량이 적고 근섬유가 짧아 소화하기 좋다. 반면에, 불포화지방산 함량이 많아 산패되기 쉽고 미생물 번식에 대한 품질저하가 많으므로 위생적으로 취급해야 한다.

학습 2 밥, 죽 조리하기

학습목표

- 밥, 죽의 종류와 형태에 따라 조리시간과 방법을 조절할 수 있다.
- 조리도구, 조리법과 쌀, 잡곡의 재료 특성에 따라 물의 양을 가감할 수 있다.
- 조리도구와 조리법에 맞도록 화력 조절, 가열시간 조절, 뜸들이기를 할 수 있다.

필요지식

1. 전분의 호화(α화)하기 쉬운 조건

① 전분의 가열온도가 높을수록 호화하기 쉽다.

② 전분입자의 크기가 작을수록(정백도가 높을수록) 호화하기 쉽다.

③ 가열 시 첨가하는 물의 양이 많을수록 호화하기 쉽다.

④ 가열하기 전 불림시간이 길수록 호화하기 쉽다.

⑤ 아밀로오스는 호화되기 쉬우며, 아밀로펙틴은 호화되기 어렵다.

2. 밥, 죽맛에 영향을 주는 인자

(1) 물의 pH

pH 7~8일 때 밥맛과 외관이 좋으며, 산성이 높을수록 밥, 죽맛이 나빠진다.

(2) 소금첨가

0.03%의 소금첨가 시 밥, 죽맛이 좋아진다.

(3) 수확시기

수확한 후 시일이 오래 지난 쌀은 지방이 산패되고 맛을 내는 물질들이 감소하여 밥, 죽맛이 나빠진다.

(4) 건조도

지나치게 건조된 쌀은 갑자기 수분을 흡수하므로, 불균등한 팽창을 하고 조직이 파괴되며 공간이 생겨 질감이 나빠진다.

(5) 토질

토질과 쌀의 품종이 적절하게 조화된 것이 밥, 죽맛이 좋다.

(6) 조리기구 및 연료

조리기구는 열전도가 작고 열용량이 큰 무쇠나 돌로 만든 것이 좋으며, 연료는 숯불이나 장작 같이 재가 남는 것이 좋다.

3. 죽조리 시 요령

쌀을 씻어 물의 분량을 조절해야 한다.

① 주재료인 곡물을 미리 물에 담가 충분히 수분을 흡수시켜야 한다.
② 일반적인 죽의 물 분량은 쌀 용량의 5~6배 정도가 적당하다.
③ 죽에 넣을 물을 계량하여 처음부터 전부 넣어서 끓인다. 도중에 물을 보충하면 죽 전체가 잘 어우러지지 않는다.
④ 죽을 쑤는 냄비나 솥은 두꺼운 재질의 것이 좋다. 돌이나 옹기로 된 것이 열을 부드럽게 전하여 오래 끓이기에 적합하다.
⑤ 죽을 쑤는 동안에 너무 자주 젓지 않도록 하며, 반드시 나무주걱으로 젓는다.
⑥ 불의 세기는 중불 이하에서 서서히 오래도록 끓인다.
⑦ 간은 곡물이 완전히 호화되어 부드럽게 퍼진 후에 하며, 간을 아주 약하게 하고 먹는 사람의 기호에 따라 간장 · 소금 · 설탕 · 꿀 등으로 맞추도록 한다.

학습 3 밥, 죽 담아 완성하기

학습목표

• 조리 종류에 따라 그릇을 선택할 수 있다.
• 밥 · 죽을 따듯하게 담아낼 수 있다.
• 조리 종류에 따라 나물 등 부재료를 얹거나 고명을 올려 낼 수 있다.

필요지식

1. 고명

한국음식의 고명은 음식을 보고 아름답게 느껴 먹고 싶은 마음을 갖도록 음식의 맛보다 모양과 색을 좋게 하기 위해 장식하는 것을 말하며 '웃기' 또는 '꾸미'라고도 한다. 색깔은 오행설에 바탕을 두어 붉은색, 녹색, 노란색, 흰색, 검정색의 오색이 기본이다.

3 한식 면류조리 학습모듈

1301010103_16v3

학습 1 면류 재료 준비하기

학습목표

- 면 조리(국수, 만두, 냉면) 종류에 따라 재료를 준비할 수 있다.
- 조리에 사용하는 재료를 필요량에 맞게 계량할 수 있다.
- 부재료는 조리방법에 맞게 전처리할 수 있다.

필요지식

1. 국수의 종류

국수는 가루음식의 대표적인 것으로 밀가루, 메밀가루, 감자가루 등으로 만든다.

1) 재료에 따른 분류

(1) 밀국수

밀가루로 만든 국수로 글루텐함량이 많은 밀가루를 사용한다. 지방에 따라서는 콩가루를 넣어 반죽하기도 한다.

(2) 메밀국수

메밀가루가 주원료이며, 끈기를 주기 위해 녹말가루나 밀가루를 섞어 익반죽한다.

(3) 녹말국수

옥수수, 감자, 고구마, 칡 등의 녹말로 국수를 만드는데, 밀가루를 섞어 만들기도 한다.

2) 조리법에 따른 분류

(1) 냉면

메밀과 전분을 이용하여 반죽을 익히면서 강한 압력을 가해 작은 구멍 밖으로 밀어내면서 만든다. 차게 식힌 장국에 삶은 국수를 넣은 것이다.

① 평양냉면

메밀함량이 많아 뚝뚝 끊어지고 꺼끌꺼끌한 편이다.

② 함흥냉면

감자나 고구마전분을 많이 넣어 면발이 쫄깃하고 잘 끊어지지 않는다.

(2) 온면

국수를 따로 삶아 건져서 뜨거운 장국에 마는 방법과, 장국이나 육수에 국수를 바로 넣어서 끓이는 제물국수가 있다.

(3) 비빔면

국수를 삶아 채소, 육류, 생선회 등을 넣어 골고루 비빈 국수이다.

2. 밀가루의 계량

1) 밀가루 계량하기

밀가루와 같은 가루를 계량할 때는 부피보다 무게로 계량하는 것이 정확하나, 편의상 부피로 계량하기도 한다. 부피로 계량할 때는 할편된 계량컵을 사용하는 것이 편리하다. 가루는 입자가 작고 다져지는 성질이 있기 때문에, 그릇에 오래 담겨 있으면 눌리게 된다. 그러므로 계량하기 전에 한 번 체에 쳐주거나 스푼으로 잘 휘저어 사용한다.

밀가루 체에 담아 내리기

체에 내린 밀가루 계량컵에 담기

2) 고체 계량하기

설탕을 계량할 때는 할편된 계량컵을 사용하여 덩어리진 설탕은 모두 부스러뜨린 후 계량한다.

계량컵 안에 설탕 가득 담기

계량컵 안에 깎아서 설탕 한 컵 계량하기

학습 2 면류 육수 만들기

학습목표

- 찬물에 육수재료를 넣고 서서히 끓일 수 있다.
- 면조리의 종류에 맞게 화력과 시간을 조절하여 육수를 만들 수 있다.
- 육수의 종류에 따라 냉 · 온으로 보관할 수 있다.

필요지식

1. 육수의 정의

『표준국어대사전』에 의하면, 육수는 '고기를 삶아 낸 물'을 의미한다.

2. 육수 만드는 방법

① 양지, 사태와 같은 질긴 부위 또는 꼬리나 사골을 끓여 국물의 맛을 낸다.

② 찬물에 담가 핏물을 뺀 후 끓이며, 물을 넉넉히 부어 센불에서 한 번 끓이다가 거품이 나면 따라버린 후 다시 물을 부어 끓인다.

③ 이때 생기는 거품은 맛과 외관을 좋지 않게 하므로 걷어낸다.

④ 끓기 시작하면 약한 불에서 오래 끓여야만 충분히 우러난다. 국물을 만들 때 방향채소를 넣으면 향이 더 좋으며, 국물이 식은 다음 굳어진 지방층은 걷어낸다.

⑤ 국물에 용출되는 맛 성분은 수용성단백질, 지질, 무기질, 추출물, 젤라틴 등이다. 약한 불에서 장시간 끓여야 맛 성분이 충분히 용출된다.

수행내용

1. 면류 육수 만들기

(1) 육수재료 및 부재료 준비하기

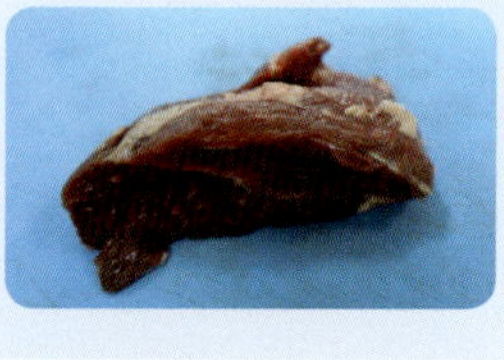

육수 종류에 따라 육류(양지, 사태), 닭고기, 동치미, 다시마, 멸치, 가쓰오부시, 조개, 양파, 대파, 생강, 배추, 소금, 후춧가루 등을 준비한다.

(2) 육수 끓이기

찬물에 양지머리, 마늘, 대파, 생강을 넣고 끓인다. 끓으면 30분 이상 거품을 걷어가며 삶아, 국물은 국간장, 소금, 후춧가루로 간을 하여 면보에 거른다.

(3) 육수 보관하기

면보에 거른 육수는 물냉면이나 비빔냉면의 경우에는 냉육수로 보관하고, 국수장국에 사용할 경우에는 온육수로 보관한다.

학습 3 국수 · 만두 반죽하기

학습목표

- 가루를 분량대로 섞어 반죽할 수 있다.
- 사용시점, 빈도에 따라 숙성, 보관할 수 있다.
- 손이나 기계를 사용하여 용도에 맞게 면을 만들 수 있다.

수행내용

1. 국수 반죽하기

① 준비한 밀가루를 체에 쳐서 스테인리스 볼에 담는다.

② 적당한 분량의 소금, 달걀, 식용유와 물을 넣어 반죽이 말랑말랑하게 치대어 준비한다.

③ 반죽한 밀가루를 면보나 위생비닐에 싸서 20분 정도 휴지시킨다.

④ 밀대로 밀어 얇게 썰어 서로 붙지 않게 밀가루를 털어놓는다.

⑤ 칼국수만을 전문적으로 판매하는 음식점은 미리 반죽을 밀어 기계로 칼국수면을 일정한 두께로 잘라 준비한다.

2. 만두 반죽하기

① 칼국수 반죽과 동일하게 반죽을 만들어 20분 이상 휴지시킨다.

② 숙성된 반죽을 지름 7cm 정도 되도록 얇게 밀어 만두피를 준비한다.

학습 4 국수 · 만두 · 냉면 조리하기

학습목표

- 면 종류에 따라 삶거나 끓일 수 있다.
- 부재료를 조리방법에 따라 조리할 수 있다.
- 면 종류에 따라 양념장을 만들어 비비거나 용도에 맞게 활용할 수 있다.
- 면의 종류에 따라 어울리는 고명을 만들 수 있다.

수행내용

1. 칼국수 끓이기

① 준비된 육수가 끓으면 칼국수를 넣고 서로 붙지 않게 저어가며 끓인 후 소금이나 국간장으로 간을 맞춘다.

② 국수는 장국, 고명을 만든 뒤 맨 나중에 삶아서 사용한다.(단, 미리 삶으면 국수가 붇는다.)

③ 국수를 삶는 물의 pH가 높으면, 국수에서 전분이 용출되어 국수의 표면을 거칠게 하기 쉽다. 그러므로 국수 삶는 물의 pH는 5~6이 좋다.

2. 만두 조리하기

(1) 만두재료 준비하기

만두피, 소고기, 두부, 숙주, 김치, 달걀, 미나리, 다진파, 다진마늘, 간장, 참기름, 고춧가루, 깨소금, 후춧가루 등을 준비한다.

(2) 만두소 만들기

준비된 부재료를 합하여 다진파, 마늘, 소금, 후추, 깨소금, 참기름으로 양념하여 고루 섞어서 소를 만든다.

(3) 만두 만들기

① 준비된 만두피에 소를 넣어 용도에 맞게 지름 4cm 정도로 만두를 빚는다.
② 찐만두용으로는 빚기를 달리한다.
③ 만두는 빚는 모양에 따라 편수와 송편처럼 속을 파서 빚거나, 반죽을 밀대로 밀어서 하는 경우가 있다.

학습 5 면류 담아 완성하기

학습목표

- 면요리 종류에 맞는 그릇을 선택할 수 있다.
- 요리 종류에 따라 냉 · 온으로 제공할 수 있다.
- 필요한 경우 양념장과 고명을 얹거나 따로 제공할 수 있다.

수행내용

1. 국수 담는 방법

(1) 돌려 담기

면발을 가지런히 정리하여 잡고, 동그란 그릇 모양을 따라 돌려 담는다.

(2) 타래지어 담기

국수를 조금 잡고, 두 번째 손가락에 감아 동그랗게 타래를 지어 그릇에 놓는다.

(3) 젓가락에 감아 담기

국수를 물에 담근 상태에서 들었다 놨다를 하며 면발을 정리하여 젓가락에 감는다. 젓가락 끝까지 고르게 잘 감아지면 젓가락을 빼면서 그릇에 담는다.

(4) 일자 담기

국수나 냉면을 물에 담근 상태에서 들었다 놨다를 하며 면발을 정리하여 그릇에 일렬로 가지런히 담는다.

학습 1 국 · 탕 재료 준비하기

학습목표

- 조리에 사용하는 재료를 필요량에 맞게 계량할 수 있다.
- 육수의 종류에 맞추어 도구와 재료를 준비할 수 있다.
- 재료에 따라 요구되는 전처리를 수행할 수 있다.

필요지식

1. 국, 국물, 육수의 정의

(1) 국, 국물, 육수

『표준국어대사전』에서는 다음과 같이 정의하였다.

① 국 : 고기, 생선, 채소 따위에 물을 많이 붓고 간을 맞추어 끓인 음식

② 국물 : 국, 찌개 따위의 음식에서 건더기를 제외한 물

③ 육수(肉水) : 고기를 삶아낸 물

(2) 국물의 기본

1 쌀 씻은 물

쌀을 처음 씻은 물은 버리고 2~3번째 씻은 물을 이용하여 사용하면 쌀의 전분성의 농도가 국물에 진한 맛과 부드러움을 준다.

2 멸치 또는 조개국물

멸치 또는 조개국물을 사용한다. 멸치는 머리와 내장을 뗀 뒤, 비린내를 없애기 위해 냄비에 살짝 볶고 그대로 찬물을 부어 끓인다. 끓기 시작하면 10~15분 간 우려내고, 거품은 걷어 면보에 걸러 사용한다. 내장을 넣고 육수를 끓이면 쓴맛이 우러난다.

3 다시마육수

다시마는 적당한 크기로 잘라 물에 담가두었다가 사용한다. 다시마 표면의 하얀 가루는 만니톨Mannitol이라는 감칠맛 나는 성분이다.

4 소고기육수

양지머리, 사태, 채끝 등을 사용하며, 소고기육수를 끓이기 전 30분 정도 찬물에 담가 핏물을 뺀 후 찬물에 고기를 넣고 센불에서 끓이기 시작한다.

5 사골육수

국, 전골, 찌개요리 등에 중심이 되는 맛을 내는 육수이다. 소뼈를 이용한 육수를 만들 때에는 단백질성분인 콜라겐이 많은 사골을 선택하여, 찬물에서 1~2시간 정도 담가 핏물을 충분히 뺀 후 육수를 낸다. 핏물을 빼지 않으면 국물이 검어지고 누린내가 난다.

학습 2 국 · 탕 육수 만들기

학습목표

- 찬물에 육수재료를 넣고 서서히 끓일 수 있다.
- 조리의 종류에 따라 끓이는 시간과 불의 강도를 조절할 수 있다.
- 끓이는 중 부유물을 제거하여 맑은육수를 만들 수 있다.
- 완성된 육수를 보고 품질을 판단할 수 있다.
- 육수의 종류에 따라 냉 · 온으로 보관할 수 있다.

필요지식

1. 육수의 분류와 파생

육수 분류	파생 육수	사용 육수
맑은 국물	소고기 육수	장국, 떡국 육수 매운탕 육수 냉면 육수(함흥식냉면)
	소고기 + 돼지고기 육수	냉면 육수(평양식냉면)
	소고기 + 돼지고기 + 닭고기 육수	냉면 육수(평양식냉면)
	닭고기 육수	삼계탕 초계탕
	조개탕 육수	조개탕 육수, 해물탕 육수 기초 토장 육수
	조개탕 육수 + 소고기 육수	매운탕 육수
	멸치, 다시마, 다랑어 육수	샤브샤브 육수, 매운탕 육수, 국수 육수, 로스 편채 육수
	콩나물 육수	해장국 육수, 물김치 육수
	과육(뼈, 사과) 육수	동치미 등의 물김치 국물

탁한 국물	사골잡뼈 육수	곰탕류(설렁탕, 도가니탕, 꼬리탕) 육수, 떡국 육수, 온면 육수
	돼지뼈(머리뼈 포함) 육수	해장국, 감자탕 육수, 우거지탕 육수, 순대국
	닭뼈 육수	삼계탕, 부분적으로 냉면 육수에 사용, 초계탕
	생선뼈 육수	매운탕
된장, 고추장 국물	된장 + 소고기 육수	된장찌개, 강된장찌개, 된장국, 해장국 일부
	된장 + 조개 육수	된장찌개, 강된장찌개, 된장국, 해물탕 일부
	고추장 + 육수(소고기, 조개)	강된장찌개 일부, 감자탕, 매운탕, 전골 및 고추장찌개, 된장국 일부

출처 : NCS 한식조리 학습모듈

2. 육수조리 시 주의사항

(1) 찬물로 시작 : 뼈 속 내용물 용해를 쉽게 하기 위해 찬물로 시작한다.

(2) 센불로 시작, 약불로 마무리 : 오랜 시간 은근히 끓인다.

(3) 거품과 불순물 제거 : 거품과 불순물을 제거하여 육수가 혼탁해지는 것을 방지한다.

(4) 투명하게 걸러내기 : 재료와 국물을 분리하여 맑은육수를 준비한다.

(5) 순환냉수에 급속냉각 : 급속 냉각시켜 육수가 상하는 것을 방지한다.

(6) 생산일지에 기록 저장 : 선입선출 방법으로 효율적으로 저장한다.

학습 3 국 · 탕 조리하기, 국 · 탕 담아 완성하기

학습목표

- 재료의 종류에 맞게 국물조리를 만들 수 있다.
- 국은 주재료와 부재료의 배합에 맞게 조리할 수 있다.
- 국은 다양한 재료를 활용하여 조리할 수 있다.
- 조리의 종류에 따라 끓이는 시간을 달리할 수 있다.

수행내용 1

무국 그릇에 담아 완성하기

① 무가 반 정도 익으면 국간장과 소금으로 간을 맞춘다.
② 어슷하게 썬 파를 넣고, 무가 무르게 익을 때까지 끓인다.
③ 그릇에 담아 완성한다.

수행내용 2

배추된장국을 그릇에 담아 완성하기

① 어슷하게 썬 대파, 다홍고추를 넣고 소금으로 간을 맞춘다.
② 그릇에 담아 완성한다.

수행내용 3

미역국을 그릇에 담아 완성하기

① 그릇에 미역국을 담고, 양념한 양지머리 고기를 고명으로 올린다.
② 미역국에는 파와 후춧가루를 넣지 않는다.

수행내용 4

곰탕을 그릇에 담아 완성하기

① 고기와 무가 무르면 그릇에 건져내고, 국물은 식혀 위에 뜨는 기름을 제거한다.
② 국물을 불에 올려 끓으면 양념한 고기와 무를 넣고 끓인다.
③ 그릇(뚝배기)에 고기와 무를 담고, 국물을 부어 파를 고명으로 올린다.

수행내용 5

삼계탕을 그릇에 담아 완성하기

① 닭이 익으면 꺼내어 묶은 실이나 꼬지를 뺀다.
② 큰 대접이나 뚝배기에 한 마리씩 담아 국물을 끓여 붓는다.
③ 잘게 썬 파를 고명으로 올린다.
④ 소금, 후춧가루를 곁들여 낸다.

곰국이야기 Tip

- 곰국은 소의 양지살과 사태살 등 지방이 적은 살코기와 양, 곱창을 넣어 끓인 맑은 국물 음식으로, 곰탕·육탕(肉湯)이라고도 하며, 영양이 풍부한 내장을 넣고 끓인 국이라 보양음식으로 알려져 있다. 궁중에서는 수랏상에 팥수라와 짝이 되는 음식으로 올렸다.
- 곰탕이란 '고기를 맹물에 넣고 끓인 국'이라는 의미의 공탕(空湯)에서 유래되었다는 설과, '고기를 푹 곤 국'이라는 의미의 곰국에서 유래되었다는 설이 있다.
- 만드는 방법은 곱창은 질긴 막을 벗기고, 양은 끓는물에 튀겨 검은 부분을 제거하고, 곤자소니는 소금으로 잘 문질러 점액물질을 제거하여 양지머리나 사태살·무와 함께 끓는물에 넣고 국물이 뽀얗게 우러날 때까지 끓인다. 먹을 때 고기와 무를 건져내어 먹기 좋게 썰고, 간장·파·마늘로 양념을 한다. 뚝배기에 담으면 국물이 빨리 식지 않아 좋다. 곰국은 가정에서보다 주막이나 장터의 음식점에서 많이 활용했던 음식이다. 반면, 설렁탕은 소의 잡육, 내장 등 잡뼈가 붙어 있는 부위를 그대로 고아서 하얗고 진한 국물 음식이라 할 수 있다.

5 한식 찌개, 전골조리 학습모듈

찌개 : 1301010123_16v3
전골 : 1301010124_16v3

학습 1 찌개, 전골 재료 준비하기

학습목표

- 조리에 사용하는 재료를 필요량에 맞게 계량할 수 있다.
- 육수의 종류에 맞추어 도구와 재료를 준비할 수 있다.
- 재료에 따라 요구되는 전처리를 수행할 수 있다.
- 전골조리의 경우 종류에 따라 그릇을 선택할 수 있다.

필요지식

1. 찌개의 특징과 종류

찌개는 '조치'라고도 하며 국보다 국물은 적고 건더기가 많은 음식으로, 섞는 재료와 간을 하는 재료에 따라 구분된다. 찌개는 맑은 찌개류와 탁한 찌개류로 구분되며, 맑은 찌개류는 소금이나 새우젓으로 간을 맞춘 것으로 두부젓국찌개와 명란젓국찌개가 있다. 탁한 찌개류는 된장이나 고추장으로 간을 맞춘 것으로 된장찌개, 생선찌개, 순두부찌개, 청국장찌개, 두부고추장찌개, 호박감정, 오이감정, 게감정 등이 있다.

2. 전골의 특징과 종류

전골은 육류와 채소를 밑간하여 전골틀에 담아 화로 위에 올려 즉석에서 끓여먹는 음식으로 소고기전골, 해물전골, 버섯전골, 두부전골 등이 있다.

학습 2 찌개, 전골 육수 만들기

학습목표

- 찬물에 육수재료를 넣고 서서히 끓일 수 있다.
- 끓이는 중 부유물과 기름이 떠오르면 걷어내어 제거할 수 있다.
- 조리 종류에 따라 끓이는 시간과 불의 강도를 조절할 수 있다.
- 사용 시점에 맞춰 냉 · 온으로 보관할 수 있다.

수행내용

1. 소고기 사골 육수 만들기

① 양지머리 또는 사태 150g, 물 5컵, 무 50g, 마늘 3쪽, 대파 15㎝, 생강 10g을 준비한다.
② 사태나 양지머리로 선택하여 찬물에 담가 핏물을 제거한다.
③ 피를 뺀 사골을 끓는물에 데친 후 체에 밭쳐 흐르는 물에 헹군다.
④ 냄비에 찬물과 준비한 사골, 대파, 마늘을 넣고 센불로 가열한다.
⑤ 센불에서 끓어오르면 약한 불로 줄여 한소끔 끓이다가, 대파와 마늘은 건져내고 끓이면서 거품을 걷어낸다.
⑥ 물의 양이 1/3~1/4 정도 줄 때까지 약한 불에서 끓여 국물이 뽀얗게 우러나도록 한다.
⑦ 체에 밭쳐 국물을 거르고 차게 식힌 후 기름을 제거한다.

2. 멸치-다시마 육수 만들기

① 다시멸치 30g, 다시마 10㎝×10㎝ 1장, 물 5컵을 준비한다.
② 멸치의 내장과 머리를 제거한다.
③ 불에 달궈진 냄비에 멸치를 넣어 노릇노릇하게 굽는다.
④ 냄비에 물을 붓고 불을 끈 후 다시마를 넣고 1시간 정도 우려낸다.
⑤ 약한 불에서 가열하여 끓기 시작하면 다시마를 꺼내고 10분 정도 더 끓인다.
⑥ 면보에 내려 육수만 걸러낸다.

학습 3 찌개, 전골 양념장 만들기

학습목표

- 양념장 재료를 비율대로 혼합, 조절할 수 있다.
- 필요에 따라 양념장을 숙성할 수 있다.
- 만든 양념장을 용도에 맞게 활용할 수 있다.

필요지식

1. 양념과 조미료

1) 양념

찌개, 전골 양념은 음식을 만들 때 음식의 맛과 향을 더 좋게 하기 위해 첨가하는 것으로, 약리적인 기능을 가진 것도 있어 건강에 도움을 주기도 한다. 양념은 단맛, 짠맛, 신맛, 쓴맛 등을 내는 조미료와 재료 자체의 향에 의해 맛을 더 좋게 하는 향신료가 있다.

2) 조미료

조미료는 영양적 가치는 거의 없으나, 음식을 만들 때 주재료에 첨가되어 음식의 맛을 좋게 할 목적으로 사용한다.

(1) 소금의 작용

① 방부작용을 한다.
② 생선살을 단단하게 한다.
③ 녹황색 채소의 색을 선명하게 한다.
④ 재료가 부드러워지게 한다.

(2) 설탕의 작용

① 표면을 코팅하여 건조되는 것을 막는다.
② 수분을 흡수한다.
③ 음식에 단맛을 내고 부패를 방지한다.
④ 신맛, 쓴맛을 약하게 한다.
⑤ 끈기와 광택이 나게 한다.

(3) 식초의 작용

① 방부 살균작용을 한다.
② 생선의 살을 단단하게 하며 비린내를 없앤다.
③ 떫은맛을 없앤다.
④ 기름이 많은 음식은 식초를 사용함으로써 느끼함을 감소시킨다.
⑤ 재료를 부드럽게 해준다.
⑥ 자극적인 냄새를 없앤다.
⑦ 음식에 향미를 준다.
⑧ 맛을 조절하며 신맛이 나게 한다.

(4) 기름

1 대두유

대두를 원료로 하여 만든 것으로, 가장 수요가 많고 다양한 용도로 사용된다.

2 유채유

유채의 종자에서 착유하여 정제한 것으로, 소화율이 낮은 지방산을 함유하고 있다.

3 면실유

목화씨를 원료로 추출한 기름으로, 원유(原油)는 적갈색이거나 흑색이고 정제하면 황색이 된다. 대두유보다 안정되어 있어 산화되기 어려운 좋은 질의 기름이며 발연점이 높다.

4 참기름

항산화성이 뛰어나고 비타민 E를 많이 함유하고 있는 기름이다. 특유의 고소한 맛과 향이 있어 무침요리나 갖은 양념요리에 넣는다. 여러 가지 양념을 섞을 때에는 마지막에 넣고, 가열하는 요리에는 불에서 내리기 직전에 넣어 고소한 맛이 변하지 않게 해야 한다.

5 술

설탕이나 맛술(미림) 대용으로 사용한다. 조림류처럼 설탕을 충분히 사용해야 하는 경우를 제외하고, 섬유질이 많은 채소를 조리할 때 소량만을 사용하면 채소 자체의 맛이 한층 살아나면서 부드러워진다.

(5) 간장

종 류	만드는 방법	용 도
전통식 간장	전통적인 방법으로 된장을 만들 때 걸러 낸 생간장의 저장성을 높이고 풍미를 높이기 위해 달임 과정을 거쳐 살균, 농축한 것	국, 구이, 볶음
개량식 간장	찐 탈지대두에 밀과 황국균을 번식시킨 후, 소금물을 붓고 발효시켜 간장을 짜서 살균한 것	조림

(6) 조청

조청은 곡류나 서류의 녹말을 엿기름으로 당화시켜 그 즙만을 달여 걸쭉하게 만든 묽은 엿인데, 이것을 고아 농축시킨 것으로 한과류나 조림에 많이 쓰인다. 설탕과 함께 사용하면, 뭉치는 것을 막을 수 있다.

2. 고명

(1) 실백(잣)

실백은 통째로 반으로 잘라서 또는 다져서 사용한다. 다질 때는 종이를 깔고 잘드는 칼을 사용해야 기름기로 인해 덩어리가 생기지 않으며, 보슬보슬한 잣가루를 만들 수 있다.

(2) 은행

은행은 팬에 맑은 기름을 소량만 두르고, 중불에서 살짝 볶아 투명하고 파랗게 되면 속껍질을 벗겨 사용한다. 알이 부서지지 않도록 조심해야 한다.

(3) 호두

부서지지 않도록 겉껍질을 제거한 후 따듯한 물에 10분 정도 담가, 속껍질이 약간 불으면 벗겨내어 사용한다. 종이를 깔고 잘드는 칼을 사용하여 다진다.

(4) 표고버섯

표고버섯은 살짝 불려 꼭지를 따고 용도에 맞게 썰어 사용한다. 가늘게 채 썰 때는 우선 얇게 저민 다음 썬다.

(5) 느타리버섯

느타리버섯은 더운물에 소금을 넣고 데친 후 찬물에 주물러 씻어 씁쓸한 노란물을 말끔하게 헹궈낸 후 꼭 짜서 사용한다. 그리고 적당한 크기로 결대로 찢어 사용한다.

(6) 석이버섯

따듯한 물에 10분 정도 담가서 보들보들하게 불면 손바닥에 놓고 검은이끼가 벗어지도록 비벼(소금으로 비벼도 좋다) 깨끗한 물로 씻어내고, 꼭지를 딴 후 채를 썰거나 다져서 사용한다.

(7) 알고명 부치기(알지단)

① 달걀을 흰자, 노른자로 나눈다. 노른자에는 물 1Tsp를 넣고, 흰자는 그대로 각각 소금 간을 약간 한 다음 잘 저어준다.

② 약한 불에 올린 프라이팬에 열이 올라오면, 기름을 얇게 펴 바른 후 준비된 달걀을 얇게 펴지도록 부어서 부친다.

③ 부쳐둔 것이 식으면 채 또는 마름모꼴로 썰어 찜, 신선로, 국 등의 고명으로 사용한다.

학습 4 찌개, 전골 조리하기

학습목표

- 채소류 중 단단한 재료는 데치거나 삶아서 사용할 수 있다.
- 조리법에 따라 재료는 양념하여 밑간을 할 수 있다.
- 찌개는 육수에 재료와 양념을 첨가시점을 조절하여 넣고 끓일 수 있다.
- 전골은 전처리한 재료를 그릇에 가지런히 담을 수 있다.
- 전골 양념장과 육수는 필요량에 따라 조절할 수 있다.

필요지식

1. 찌개

찌개에 국물이나 육수를 적게 넣은 것을 '지짐'이라 하고, 고추장으로 조미한 찌개는 '감정'이라고 한다. 또한 찌개는 궁중용어로 '조치'라 알려져 있고, 『시의전서』의 목록에 "좃치 : 각색 찌개 이름이 좃치"라고 적혀 있으며, 재료에 따라 골조치, 천엽조치, 생선조치 등을 들어 설명하였다. 재료에 따라 간장에 하는 것을 '맑은 조치', 고추장이나 된장에 쌀뜨물로 하는 것을 '토장조치'라 하였다.

2. 전골

전골은 본래 육류와 채소를 밑간하여 그릇에 담아 상 옆에서 화로 위에 전골틀을 올려놓고 즉석에서 만들어먹던 음식이다. 원래 전골은 재료를 굽거나 볶는 국물이 적은 구이전골이었으나, 차츰 국물을 부어서 함께 끓이는 냄비전골이 생겼다.

3. 신선로

화통이 붙어 있는 냄비를 이르는 말이고, 그 안에 담는 음식은 열구자탕(悅口子湯) 또는 구자(口子)라고 한다. 조선왕조의 궁중연회 기록에는 열구자탕, 탕신선로, 면신선로 등이 나온다. 원래는 국물을 많이 하여 식탁에서 계속 더운 국물을 먹을 수 있게 마련된 탕에 속하는 음식이다.

학습 5 찌개, 전골 담아 완성하기

학습목표

- 찌개에 따라 재료와 양념장, 육수를 그대로 그릇에 담아낼 수 있다.
- 조리 종류에 맞는 그릇을 선택할 수 있다.
- 조리 특성에 맞게 건더기와 국물의 양을 조절할 수 있다.
- 전골 종류와 필요한 경우 찌개에 따라 상에서 끓여먹도록 할 수 있다.

수행내용

1. 신선로 담아 완성

① 속 내용 중에서 신선로 맨 밑에 무를 담고 소고기를 채썬 것, 소고기를 구운 것, 미나리촛대, 천엽전, 민어전, 석이전을 한 켜씩 담아 그릇의 7부 정도 평평하게 올라오게 한다.

② 신선로 둘레를 등분하여 당근, 표고버섯, 흰지단, 홍고추, 노란지단, 미나리촛대를 1개씩 담고, 윗부분이 약간 겹치도록 방사형으로 담는다.

③ 등분한 경계 사이에 1㎝ 정도의 공간을 두고, 이 공간에 호두나 은행을 연통을 향하여 한 줄로 놓는다.

④ 고기완자를 연통의 둘레에 한 줄로 촘촘히 둘러놓는다.

⑤ 신선로 뚜껑을 덮고 밑에 접시를 받쳐놓는다.

⑥ 상에 낼 때는 뚜껑을 열고 육수를 내용물이 겨우 잠길 정도만 붓고 뚜껑을 덮고 연통 속에 숯불을 넣는다.

⑦ 먹을 때에는 개인그릇에 국자로 떠서 먹으며, 이 때 내용물과 국물을 함께 담는다.

학습 1 찜 · 선 재료 준비하기

학습목표

- 조리에 사용하는 재료를 필요량에 맞게 계량할 수 있다.
- 찜 · 선의 종류에 맞게 도구와 재료를 준비할 수 있다.
- 재료에 따라 요구되는 전처리를 수행할 수 있다.
- 찜 · 선의 조리법에 따라 크기와 용도를 고려하여 재료를 썰 수 있다.

필요지식

1. 찜과 선의 정의

(1) 찜의 정의

찜은 예로부터 전해오는 일반적인 조리 형태로서 재료를 큼직하게 썰어 양념하여 물을 붓고 뭉근히 끓이거나 쪄내는 음식이다. 다른 조리법 중에서도 찜은 재료와 양념이 많이 쓰이며, 식품의 수용성 성분의 손실이 적고 식품의 고유풍미를 비교적 잘 유지할 수 있는 조리법이다.

(2) 선의 정의

선(膳)은 1670년 한글조리서인 『음식지미방』에 동아선이 처음 기록으로 등장하고, 이후 1600년 말경의 『주방문』에 오이선, 가지선, 동아선이 기록되었으며, 1800대 이후의 조리서에서 더욱 빈번하게 기록되었다. 선(膳)이라는 단어에는 특별한 조리적 의미는 없고 '좋은 음식'이라는 것을 뜻한다. 선은 찜과 같은 방법으로 조리하되, 주로 주재료로 식물성식품을 이용한다.

2. 찜과 선의 종류

찜의 종류	육류의 찜	소갈비찜, 돼지갈비찜, 궁중닭찜, 닭찜, 사태찜, 곤자소니찜, 돼지새끼찜, 우설찜, 소꼬리찜
	어패류의 찜	도미찜, 대하찜, 북어찜, 게찜, 대합찜, 부레찜, 숭어찜, 전복찜
선의 종류	동물성 재료를 이용한 선	어선, 소양선, 청어선
	식물성 재료를 이용한 선	두부선, 호박선, 가지선, 배추선, 오이선, 무선

학습 2 찜 · 선 양념장 만들기

학습목표

- 양념장 재료를 비율대로 혼합, 조절할 수 있다.
- 필요에 따라 양념장을 숙성할 수 있다.
- 만든 양념장을 용도에 맞게 활용할 수 있다.

수행내용

1. 찜 · 선 양념장 만들기

(1) 간장 양념장 만들기

간장 양념장은 소갈비, 돼지갈비, 닭찜 등에 활용할 수 있다. 용도에 따라 물이나 양파, 사과, 배 등을 가감할 수 있으며 양파, 사과, 배 등을 갈아서 섞거나 그 즙만 이용한다. 고기에 간장 양념을 할 때 보통 소고기 100g 당 간장 1T(15㎖)로 적당하다. 소갈비, 돼지갈비, 닭 등 뼈가 있는 재료일 경우에는 간장의 양은 절반만 쓴다.

(2) 매운 양념장 만들기

매운 양념장은 매운 소갈비찜, 매운 돼지갈비찜, 매운 닭찜 등에 활용할 수 있다. 용도에 따라 물이나 양파, 사과, 배 등을 가감할 수 있으며 양파, 사과, 배 등은 갈아서 섞거나 그 즙만 이용한다.

(3) 겨자장 만들기

찜 완성 후 곁들이는 양념장으로 고기를 찍어먹거나 호박선 등을 제공 시 함께 낸다. 겨잣가루를 발효시켜 겨자장을 만들고, 필요에 따라서 배즙이나 생크림 등을 섞어 사용할 수 있다.

(4) 초간장 만들기

찜이나 선(膳)요리 완성 후 곁들이는 양념장으로 고기를 찍어먹거나 어선 등을 제공 시 함께 낸다. 필요에 따라 초간장을 만들어 채 썬 양파를 넣어 냉장고에 숙성시켜 사용하기도 한다.

학습 3 찜 · 선 조리하기

학습목표

- 조리방법에 따라 물과 양념장의 양을 조절할 수 있다.
- 육류의 찜은 고기를 양념하여 재워둔 후 찜을 할 수 있다.
- 찜의 종류와 재료에 따라 가열시간을 조절할 수 있다.
- 채소류의 찜은 화력을 조절하여 재료 고유의 색, 형태를 유지할 수 있다.
- 찜에 어울리는 고명을 만들 수 있다.

수행내용

1. 대하 찜 조리하기

① 대하는 관절 사이에 이쑤시개를 넣어 내장을 빼고, 대하 입부분의 뾰족한 부분을 잘라낸다.

② 대하의 다리부분을 가위로 잘라 제거한다.

③ 대하의 등쪽에 칼을 넣어 반으로 잘라놓는다.

④ 머리와 꼬리를 붙인 채로 몸통의 등쪽에 칼집을 넣어 넓게 펼친 후 살을 발라내고 양파, 불린표고버섯, 홍고추는 곱게 다지고, 두부는 물기를 제거하고 곱게 으깨어 양념한 속을 대하의 껍질속에 다시 채워넣는다.

⑤ 찹쌀가루를 찬물에 개어서 ④의 위에 얇게 얹는다.

⑥ 김이 오른 찜통에 대하를 넣어 10분 정도 쪄낸다.

2. 어선 조리하기

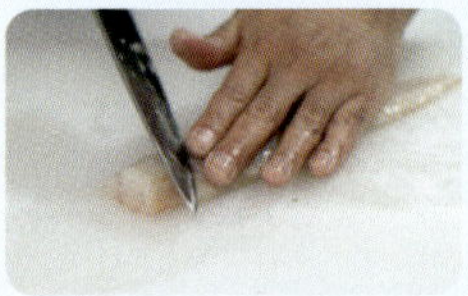

① 전처리한 흰살생선을 넓게 포를 떠 잔칼집을 넣거나 칼을 눕혀서 두들겨 두께를 고르게 하여 소금, 흰후춧가루를 뿌린다.

② 소고기는 곱게 채 썰고, 건표고버섯은 따듯한 물에 불려 곱게 채 썰어 고기양념을 하여 팬에 볶아 식힌다.

③ 오이, 당근은 돌려깎아 가는 채로 썬 다음, 소금에 잠깐 절여 물기를 빼고 팬에 볶아 식힌다.

④ 도마에 대발과 면보를 놓고 생선포를 넓게 펴서 준비한다.

⑤ 넓게 펴 준 생선포에 녹말을 얇게 뿌려놓는다.

⑥ 준비된 채소를 생선 위에 가지런히 올려 준비한다.

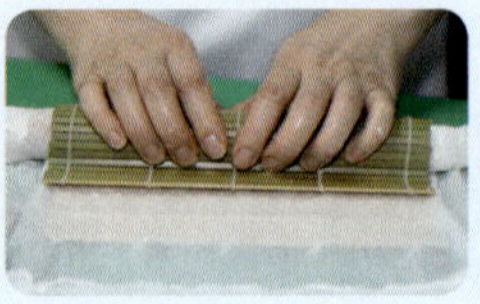

⑦ 김발과 면보를 돌돌 말아 동그랗게 말아놓는다.

⑧ 찜통에 올려 12분 정도 찐다.

학습 4 찜 · 선 담아 완성하기

학습목표

- 찜 · 선의 종류에 따라 그릇을 선택할 수 있다.
- 찜 · 선의 종류에 따라 고명을 올릴 수 있다.
- 찜 · 선의 종류에 따라 국물을 자작하게 담아낼 수 있다.

필요지식

고명의 종류와 모양

고명의 종류	색 깔	식 품	모 양
채소 및 달걀	붉은색(赤)	홍고추, 실고추, 당근, 대추	가는 채, 굵은 채, 골패형(장방형), 완자형(마름모꼴) 등
	초록색(綠)	미나리, 실파, 호박, 오이, 풋고추	
	노란색(黃)	달걀노른자	
	흰색(白)	달걀흰자	
	검은색(黑)	석이버섯, 표고버섯	

고명의 종류	색 깔	식 품	모 양
종실류	흰색	밤, 흰깨	거피한 통시깨 또는 가루
	초록색	은행	거피하여 원형
	흰색	잣	거피하여 원형, 비늘잣, 가루
	흰색	호두	거피하여 원형
	검은색	흑임자	통깨 또는 가루
고기류	고기완자	소고기	완자형
	고기채	소고기	가는 채

출처 : NCS 한식조리 학습모듈 재구성

수행내용

1. 국물이 있는 찜 담기

① 갈비찜, 닭찜, 사태찜 등 국물이 있게 조리한 찜은 오목한 그릇에 담고 국물을 자박하게 담는다.

② 갈비찜, 닭찜, 사태찜 등 주재료와 부재료의 덩어리가 큰 찜요리에는 달걀지단을 완자형(마름모꼴)으로 썰어 얹는 것이 좋으나 채 썰어 올려도 무방하다. 주재료와 부재료의 모양, 그릇의 모양과 조화를 이루게 한다.

③ 은행, 잣 등의 고명을 곁들여도 좋으나 고명의 양은 너무 많지 않게 주의한다.

④ 따듯한 음식이므로 그릇을 따듯하게 준비하였다가 음식을 담으면 좋다.

2. 국물 없는 찜 담기

① 도미찜, 대합찜, 대하찜 등 국물 없이 조리한 찜은 접시나 약간 오목한 그릇에 담아도 좋다. 주재료의 크기와 모양에 조화롭게 그릇을 선택하여 담는다.

② 도미찜에는 황백의 달걀지단, 홍고추, 청고추, 석이버섯 등 오색의 고명을 채 썰어 얹는다.

③ 대합찜은 달걀을 삶아 황백으로 나누어 체에 내려 곱게 한 후 얹는다.

7 한식 조림 · 초, 볶음조리 학습모듈

조림 · 초 : 1301010125_16v3
볶음 : 1301010126_16v3

학습 1 조림 · 초, 볶음 재료 준비하기

학습목표

- 조리법을 고려하여 적합한 재료를 선택할 수 있다.
- 조리에 사용하는 재료를 필요량에 맞게 계량할 수 있다.
- 조림 · 초, 볶음조리에 따라 도구와 재료를 준비할 수 있다.
- 조림 · 초, 볶음조리의 재료에 따라 전처리를 수행할 수 있다.

필요지식

1. 조림 · 초, 볶음의 특징

1) 조림

어패류 · 육류 · 야채 등을 간이 충분히 스며들도록 약한 불에서 오래 익혀 만든 음식으로, 주로 간장으로 간을 맞추고 국물 속에 여러 가지 향신채소 등을 넣어 가열하면 식품이 부드러워지고 양념과 맛 성분이 배어드는 조리법이다. 조림에는 장조림, 생선조림, 두부조림 등이 있다.

(1) 장조림 재료

종 류	부 위	특 징
소	사태	• 앞 · 뒷다리 사골을 감싸고 있는 부위로 운동량이 많아 색상이 진한 반면, 근육다발이 모여 있어 특유의 쫄깃한 맛을 낸다. • 장시간 물에 넣어 가열하면 연해진다. • 기름기가 없어 담백하면서도 깊은 맛이 난다. • 소 분할 명칭 : 앞사태, 뒷사태, 뭉치사태, 아롱사태, 상박살
	우둔살	• 지방이 적고 살코기가 많다. • 우둔살은 고기의 결이 약간 굵으나 근육막이 적어 연하며, 홍두깨살은 결이 거칠고 단단하다. • 소의 분할 명칭 : 우둔살, 홍두깨살
닭	가슴살	• 지방이 매우 적어 맛이 담백하고 근육섬유로만 되어 있다. • 회복기 환자 및 어린이 영양간식에 적합하며, 특히 칼로리 섭취를 줄이고도 영양균형을 이룰 수 있다.
돼지	뒷다리	• 볼기 부위의 고기로서 살집이 두터우며 지방이 적다. • 돼지의 분할 명칭 : 뒷다리
해산물	전복, 새우	• 간장으로 조림을 만들어 장기보관이 가능

출처 : NCS 한식조리 학습모듈 재구성

2) 초

초(炒)란 조림과 같은 방법으로 요리하되 조림의 국물에 녹말가루를 풀어 넣어 익혀서 그것이 재료에 엉기도록 하는 조리법이다. 초에는 전복초 · 홍합초 등이 있다.

3) 볶음

볶음이란 고기, 채소, 건어, 해조류 등을 손질하여 썰어 기름에 볶는 조리법이다. 볶음에는 건열볶음과 습열볶음이 있다. 건열볶음에는 고추장볶음, 멸치볶음, 새우볶음, 조갯살볶음, 오징어채볶음, 쥐치채볶음 등이 있고, 습열볶음에는 낙지볶음, 우엉볶음, 제육볶음 등이 있다.

학습 2 조림 · 초, 볶음 양념장 만들기

학습목표

- 조림양념장 재료를 비율대로 혼합, 조절할 수 있다.
- 필요에 따라 양념장을 숙성할 수 있다.
- 만든 양념장을 용도에 맞게 활용할 수 있다.

필요지식

1. 동양의 양념장과 서양의 소스

(1) 공통점

조미료, 향신채, 기름 등을 조화시켜 재료의 맛을 이끌어내고 아름다운 모양과 색으로 식욕을 돋우는 역할을 한다.

① 재료의 신선함을 살리고 잡냄새는 줄이며 누구나 음식을 즐길 수 있도록 최고의 맛 조합과 향미를 준다. 양념 본연의 기능을 최대한 살리면서도 주재료인 육류, 어류, 채소류의 맛을 최대한 이끌어내어 먹는 사람을 만족시킨다.

② 주가 되는 재료와 곁들이는 부재료가 조화롭게 어울려 서로의 장점을 부각시키는 매개체 역할을 한다. 고기의 경우 느끼함을 줄일 수 있는 채소류와 조화되게 하고, 생선요리의 경우 자칫 단조로울 수 있는 맛을 부재료와 어울려 다채롭게 유도한다.

(2) 차이점

양념장은 경험에 기초하여 조화된 새로운 맛을 만들며, 소스는 레시피에 근거하여 재료 본연의 맛을 살리는 것이 가장 큰 차이이다.

① 양념장은 발효식품의 오묘한 맛과 재료와 양념이 어울려 새로운 맛을 이끌어내지만, 소스는 재료의 맛을 이끌어낸다.

② 우리나라의 양념장은 여전히 경험과 손맛에 의지하지만, 소스는 주재료에 따라 적합한 종류가 확립되어 있다.

2. 간장과 고추장의 응용 양념장

양념군	기본 양념장	응용 양념장
간장 계열	간장구이장	불고기양념장, 생선구이장, 북어구이장
	간장볶음장	소고기장조림장, 생선조림장, 잡채양념장, 궁중떡볶이양념장
	간장찜장	갈비찜양념장, 닭찜양념장, 아귀찜양념장
	간장무침장	간장나물무침장, 어육장양념장, 초간장
고추장 계열	고추장볶음장	제육볶음장, 닭볶음장, 오징어볶음장, 떡볶이양념장
	매운탕양념장	해물매운탕양념장, 민물매운탕양념장, 순두부찌개양념장
	고추장비빔장	비빔밥양념장, 비빔국수양념장
	초고추장	생선회초고추장, 고추장나물무침장

수행내용

1. 조림 양념장 만들기

① 조림 냄비에 간장, 설탕, 물을 넣고 설탕이 잘 녹도록 골고루 섞어준다.

② ①에 다진마늘, 물엿, 참기름, 후춧가루를 넣어준다.

③ 모든 재료를 넣어 조림 냄비를 약불에 올려 잘 섞이도록 저어주고, 끓기 바로 전 불에서 내려준다.

④ 양념장이 식은 후 사용한다.

⑤ 표준화된 배합표를 만들어 두고 기호도 변화에 따라 약간 수정하여 사용하는 것이 좋다.

2. 초 양념장 만들기

① 조림 냄비에 간장, 설탕, 물을 넣고 설탕이 잘 녹도록 골고루 섞는다.

② ①에 다진마늘, 물엿, 참기름, 후춧가루를 넣는다.

③ 모든 재료를 넣어 조림 냄비를 약불에 올려 잘 섞이도록 저어주고 끓기 바로 전 불에서 내린다.

④ 추후 간장 양념장에 식품을 넣고 조린 다음 전분물을 넣고 고루 섞은 후 참기름을 넣는다.

⑤ 초 양념장 만들기는 간장 양념장 만들기와 동일하며 조리 마지막에 전분물을 사용하는 것이 다르다.

3. 볶음 양념장 만들기

① 조림 냄비에 간장, 설탕, 청주를 넣고 설탕이 잘 녹도록 골고루 섞는다.

② ①에 고추장, 고춧가루를 넣고 섞는다.

③ 준비한 다진마늘과 참기름을 첨가하여 잘 섞는다.

④ 약불로 재료가 골고루 잘 섞이도록 저어준다.

⑤ 양념장이 완성되면 식은 후 사용한다.

학습 3 조림 · 초, 볶음조리하기, 조림 · 초, 볶음 담아 완성하기

학습목표

- 준비한 도구에 재료를 넣고 양념장에 조리거나 기름에 볶을 수 있다.
- 재료와 양념장의 비율, 첨가 시점을 조절할 수 있다.
- 재료가 눌어붙거나 모양이 흐트러지지 않게 화력을 조절하여 익힐 수 있다.
- 국물의 양을 조절할 수 있다.
- 조리법에 따라 국물의 양을 조절하여 담아낼 수 있다.
- 조림 · 초, 볶음조리에 따라 고명을 얹어낼 수 있다.

수행내용

1. 전복 초 조리하여 완성하기

① 전복껍질을 솔로 깨끗하게 씻어 이물질을 제거한다.

② 전복을 떼어내 사선으로 칼집을 내고 어슷하게 썰어놓는다.

③ 전복을 끓는물에 살짝 데쳐내고 국물은 면보에 걸러 준비한다.

④ 파, 생강, 마늘, 조림장을 넣고 끓이다가 전복을 모두 넣고 소스를 졸여낸다.

⑤ 전복 초를 껍질과 함께 그릇에 담는다.

2. 새우볶음 조리하여 완성하기

① 이물질의 혼입에 주의하고 재료의 청결관리를 철저히 한다.
② 전처리해 둔 마른새우와 양념장을 배합비율에 맞게 준비한다.
③ 팬에 고추장 양념장을 넣고 바글바글 끓으면 불을 끈다.
④ ③에 전처리한 마른새우를 넣어 재빨리 섞어 버무린다.
⑤ 마지막으로 참기름을 넣고 섞는다.
⑥ 볶을 때 온도가 너무 높으면 새우가 타거나 색깔이 변하므로, 불을 끄고 섞어주는 것이 좋다.

8 한식 전 · 적, 튀김조리 학습모듈

전 · 적 : 1301010127_16v3
튀김 : 1301010128_16v3

학습 1 전 · 적, 튀김 재료 준비하기

학습목표

- 조리 특성에 맞게 신선하고 적합한 재료를 선택할 수 있다.
- 조리에 사용하는 재료를 필요량에 맞게 계량할 수 있다.
- 전 · 적, 튀김의 종류에 맞추어 도구와 재료를 준비할 수 있다.
- 재료에 따라 요구되는 전처리를 수행할 수 있다.

필요지식

1. 전(煎)

(1) 전의 정의

전(煎)은 우리나라 음식 중 기름의 섭취를 가장 많이 할 수 있는 방법이며, 기름을 두르고 지졌다는 뜻으로 궁중에서는 '전유화(煎油花)'라고도 하였다.

(2) 전을 만드는 기본적인 방법

육류, 가금류, 어패류, 채소류 등을 지지기 좋은 크기로 하여 얇게 저미거나 채 썰기 또는 다져서 소금과 후추로 조미한 다음, 밀가루와 달걀물을 입혀서 번철이나 프라이팬에 기름을 두르고 부쳐낸다.

(3) 지짐

지짐은 빈대떡이나 파전처럼 재료들을 밀가루 푼 것에 섞어서 직접 기름에 지져내는 음식을 말한다.

2. 적(炙)

(1) 산적과 누름적의 정의

'산적'은 익히지 않은 재료를 양념하여 꿰어서 옷을 입히지 않고 굽는 것을 의미하며, '누름적'은 누르미라고도 하여 재료를 양념하여 꼬치에 꿰어 전을 부치듯이 밀가루와 달걀물을 입혀 속재료가 잘 익도록 누르면서 지지는 방법과 재료를 양념하여 익힌 다음 꼬치에 꿰는 방법이 있다.

(2) 적의 명칭

재료를 꼬치에 꿸 때는 반드시 꼬치에 꿰인 처음 재료와 마지막 재료가 같아야 하는데, 그 꿰는 재료에 따라 산적 음식에 대한 이름을 붙이기 때문이다.

3. 튀김

(1) 튀김의 정의

튀김은 주재료에 가볍게 밀가루를 묻히고 튀김옷을 입혀 기름에 튀긴 음식이라고 정의하고 있다. 한국음식에서 흔하지 않은 고유한 튀김요리로는 튀각과 부각이 있다.

(2) 튀각과 부각

'튀각'은 다시마 · 참죽나뭇잎 · 호두 등을 그대로 기름에 튀긴 것을 말하며, '부각'은 재료를 그대로 말리거나 풀칠을 하여 바싹 말렸다가 먹을 때 기름에 튀겨 안주나 마른 찬으로 사용하는 음식이다.

4. 전 · 적, 튀김의 특징과 종류

구분		특징	종류
전		재료를 저며서 팬에 기름을 두르고 지지는 것	풋고추전, 표고전, 녹두전, 육원전, 생선전 등
적		재료를 꼬치에 꿰어서 불에 구워 조리하는 것	김치적, 떡산적, 섭산적, 화양적, 어산적 등
튀김	보통	주재료에 밀가루를 묻히고 튀김옷을 입혀 기름에 튀기는 것	채소튀김, 육류튀김, 해물튀김 등
	튀각	그대로 기름에 튀긴 것	다시마튀각, 호두튀각 등
	부각	재료를 그대로 말리거나 풀칠을 하여 말려 기름에 튀긴 것	김부각, 고추부각, 침죽잎부각, 깻잎부각 등

5. 전 · 적, 튀김의 종류에 맞는 도구 준비

(1) 프라이팬

프라이팬은 우선 가벼워야 하며 코팅이 쉽게 벗겨지지 않는 것이 좋고 금속 조리기구나 젓가락, 철수세미 등과 함께 사용하지 않도록 한다. 사용 후에는 바로 세척하여야 기름때가 눌러붙는 것을 방지할 수 있다.

(2) 번철

그리들Griddle이라고 하며, 두께가 10mm 정도의 철판으로 만들어진 것으로서 철판 볶음요리, 달걀부침, 전 등을 대량으로 조리할 때 주로 사용한다. 번철은 항상 사용하기 전에 미리 예열을 해두어야 철판에 식품이 달라붙지 않으므로, 조리를 시작하기 전에 반드시 예열하는 것을 잊지 않도록 주의하고, 사용하고 나서는 관리와 청소에 세심한 주의가 필요하다.

(3) 석쇠

석쇠는 사용하기 전 반드시 예열하여 기름을 바른 후에 식품을 올려 사용해야 석쇠에 음식물이 달라붙지 않는다.

(4) 튀김기기

튀김요리를 하는데 이용되는 기기로서 튀김조리 시 내용물을 용량 이상으로 넣어서는 안 되며 튀김재료의 수분은 반드시 제거해야 한다. 고열에 의한 기름의 산화를 방지하기 위하여 온도를 적정선으로 유지해야 한다.

(5) 기타

거품기, 믹싱볼, 체, 꼬치, 뒤집개, 조리용젓가락, 기름종이 등

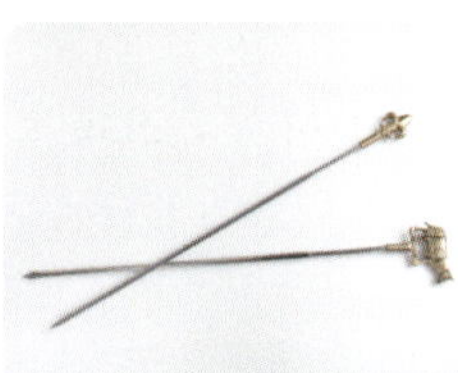
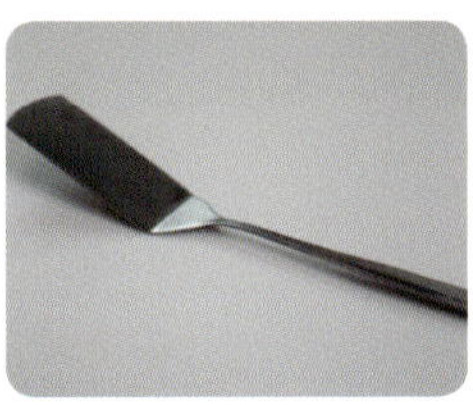

학습 2 전 · 적, 튀김 조리하기

학습목표

- 밀가루, 달걀 등의 재료를 섞어 반죽물 농도를 맞출 수 있다.
- 조리의 종류에 따라 속재료 및 혼합재료 등을 만들 수 있다.
- 주재료에 따라 소를 채우거나 꼬치를 활용하여 전의 형태를 만들 수 있다.
- 재료와 조리방법에 따라 기름의 종류, 양과 온도를 조절하여 지질 수 있다.

수행내용

1. 전 조리하기

① 밀가루, 달걀물을 입혀 지짐

재료를 다지거나 저며썰기, 꿰기로 하여 옷을 입혀 지지는데, 완자전 등 거의 모든 전이 여기에 해당된다.

② 밀가루, 달걀물을 섞어 지짐

재료를 다져서 밀가루와 달걀물을 섞어 먹기 편한 크기로 떠놓아 지지는데 양동구리, 오징어전 등이 있다.

③ 밀가루반죽물에 재료를 섞어 지짐

밀가루 또는 곡물, 녹두 등을 갈아 만든 반죽물에 재료를 썰어 잘 섞어 지지는데 녹두전, 파전 등이 있다.

④ 두 종류 이상의 재료를 꿴 것을 꼬치전 또는 사슬적이라고 하는데 재료 중 비중이 큰 재료명에 따라 이름을 붙여 준비한다.

⑤ 전을 부칠 때 사용하는 기름은 콩기름, 옥수수기름 등과 같이 발연점이 높은 기름이 좋고 참기름, 들기름 등과 같이 발연점이 낮은 기름에서는 재료가 타기 쉽기 때문에 좋지 않다.

⑥ 전의 속을 만들 때 고기와 두부를 섞어 충분히 치대어야 전의 표면이 갈라지지 않고 깨끗하며 매끈하다.

⑦ 전을 지질 때는 밀가루를 충분히 입히고 잘 털어 달걀물을 씌워 지져야 기름도 덜 흡수하고 표면이 매끈하다.

2. 적 조리하기

적(炙)의 특징과 종류

구분	특징	종류
산적	날재료를 양념하여 꼬치에 꿰어 굽거나 살코기 편이나 섭산적처럼 다진고기를 석쇠로 굽는 것	소고기산적, 섭산적, 장산적, 닭산적, 생치산적, 어산적, 해물산적, 두릅산적, 떡산적 등
누름적	재료를 꿰어서 굽지 않고 밀가루, 달걀물을 입혀 번철에 지져 익히는 것	김치적, 두릅적, 잡누름적, 지짐누름적 등
	재료를 썰어 번철에서 기름을 누르고 익혀 꿰어 낸 것을 의미하는데 언제, 어떻게 해서 쓰여졌는지 확실한 근거는 규명이 안 되었음	화양적

① 고기와 해물은 꼬치의 길이에 맞추어 폭과 두께를 정하여 익으면 수축하므로, 다른 재료보다 약간 큰 편으로 썬 후 잔칼질하고 양념하여 살짝 표면을 익힌 후 필요한 크기로 썰어 사용한다.

② 섭산적처럼 재료를 다져서 사용하는 경우 소고기의 힘줄이나 지방, 핏물을 제거하여 곱게 다지고, 두부는 면보로 물기를 짜서 곱게 으깨어 사용하여야 반죽이 질지 않아 원하는 모양으로 만들 수 있다.

③ 어산적에 사용하는 생선의 경우 포를 떠서 껍질을 벗긴 후 지질 때 오그라들지 않도록 잔칼집을 하고, 소금과 후춧가루를 뿌려 5분 정도 두었다가 물기를 제거한 후 사용한다.

④ 적을 석쇠에 구울 때는 반드시 석쇠를 달구어 식용유를 바르고 산적을 올려 불에서 15cm 정도로 올려서 중불에 앞면과 뒷면을 골고루 굽는다.

⑤ 화양적은 재료들을 썰어 데치거나 양념하여 익혀서 꼬치에 꿰어 만든다. 이때 채소는 볶은 후 넓은 그릇에 펴서 빨리 식혀 색이 변하지 않도록 한다.

⑥ 연한 채소를 사용하는 파산적을 지질 때는 젓가락으로 실파를 들어서 앞면을 지지다가, 고기와 같은 재료들이 익으면 젓가락을 빼고 뒤집어서 살짝 지진다.

3. 튀김 조리하기

1) 튀김 – 영양손실이 가장 적은 조리법

튀김은 건식열 조리방법에서 기름의 대류Convection원리를 이용하는 대표적인 조리방법으로 기름에 음식물을 튀기는 것이다(염진철, 2011). 단시간에 익히므로 재료 자체가 함유하고 있는 독특하고 맛있는 성분을 밖으로 나오지 않게 하여 영양손실이 가장 적으며 기름이 가지고 있는 풍미가 맛을 더해준다. 뿐만 아니라 튀김요리에 사용하는 기름은 식물성기름이므로 영양적으로도 바람직하다.

(1) 스위밍Swimming 튀김방법

많은 양의 기름에서 내용물이 헤엄치듯 떠다니면서 익는 방법으로, 반죽이 입혀진 재료나 크기가 큰 재료를 튀길 때 주로 사용한다.

(2) 바스켓Basket 튀김방법

재료를 바스켓에 넣어 많은 양의 기름에 튀기는 방법으로, 반죽을 입히지 않은 것이나 재료가 비교적 작은 것을 튀길 때 사용한다.

2) 튀김기름의 선택과 관리

(1) 튀김기름

튀김전용 기름은 색이 없거나 엷고 냄새가 없으며 발연점이 높고 발포성이 적은 것이 좋다. 발연점이 낮은 기름은 음식에 자극성이 있는 불쾌한 냄새와 맛을 갖게 하므로 좋지 않으며, 면실유나 채종유는 발연점이 높을 뿐만 아니라 생산량도 많고 가격도 비교적 저렴하므로 튀김용으로 적합하다.

(2) 튀김기름의 보관 및 관리

한 번 이상 사용한 기름이나 오래된 기름은 색이 진하며 점도도 높고 맛도 나쁘며 발연점도 낮아지므로, 튀김기름으로 사용하게 되면 기름이 음식에 많이 흡수되어 튀김이 바삭바삭 하지 않게 된다. 따라서 일단 사용한 기름은 되도록 빨리 식힌 후 찌꺼기를 걸러서 분리수거하는 것이 좋다.

(3) 튀김온도

① 150℃: 튀김반죽이 바닥에 가라앉았다 한참 후에 떠오른다.

② 160℃: 튀김반죽이 바닥에 가라앉았다 떠오른다.

③ 170℃: 튀김반죽이 중간쯤 가라앉았다 한참 후에 떠오른다.

④ 180℃: 튀김반죽이 표면에서 부드럽게 퍼진다.

⑤ 190℃: 기름에 연기가 약간 나고 튀김반죽은 잘게 부서지듯 표면에서 퍼진다.

3) 튀김할 때 주의할 점

① 온도상승이 늦어 흡유량이 많아지기 때문에 한꺼번에 너무 많은 식품을 넣지 않는다.

② 수분이 많은 식품은 미리 수분을 어느 정도 제거하여 튀긴다.

③ 튀긴 후에는 기름흡수 종이를 사용하여 여분의 기름을 제거한다.

학습 3 전 · 적, 튀김 담아 완성하기

학습목표

- 조리법에 따라 전 · 적, 튀김 그릇을 선택하여 활용할 수 있다.
- 전 · 적, 튀김의 조리는 기름을 제거하여 담아낼 수 있다.
- 전 · 적, 튀김의 조리를 따듯한 온도, 색, 풍미를 유지하여 담아낼 수 있다.

필요지식

한국음식의 그릇 명칭과 특징

그릇 명칭	특 징
주발	유기나 사기, 은기로 된 밥그릇으로 주로 남성용이며 사기주발을 사발이라고 한다. 아래는 좁고 위는 차츰 넓어지며 뚜껑이 있다.
바리	유기로 된 여자용 밥그릇으로, 주발보다 밑이 좁고 가운데가 부르며 위쪽은 좁아들고 뚜껑에는 꼭지가 있다.
탕기	국을 담는 그릇으로 주발과 똑같은 모양으로 주발 안에 들어가는 한 치수가 큰 크기이다.
대접	위가 넓적하고 운두가 낮으며 뚜껑이 없는 그릇으로 숭늉이나 면, 국수를 담아내고, 요즈음에 국 대접으로 흔히 쓰인다.
조치보	찌개를 담는 그릇으로 주발과 같은 모양으로 탕기보다 한 치수 작은 크기이다.
보시기	김치류를 담는 그릇으로 쟁첩보다 약간 크고 조치보다는 운두가 낮다.
쟁첩	전, 구이, 나물, 장아찌 등 대부분의 찬을 담는 그릇으로 작고 납작하며 뚜껑이 있다. 반상기 그릇 중에 가장 많은 수를 차지한다. 반상의 첩 수에 따라 반상기에 올리는 숫자가 정해진다.
종지	간장, 초장, 초고추장 등의 장류와 굴을 담는 그릇으로 주발의 모양과 같고, 기명 중에서 제일 작다.
합	밑이 넓고 평평하며 위로 갈수록 직선으로 차츰 좁혀지고 뚜껑의 위가 평평한 모양으로 유기나 은기가 많다. 작은 합은 밥그릇으로도 쓰이고 큰 합은 떡, 약식, 면, 찜 등을 담는다.
조반기	대접처럼 운두가 낮고 위가 넓은 모양으로 꼭지가 달려 있고 뚜껑이 있다. 떡국, 면, 약식 등을 담는다.
반병두리	대접처럼 운두가 낮고 위가 넓은 모양으로 꼭지가 달려 있고 뚜껑이 있다. 떡국, 면, 약식 등을 담는다.
접시	운두가 낮고 납작한 그릇으로 찬, 과실, 떡 등을 담는다.

출처 : NCS 한식조리 학습모듈

수행내용

전 · 적, 튀김 담아 완성하기

(1) 조리법에 따라 전 · 적, 튀김 그릇 준비하기

① 전 · 적, 튀김을 담아내는 그릇은 재질, 색, 모양 그리고 재료의 크기와 양을 고려하여 선택한다.

② 재질은 도자기, 스테인리스, 유리, 목기, 대나무 채반 등을 사용할 수 있다.

③ 색은 요리의 색과 배색이 되는 것을 선택하여, 요리의 색감을 효과적으로 표현할 수 있다.

④ 그릇의 모양은 넓고 평평한 접시 형태로 선택한다. 오목한 접시에 담으면 완성된 요리 안의 열기가 증발하며 벽에 부딪쳐 물방울이 맺히거나 증기가 아래로 내려와 음식 안에 침투하지 않도록 하기 위함이다.

(2) 전 · 적, 튀김의 조리 담아내기 요령

전 · 적, 튀김을 조리한 뒤 기름에서 꺼내어 바닥에서 15cm 높이 위의 기름제거망 위에 올려두거나, 넓은 채반에 종이타월을 바닥에 깔고 서로 겹치지 않게 종이 위에서 기름이 흡수되게 식힌다.

학습 1 구이 재료 준비하기

학습목표

- 조리에 사용하는 재료를 필요량에 맞게 계량할 수 있다.
- 구이의 종류에 맞추어 도구와 재료를 준비할 수 있다.
- 재료에 따라 요구되는 전처리를 수행할 수 있다.

필요지식

1. 구이조리의 방법

(1) 직접 조리방법(석쇠구이)

석쇠 위에서 직접 불에 굽는 방법이다. 온도는 280~300℃로 가열한다. 아래 열에서 굽는 하방가열, 살라만더와 같이 위에서 열이 나와 굽는 상방가열, 양쪽에서 열원이 있는 쌍방가열인 토스터기가 있다.

(2) 간접 조리방법(브로일링)

1 그릴링

가스 · 전기 · 숯 또는 나무와 같은 열원 위에 석쇠를 올리고 석쇠 위에 식재료를 올려 조리하는 것으로, 비교적 빨리 조리할 수 있는 연한 식재료를 조리하는 건열 조리방법이다.

2 그리들링

두껍고 평평한 철판 위에서 식재료를 구워내는 방법이다. 그리들링은 가스 또는 전기를 열원으로 사용한다. 건열과 복사열을 이용한 조리방법으로 주로 팬케이크, 달걀요리, 철판요리 등을 조리한다.

2. 소고기 부위별 특징 및 용도

대분할 부위 명칭	소분할 부위 명칭 및 특징	용도
안심	• 안심살 • 등심 안쪽에 위치한 부위로 가장 연하며, 고깃결이 곱고 지방이 적어 담백하다. 얼룩지방과 근막이 형성되어 있는 최상급 고기이다.	스테이크, 로스구이
등심	• 윗등심살, 아랫등심살, 꽃등심살, 살치살 • 갈비 위쪽에 붙은 살로 육질이 곱고 연하며, 지방이 적당히 섞여 있어 맛이 좋다. 결조직이 그물망 형태로 연하여 풍미가 좋다.	스테이크, 불고기, 주물럭
채끝	• 채끝살 • 등심과 이어진 부위의 안심을 에워싸고 있고, 육질이 연하고 지방이 적당히 섞여 있다.	스테이크, 로스구이, 샤브샤브, 불고기
목심	• 목심살 • 운동량이 많기 때문에 지방이 적고 결합조직이 많아 육질이 질기며 젤라틴이 풍부하다.	구이, 불고기
앞다리	• 꾸리살, 갈비덧살, 부채살, 앞다리살, 부채 덮개살 • 결합조직이 많아 약간 질기나 구이로도 먹을 수 있다. 설도, 사태와 비슷한 특징이 있다.	육회, 탕, 스튜, 장조림, 불고기
우둔	• 우둔살, 홍두깨살 • 지방이 적고 살코기가 많다. 다리살의 바깥쪽 부위로 살결이 거칠고 약간 질기나, 지방 및 근육막이 적은 살코기로 맛이 좋고 젤라틴이 풍부하다.	산적, 장조림, 육포, 육회, 불고기
설도	• 보섭살, 설깃살, 도가니살, 설깃머리살, 삼각살 • 앞다리, 사태와 비슷한 특징이 있다.	육회, 산적, 장조림, 육포
양지	• 양지머리, 업진살, 차돌박이, 치맛살, 치마양지, 앞치맛살 • 어깨 안쪽살부터 복부 아래까지 부위로 육질이 질기고 근막이 형성되어 있다. 오랜 시간에 걸쳐 끓이는 조리를 하면 맛이 좋다. • 업진육은 옆구리 늑골을 감싸고 있는 부위로 근육조직과 지방조직이 교대로 층을 이루고, 치맛살은 섬유질이 길게 발달되어 있다.	국거리, 찜, 탕, 장조림, 분쇄육
사태	• 아롱사태, 앞사태, 뒷사태, 뭉치사태, 상박살 • 다리오금에 붙은 고기로 결합조직이 많아 질긴 부위이다. 콜라겐이나 엘라스틴 등이 질기지만 가열하면 젤라틴이 되어 부드러워진다. • 기름기가 없어 담백하면서 깊은 맛을 낸다.	육회, 탕, 찜, 수육, 장조림
갈비	• 갈비, 마구리, 토시살, 안창살, 제비추리, 불갈비, 꽃갈비, 갈비살 • 갈비 안쪽에 붙은 고기로 육질이 가장 부드럽고 연하며 고기의 두께가 조금 얇고 얼룩지방과 근막이 형성되어 있는 최상급 고기이다.	구이, 찜, 탕

3. 돼지고기 부위별 명칭 및 용도

대분할 부위 명칭	소분할 부위 명칭 및 특징	용도
안심	• 안심살 • 허리 부분의 안쪽에 위치하며 안심 주변은 약간의 지방과 밑변의 근막이 형성되어 육질이 부드럽고 연하다.	로스구이, 스테이크, 주물럭
등심	• 등심살, 알등심살, 등심덧살 • 표피쪽에 두터운 지방층이 덮인 긴 단일근육으로 지방이 거의 없고 방향이나 진한 맛이 없고 담백하다.	돈가스, 잡채, 탕수육, 폭찹, 스테이크

목심	• 목심살 • 등심에서 목쪽으로 이어지는 부위로 근육막 사이에 지방이 적당히 박혀 있어 좋은 풍미를 가진다.	구이, 주물럭, 보쌈
앞다리	• 앞다리살, 사태살, 항정살 • 어깨 부위의 고기로 안쪽에 어깨뼈를 떼어 낸 넓은 피막이 나타난다.	찌개, 불고기, 수육
뒷다리	• 볼기살, 설깃살, 도가니살, 보섭살, 사태살 • 볼기 부위의 고기로 살집이 두터우며 지방이 적다.	돈가스, 장조림, 탕수육, 불고기
삼겹살	• 삼겹살, 갈매기살 • 갈비를 떼어 낸 부분에서 복부까지 넓고 납작한 모양의 부위로 근육과 지방이 세 겹의 막을 형성하며 풍미가 좋다.	구이, 베이컨, 수육
갈비	• 갈비 • 옆구리 늑골(갈비)의 첫 번째부터 다섯 번째 늑골 부위를 말하며, 근육 내 지방이 잘 박혀 있어 풍미가 좋다.	구이, 찜

학습 2 구이 양념장 만들기

학습목표

• 양념장 재료를 비율대로 혼합, 조절할 수 있다.
• 필요에 따라 양념장을 숙성할 수 있다.
• 만든 양념장을 용도에 맞게 활용할 수 있다.

수행내용

1. 구이 양념장 만들기

1) 양념재료 준비하기

표준 조리법의 주재료 특성에 고려한 양념재료를 준비한다.

(1) 간장양념장재료 준비

① 대파와 마늘, 배는 다져서 준비하여 재료의 양이 정확한지 확인한다.

② 간장, 설탕, 후춧가루, 청주는 양이 정확한지 확인한다.

(2) 고추장양념장재료 준비

① 대파와 마늘, 생강은 다져서 준비하여 재료의 양이 정확한지 확인한다.

② 고추장, 고춧가루, 후춧가루, 설탕, 소금의 양이 정확한지 확인한다.

③ 유장을 만들 양념인 간장, 참기름의 양을 확인하여 준비한다.

2) 구이양념 배합

구이에 따른 양념은 전통적으로 소금과 간장, 고추장을 이용하여 재우는 방법이 있다.

① 고추장양념장은 미리 만들어 3일 정도 숙성하여야 고춧가루의 거친 맛이 없고 맛이 깊어진다.

② 유장은 간장과 참기름이 1 : 0.5의 비율로 만든다.

③ 간장양념은 양념 후 30분 정도 재워두는 것이 좋으며, 오래두면 육즙이 빠져 육질이 질겨진다.

학습 3 구이 조리하기

학습목표

- 구이 종류에 따라 유장처리나 양념을 할 수 있다.
- 구이 종류에 따라 초벌구이를 할 수 있다.
- 온도와 불의 세기를 조절하여 익힐 수 있다.
- 구이의 색과 형태를 유지할 수 있다.

수행내용

1. 구이 조리하기

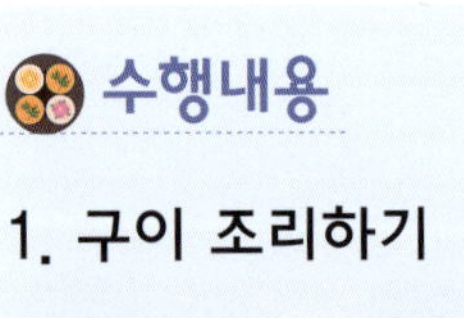

① 구이 도구를 준비한다.

② 석쇠 및 프라이팬을 예열한다.

③ 석쇠에 굽는다.

④ 초벌구이를 하고 양념을 발라 다시 구워낸다.

⑤ 중심온도 74℃ 이상으로 1분 이상 가열해야 식중독균이 사멸된다.(HACCP 관리기준)

학습 4 구이 담아 완성하기

학습목표

- 조리법에 따라 구이 그릇을 선택할 수 있다.
- 조리한 음식을 부서지지 않게 담을 수 있다.
- 구이는 따듯한 온도를 유지하여 담을 수 있다.
- 조리 종류에 따라 고명으로 장식할 수 있다.

수행내용

1. 소갈비구이 완성하기

① 소갈비는 길이 6~7cm로 잘라서, 뼈에 붙은 기름과 힘줄을 떼고 갈비가 잠기도록 물을 부어 1시간 간격으로 물을 갈아주면서 3시간 정도 핏물을 뺀다.

② 갈비뼈 끝 부분의 살이 떨어지지 않도록 두께 0.5cm 정도로 포를 떠서 앞 · 뒷면에 잔칼집을 넣는다.

③ 양념과 양념장을 만든다.

④ 잣은 고깔을 떼고 마른 면보로 닦아 곱게 다진다.

⑤ 소갈비에 양념장을 넣고 30분 정도 재운다.

⑥ 석쇠를 달구어 식용유를 바르고 갈비를 얹어 높이 15cm 정도 올려 센불에 앞면 2분, 뒤집어서 2분 정도 굽는다.

⑦ 화력이 너무 약하면 고기의 육즙이 흘러나와 맛이 없어지므로 중불 이상에서 굽는다.

2. 고등어구이 완성하기

① 고등어는 싱싱한 것으로 골라 내장을 빼어 깨끗이 씻는다.

② 머리를 떼어내어 뼈를 중심으로 넓게 펴고, 껍질쪽에 칼집을 서너 번 넣고 소금을 뿌린다.

③ 달라붙지 않게 석쇠에 기름을 바르고 중불에서 서서히 굽는다.

④ 뜨거울 때 그릇에 담아낸다.

⑤ 숯불에 구워내면 맛과 향이 좋아진다.

10 한식 생채 · 회조리, 숙채조리 학습모듈

생채 · 회조리 : 1301010129_16v3
숙채 : 1301010130_16v3

학습 1 생채 · 회조리, 숙채 재료 준비하기

학습목표

- 조리에 사용하는 재료를 필요량에 맞게 계량할 수 있다.
- 생채 · 회, 숙채의 종류에 맞추어 도구와 재료를 준비할 수 있다.
- 재료에 따라 요구되는 전처리를 수행할 수 있다.

필요지식

1. 주방에서의 채소

채소를 선택할 때에는 변색 또는 손상된 것을 피해야 한다. 채소는 조리 전 세척 후 불필요한 부분을 제거해야 하며, 껍질쪽에는 비타민이 많으므로 껍질은 최대한 얇게 벗긴다. 채소는 조리할 때 전분과 섬유소가 열에 의해 파괴되어 더욱 소화하기 쉬운 상태로 변한다. 대부분 채소의 특성, 맛과 신선도를 보존하기 위해 가능한 간단히 조리하는 것이 이상적이다. 삶거나 볶음요리 대신에 압력요리, 전자레인지요리, 찜요리가 채소에 존재하는 영양분을 최대한 유지하면서 요리할 수 있는 좋은 방법이다. 공기와 접촉 시 특정채소는 조리 또는 생채소 여부에 관계없이 변색하는 경우가 있다.

2. 이용 부위에 따른 채소의 분류

분 류		가식 부위	종 류
잎줄기 채소	잎채소	지상부의 줄기나 잎	배추, 양상추, 상추, 시금치, 미나리, 쑥갓, 갓, 케일, 샐러리, 파슬리, 양상추
	줄기채소	지하줄기에서 나온 싹이나 잎	파, 부추, 죽순, 아스파라거스
뿌리채소		지하에 양분을 저장한 뿌리	무, 당근, 순무, 마늘, 양파, 생강, 도라지, 더덕, 우엉, 연근, 비트, 콜라비
열매채소		열매	고추, 오이, 가지, 호박, 토마토, 피망, 참외, 딸기, 수박
꽃채소		꽃봉오리, 꽃잎, 꽃받침	브로콜리, 콜리플라워, 아티초크

3. 채소류 선별방법

1) 가지

가지는 흑자색이 선명하며 광택이 있고 상처가 없으며, 표면에 주름이 없어 싱싱하고 탄력이 있는 것이 좋다. 꼭지 크기에 비해 열매가 작은 것은 미숙과이므로 주의한다.

2) 고추

고추의 종류는 꽈리고추, 붉은고추, 청양고추, 풋고추, 파프리카(녹색, 적색, 주황색, 황색), 피망(붉은색, 푸른색)이 있다. 고추는 색이 짙고 윤기가 있으며 꼭지가 시들지 않고 탄력이 있는 것이 좋다.

3) 고사리

고사리는 건조상태가 좋고 이물질이 없어야 하며, 줄기가 연하고 삶은 것은 선명한 밝은 갈색이 나고 대가 통통하고 불렸을 때 퍼지지 않고 모양을 유지하는 것이 좋다.

4) 느타리

표면이 어릴 때는 푸른빛을 띤 검은색이지만, 차차 퇴색되어 잿빛에서 흰빛으로 되며 매끄럽고 습기가 있다. 살은 두텁고 탄력이 있으며 삶아서 나물로 먹는다.

5) 당근

당근은 선홍색이 선명하고 표면이 고르고 매끈하며 단단하고 곧은 것이 좋다. 머리 부분은 검은 테두리가 작고 가운데 심이 없으며 꼬리 부위가 통통한 것이 좋다.

6) 도라지

도라지는 뿌리가 곧고 굵으며 잔뿌리가 거의 없이 매끄러워야 하고, 색깔은 하얗고 촉감이 꼬들꼬들해야 한다.

7) 마늘

마늘줄기는 연한 갈색의 껍질같은 잎으로 덮여 있으며, 안쪽에 5~6개의 작은 비늘줄기가 들어 있다.

8) 미나리

미나리는 줄기가 매끄럽고 진한 녹색으로 줄기에 연갈색의 착색이 들지 않으며, 줄기가 너무 굵거나 가늘지 않고 질기지 않아야 한다. 잎은 신선하고 줄기를 부러뜨렸을 때 쉽게 부러져야 한다.

9) 무

무는 조선무, 동치미무, 알타리무, 초롱무, 무말랭이(건조)가 있다. 조선무는 흠이 없고 몸이 쭉 고르며 육질이 단단하고 치밀해야 하며, 뿌리 부분이 시들지 않고 푸르스름한 것이 좋다. 그리고 무청이 푸른 빛을 띠며, 잘랐을 때 바람이 들지 않고 속살이 단단하고 검은 심줄이 있으면 안 된다.

10) 배추

배추는 잎의 두께가 얇고 잎맥도 얇아 부드러워야 한다. 줄기의 흰 부분을 눌렀을 때 단단하고 수분이 많아 싱싱해야 하며, 잘랐을 때 속이 꽉 차있고 심이 적어 결구 내부가 노란색이어야 한다.

11) 깻잎

깻잎은 짙은 녹색을 띄며 크기가 일정해야 하고, 싱싱하며 향이 뛰어나야 하고 벌레 먹은 흔적이 없어야 한다. 잎이 넓고 큰 것은 품질이 떨어지는 것이다.

12) 시금치

잎은 선명한 농녹색으로 윤기가 뛰어나고, 뿌리는 붉은색이 선명해야 한다. 상처입은 잎, 시든 잎, 마른 잎, 변색된 잎이 없어야 한다.

13) 숙주

숙주는 이물질이 섞이지 않고 상한 냄새가 나지 않아야 하며, 뿌리가 무르지 않고 잔뿌리가 없어야 한다. 줄기는 가는 것이 좋고, 노란 꽃잎이 많이 피거나 푸른 싹이 나며 살이 찌고 통통한 것은 좋지 않다.

14) 오이

우리나라에서 주로 시식하는 오이는 취청오이, 다다기오이, 가시오이 등이 있다. 취청오이는 검푸른색을 띄고, 가시오이는 가시가 많고 주름이 많은 장과형이며, 다다기오이는 단과형 오이이다. 오이는 꼭지가 마르지 않고 색깔이 선명하며 시든 꽃이 붙어있는 것이 좋다.

15) 우엉

우엉은 바람이 들지 않고 육질이 부드러우며 뿌리부분이 검거나 돌출된 것은 피하고, 외피와 내피 사이에 섬유질의 심이 없고 이물질 혼입이 없는 것이 좋다.

16) 연근

연근은 손으로 부러뜨렸을 때 잘 부러지고 진득한 액이 있으며 약간 갈색을 띄고, 몸통이 굵고 곧으며 겉표면이 깨끗하고 광택이 나야 한다.

17) 콩나물

콩나물은 머리가 통통하고 노란색을 띄며 검은 반점이 없고, 줄기의 길이가 너무 길지 않은 것이 좋다.

18) 토마토

토마토는 표면의 갈라짐이 없고 꼭지 절단부위가 싱싱하고, 껍질은 탄력이 있어야 하며 만져보아 단단하고 무거운 느낌이 드는 것이 좋다. 붉은빛이 너무 강하지 않고 미숙으로 인한 푸른빛이 많지 않아야 한다.

19) 표고버섯

갓의 표면은 다갈색이며 흑갈색의 가는 솜털 모양의 비늘조각이 덮여있고, 때로는 터져서 흰 살이 보이기도 한다. 처음에는 반구형이나 점차 펴져서 편평해진다.

20) 호박

우리나라에서 주로 요리에 이용하는 호박은 주키니호박과 애호박, 늙은호박, 단호박이 있다. 주키니호박은 약간 각이 있으며, 색이 짙고 꼭지가 신선해야 하며 굵기가 일정해야 한다. 애호박은 옅은 녹색을 띄며 주키니호박보다는 길이가 짧고 굵기가 일정하며 단단한 것이 좋다. 늙은호박은 짙은 황색을 띄고 표피에 흠이 없어야 하며, 단호박은 껍질의 색이 진한 녹색을 띄며 무겁고 단단해야 한다.

학습 2 생채 · 회, 숙채 조리하기

학습목표

- 양념장 재료를 비율대로 혼합, 조절할 수 있다.
- 양념이 잘 배합되도록 무칠 수 있다.
- 숙채는 조리방법에 따라서 삶거나 데칠 수 있다.

필요지식

1. 생채 · 회, 숙채 조리별 분류

분 류		조 리
생채류		무생채, 도라지생채, 오이생채, 더덕생채, 해파리냉채, 파래무침, 실파무침, 상추생채
회류	생것(생회)	육회, 생선회
	익힌 것(숙회)	문어숙회, 오징어숙회, 미나리강회, 파강회, 어채, 두릅회
숙채류		고사리나물, 도라지나물, 애호박나물, 시금치나물, 숙주나물, 비름나물, 취나물, 무나물, 냉이나물, 콩나물
기타 채류		잡채, 원산잡채, 탕평채, 겨자채, 월과채, 죽순채, 대하잣즙채, 해파리냉채, 콩나물잡채, 구절판

2. 숙채의 정의

숙채는 재료를 끓는물에 데치거나 삶거나 쪄서 양념에 무치고, 또는 재료를 볶아서 양념에 무친 것을 의미한다. 숙채의 일반적인 조리방법은 재료를 끓는물에 데쳐서 양념장에 무치거나 재료를 썰어 소금에 절였다가 팬에 기름을 두르고 볶아서 익힌다.

3. 회 · 숙회의 정의

(1) 회의 정의

회는 육류, 어패류, 채소류를 썰어 날로 초간장, 초고추장, 소금, 기름 등에 찍어먹는 조리법이다. 회는 무엇보다 재료가 신선해야 하고 날로 먹기 때문에, 재료를 위생적이고 정갈하게 다루어야 한다. 특히 회는 조리도구 위생에 각별히 신경을 써야 한다.

(2) 숙회의 정의

숙회는 육류, 어패류, 채소류를 끓는물에 삶거나 데쳐 익힌 후 썰어서 초고추장이나 겨자즙 등을 찍어먹는 조리법이다. 숙회에는 문어숙회, 오징어숙회, 미나리강회, 파강회, 어채, 두릅회 등이 있다.

학습 3 생채 · 회, 숙채 담아 완성하기

학습목표

- 생채 · 회, 숙채의 그릇을 선택할 수 있다.
- 생채 · 회, 숙채를 그릇에 담아낼 수 있다.
- 회는 채소를 곁들일 수 있다.

수행내용

1. 숙회 담아 완성하기

문어숙회를 담아 완성한다.

① 문어숙회에 맞는 그릇을 선택한다.
② 삶아 데친 문어를 선택한 그릇에 담는다.
③ 문어숙회와 곁들임으로 초장에 깨소금을 뿌려 완성한다.

2. 겨자채 담아 완성하기

겨자채를 담아 완성한다.

① 겨자채에 맞는 그릇을 선택한다.
② 준비된 겨자채를 선택한 그릇에 담는다.
③ 겨자채와 곁들임으로 겨자장을 곁들여 완성한다.

11 김치조리 학습모듈

학습 1 김치 재료 준비하기

학습목표

- 김치에 사용하는 재료를 필요량에 맞게 계량할 수 있다.
- 김치의 종류에 맞추어 도구와 재료를 준비할 수 있다.
- 재료에 따라 요구되는 전처리를 수행할 수 있다.
- 배추나 무 등의 김치 재료를 적정한 시간과 염도에 맞춰 절일 수 있다.

필요지식

1. 김치의 정의

김치는 주원료인 절임채소(배추, 무)에 고춧가루, 마늘, 생강, 파 및 무 등의 여러 가지 양념류에 젓갈을 혼합하여 제품의 보존성과 숙성도를 확보하기 위하여 저온에서 젖산발효를 통해 얻어지는 제품을 통틀어 '김치'라고 부른다.

2. 김치의 효능

(1) 항균작용

김치는 숙성 발효됨에 따라 항균작용이 증가한다. 숙성과정 중에 유산균이 생육 번성하여 김치 내의 유해미생물의 번식을 억제시켜 김치가 위생적으로 안전하게 될 뿐만 아니라, 새콤한 신맛을 내어 김치의 맛을 더해 준다.

(2) 중화작용

김치에 사용되는 주재료들은 알칼리성식품이므로 육류나 산성식품을 과잉섭취 시 혈액의 산성화를 막아주고 산 중독증을 예방해 준다.

(3) 다이어트 효과

김치는 수분이 많아 에너지가 매우 낮고 식이섬유소가 다량 함유되어, 다이어트 효과가 있다.

(4) 항암작용

김치의 주재료로 이용되는 배추 등의 채소는 대장암을 예방해 주고, 재료로 꼭 들어가는 마늘은 위암을 예방해 주며, 베타카로틴의 함량이 비교적 높기 때문에 폐암도 예방할 수 있다. 고추의 매운 성분인 캡사이신은 호르몬 유사물질의 분비를 촉진시켜 면역을 증강시켜 준다.

(5) 항산화, 항노화작용

지방질의 과산화방지 또는 활성산소종이나 각종 유리라디칼의 제거능력을 갖는 항산화물질이 존재하고 있다.

(6) 동맥경화, 혈전증예방 작용

김치섭취는 혈중 중성지질, 혈중 콜레스테롤, 인지질함량을 감소시켜 지질대사에 좋은 효과를 나타내어 동맥경화 예방에 도움을 준다.

수행내용

1. 배추김치의 재료 준비

배추는 중간 크기를 준비하는데, 배추의 흰줄기 부분을 눌렀을 때 단단하고 탄력이 있는 것이 좋다. 잎은 조금 씹어보아 고소한 맛이 나는 것이 좋고, 배추김치를 저장할 때의 최적 조건은 온도 0~3℃, 습도는 95%가 적당하다.

(1) 배추 다듬어 자르기

배추는 잎과 줄기 부위가 억센 청잎 부위와 뿌리 부위를 제거하여 식용이 가능한 부위로 선택하여, 다듬고 절임하기 위해 다듬어진 배추를 칼로 밑둥 부분을 먼저 5~10cm 가량 칼집을 낸 다음 양손으로 벌려서 이등분하거나 그대로 칼로 잘라 이등분한다.

(2) 배추 절이기

절이기는 소금의 삼투압작용으로 염분이 식물세포 안으로 침투하고 세포 안의 수분이 외부로 용출되는 과정이다. 따라서 절이기의 가장 중요한 목적은 식물성 주재료인 배추의 세포 활동을 정지시키는 것이다.

(3) 배추 세척 및 물빼기

배추 절이기 과정이 끝나면 세척을 하고 물빼기를 한다. 물빼기 정도는 배추의 염농도가 2~3%가 되도록 맞추고, 이물질이 발생하지 않도록 3~4회 세척한다.

(4) 배추김치 부재료 전처리 하기

배추김치의 부재료(고춧가루, 대파, 생강, 마늘, 갓, 새우젓, 양파 등)를 준비하여 전처리를 한다.

2. 깍두기의 재료 준비

(1) 무 다듬기

무는 품질을 확인하고 병충해 입은 부위를 손으로 떼거나 칼로 제거한다. 이물질과 흙이 묻은 청잎과 잔뿌리를 제거하고 밑둥을 제거하며, 불가식부는 다듬기가 끝나면 분리수거용 봉투에 담아 처리한다.

(2) 무 세척 및 물빼기

무를 절이기 위해서는 다듬은 무를 수세미 등을 이용하여 무 전체를 고루 문질러 세척하고, 이물질이 완전히 제거되도록 세척을 반복하여 실시하여 채반에 놓고 물빼기를 한다.

(3) 무 깍둑썰기

세척된 무를 채반에 건져 물기를 제거한 후, 폭 2cm로 둥글게 썰은 후 뉘어서 다시 2cm의 정육각형 깍둑썰기를 한다.

(4) 무 절이기

깍둑썰기 한 무를 절임용기에 넣고 소금을 뿌려 절이기를 한다.

(5) 절인 무 세척

절인 무를 세척한 후 채반에서 물기를 제거한다.

(6) 부재료 전처리

깍두기의 부재료(미나리, 쪽파, 생굴, 마늘, 생강, 고춧가루, 젓갈류, 설탕, 소금) 등을 준비하여 전처리한다.

학습 2 김치 양념 배합하기

학습목표

- 김치 종류에 따라 양념재료를 비율대로 혼합, 조절할 수 있다.
- 김치 종류의 저장기간에 따라 양념의 비율을 조절할 수 있다.
- 양념을 용도에 맞게 활용할 수 있다.

수행내용

1. 배추김치 양념 배합하기

(1) 배추김치 재료 및 분량

배추 5kg(2포기)	절임염수 천일염 300g
물 3L	무 75g
배 1/2개	미나리 80g
갓 80g	쪽파 100g
대파 20g	마늘 40g
생새우 60g	고춧가루 80g
생강 10g	새우젓 20g
멸치액젓 100g	설탕 20g
양파 20g	찹쌀가루 15g
물 200㎖	찹쌀풀 100㎖
소금 40g	

출처 : NCS 한식조리 학습모듈

2. 무 채 썰기

(1) 세척된 무는 0.3cm 두께의 얄팍 썰기를 한다.

얄팍 썰기 : 재료를 원하는 길이로 토막낸 다음, 고른 두께로 얇게 썰거나 재료를 있는 그대로 얄팍하게 써는 방법으로 무침이나 볶음에 주로 사용한다.

(2) 얄팍 썰기한 무는 4cm 정도 길이의 채 썰기를 한다.

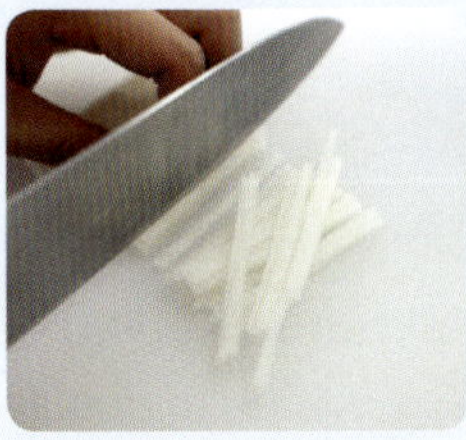

채 썰기 : 얄팍 썰기한 것을 비스듬히 포개어 놓고 손으로 가볍게 누르면서 가늘게 썬 것으로, 생채나 생선회에 곁들이는 채소를 썰 때 사용한다.

(3) 기타 재료 썰기

① 쪽파, 갓, 미나리는 다듬어서 씻은 후 3cm 길이로 썰고, 대파는 어슷썰기를 하며, 배는 채 썰기를 한다.
② 생새우는 소금물에 흔들어 씻어 건져 물기를 제거한다.
③ 마늘과 생강, 양파는 다듬어서 곱게 다지거나 분마기에 다진다.
④ 물 200㎖에 찹쌀가루 15g을 넣어 찹쌀풀을 쑨 후 식힌다.
⑤ 어슷썰기는 오이, 당근, 파 등 가늘고 길쭉한 재료를 적당한 두께로 어슷하게 써는 방법으로, 썰어진 단면이 넓어 맛이 배기 쉬우므로 조림에 좋다.

(4) 양념 버무리기

① 양념배합 용기에 계량된 분량의 무채를 넣는다.
② 무채에 고춧가루를 넣고 고루 버무려서 빨갛게 색을 들인다.

학습 3 김치 담그기

학습목표

- 김치의 특성에 맞도록 주재료에 부재료와 양념의 비율을 조절하여 소를 넣거나 버무릴 수 있다.
- 김치의 종류에 따라 국물의 양을 조절할 수 있다.
- 온도와 시간을 조절하여 숙성하고 보관할 수 있다.

수행내용 1

1. 배추김치 담그기

① 양념소 넣기 작업대의 양념배합 용기에 양념을 담아 양념소 넣기를 준비한다.
② 절임배추의 바깥쪽 잎부터 차례로 펴서 배춧잎 사이사이에 고르게 양념소 넣기를 한다.
③ 양념소를 배추 밑동 안쪽부터 넣어 펴 바른다. 이때 양념의 밑동쪽에 양념소가 충분히 들어가도록 넣고, 잎 부위는 양념이 묻히도록 고루 바른다.
④ 맨 겉쪽 부위의 잎을 바른 다음 차례로 다음 겹의 잎을 펼쳐서 같은 방법으로 양념소를 펼쳐 바른다.
⑤ 양념소 넣기가 끝나면 김치포기 형태가 이루어지도록 모은 다음 보관할 용기에 담는다.

2. 배추김치 품질평가

① 염도 측정
② pH 측정

수행내용 2

1. 깍두기 담그기

① 양념을 배합하여 버무리기가 끝난 깍두기는 항아리나 용기에 담근다.
② 버무린 깍두기를 담글 시 꼭꼭 눌러서 담고 뚜껑을 잘 덮어 익힌다.
③ 김장철에는 열흘 정도면 먹기에 알맞게 익는다.

2. 깍두기 품질평가

① 염도 측정
② pH 측정

학습 4 김치 담아 완성하기

학습목표

- 김치의 종류에 따라 다양한 그릇을 선택할 수 있다.
- 적정한 온도를 유지하도록 담을 수 있다.
- 김치의 종류에 따라 조화롭게 담아낼 수 있다.

수행내용

1. 배추김치 담아 완성하기

① 배추김치 담을 그릇을 준비한다.

② 양념소를 넣은 배추를 반으로 접어서 겉잎으로 잘 싼 후 그릇에 차곡차곡 담는다.

③ 배추김치를 담은 용기의 제일 위는 배추 겉대 절인 것으로 덮는다.

④ 담은 배추김치를 김치냉장고에 보관하여 숙성시킨다.

⑤ 김장철에 담글 시 약 3주일 정도 지나야 맛있게 익는다.

⑥ 김치는 필요한 만큼씩만 꺼내어 바로 썰어야 맛이 있다.

⑦ 김치를 꺼내고 나서는 반드시 꼭꼭 눌러두어야 김치맛이 변하지 않는다.

⑧ 김치의 매운맛과 순한맛의 기준은, KS 규격에서는 캡사이신함량 42.3mg%가 기준이다. 김치의 경우 60mg% 이상을 매운맛, 30mg% 이하를 순한맛, 그 사이를 보통맛으로 구분한다.

2. 깍두기 담아 완성하기

① 깍두기 담을 그릇을 준비한다.

② 담은 깍두기를 김치냉장고에 보관하여 숙성시킨다.

③ 깍두기는 필요한 만큼씩만 꺼내어 먹고, 꺼내고 나서는 눌러두어 깍두기 맛이 변하지 않도록 한다.

학습 1 음청류 재료 준비하기

학습목표

- 조리에 사용하는 재료를 필요량에 맞게 계량할 수 있다.
- 음청류의 종류에 맞추어 재료를 준비할 수 있다.
- 재료에 따라 요구되는 전처리를 수행할 수 있다.

필요지식

1. 차

(1) 전통차

전통차란, 차나무의 어린 순(荀)이나 잎(葉)을 채취하여 찌거나 덖거나 혹은 발효시켜 건조시킨 후 알맞게 끓이거나 우려내어 마시는 것을 말한다. 산화효소를 파괴하여 발효를 억제시킨 불발효 차인 녹차, 완전히 발효시킨 발효차인 홍차, 일부만 발효시킨 반 발효차인 우롱차가 이에 속한다.

(2) 대용차

대용차는 차(茶) 대신 다른 재료를 이용한 음료이다. 생강차 · 인삼차 · 유자차 · 계피차 · 율무차 등인데, 이는 전통차의 대용품으로 넓은 의미에서 모두 차(茶)라고 불린다.

2. 탕

예전부터 한방에서는 끓이는 차를 탕(湯)이라 하여 대추 · 매실 · 인삼 · 당귀 · 오미자 · 구기자 · 계피 · 결명자 등의 한약재나 은행 · 호두 · 배 등의 과실을 한두 가지 또는 여러 가지를 더운물에 넣어 오래 달여서 마셨다.

3. 기타 음료

기타 음료는 찬 음청류와 더운 음청류로 나눌 수 있는데, 찬 음청류에는 화채, 수정과, 곡물장(漿), 갈수(渴水), 식혜(食醯), 미시 또는 미수, 밀수(蜜水), 수단(水團) 등이 있으며, 더운 음청류에는 숙수(熟水)가 있다.

수행내용

1. 음청류 재료 준비하기

(1) 녹차

① 녹차 조리에 사용하는 재료를 필요량에 맞게 계량한다.

② 차 종류에 맞추어 재료와 도구를 준비한다.

- 녹차, 물을 준비한다.
- 차를 끓일 때 필요한 찻잔, 찻잔받침, 차수저, 차주전자, 다관, 식힘대접 등을 준비한다.

③ 재료에 따라 요구되는 전처리를 수행한다.

- 물은 넉넉하게 100℃ 이상 충분히 끓여서 식힌 후 식힘 대접에 마실 인원의 분량 만큼만 부어 70℃ 정도로 식힌다.

(2) 오미자화채

① 오미자화채 조리에 사용하는 재료를 필요량에 맞게 계량한다.

② 화채 종류에 맞추어 재료와 도구를 준비한다.

- 오미자, 물, 꿀, 설탕시럽, 배, 잣 등의 재료를 준비한다.
- 화채 만들 때 필요한 도자기그릇, 작은 유리볼, 고운체, 꽃모양 틀 등을 준비한다.

③ 재료에 따라 요구되는 전처리를 수행한다.

- 오미자, 배 등은 깨끗이 손질하여 준비한다.
- 잣은 고깔을 떼고 준비한다.

학습 2 음청류 조리하기

학습목표

- 음청류의 주재료와 부재료를 배합할 수 있다.
- 음청류 종류에 따라 끓이거나 우려낼 수 있다.
- 음청류에 띄울 과일, 꽃, 보리, 떡수단, 원소병 등 재료를 조리법대로 준비할 수 있다.
- 끓이거나 우려낸 국물에 당도를 맞출 수 있다.
- 음청류의 종류에 따라 냉 · 온으로 보관할 수 있다.

필요지식

1. 차의 약리적 효과

① 고혈압과 동맥경화 등 성인병 예방과 치료에 좋다.
② 눈을 맑게 하고 각종 눈질환을 예방한다.
③ 면역력을 강화하고 생활 속의 질병을 예방한다.
④ 피를 맑게 하며 혈관을 깨끗하게 청소한다.
⑤ 기미예방과 치료에 효과가 있고 피부에 탄력을 준다.
⑥ 탈모, 흰머리 등을 완화하여 두피건강을 지켜준다.
⑦ 산성 체질을 알칼리성 체질로 바꿔준다.
⑧ 환경호르몬 피해를 막아주고 콜레스테롤을 저하시키는 작용을 한다.
⑨ 다이어트에 효과적이고 변비예방과 치료에 좋다.
⑩ 몸 안의 활성산소를 막아주는 항산화작용을 한다.

수행내용

1. 녹차

(1) 준비재료 및 분량

① 주재료인 녹차잎 3g을 준비한다.
② 부재료인 더운물 1컵을 준비한다.

(2) 만드는 방법

① 차주전자와 찻잔에 끓는물을 부어서 예열한다.
② 예열된 차주전자에 찻잎을 넣고 식힌 더운물을 부어서 뚜껑을 덮어 2~3분 정도 가만히 둔다.

2. 오미자화채

(1) 준비재료 및 분량

① 주재료인 오미자 ½컵을 준비한다.

② 부재료인 물 5컵, 꿀 ½컵, 배 ¼쪽, 설탕시럽 ¼컵, 잣 1큰술을 준비한다.

(2) 만드는 방법

① 오미자는 불순물을 골라내고 깨끗이 씻어 물기를 제거한 후 끓여 식힌물 2컵을 부어 하룻밤 정도 우린다.

② 오미자 국물이 붉은색으로 곱게 우러나면 고운체와 면보로 받친다.

③ 오미자국물의 색과 맛을 보면서 물 3컵과 나머지 설탕시럽, 꿀을 섞는다.

④ 배는 껍질을 벗긴 후 꽃 모양으로 만들어 얇게 썰고 잣을 준비한다.

학습 3 음청류 담아 완성하기

학습목표

- 음청류의 그릇을 선택할 수 있다.
- 그릇에 준비한 재료와 국물을 비율에 맞게 담을 수 있다.
- 음청류에 따라 고명을 사용할 수 있다.

필요지식

1. 녹차 우리는 방법

1) 중정법

맛, 향, 색이 뛰어난 좋은 차를 우려내려면 먼저 '중정법'을 알아야 한다. 중정법은 차를 끓이는 요체로서 세 가지 방법이 있다.

(1) 차의 양과 탕수의 양을 알맞게 하여 중정을 지키는 법이다.

손님의 수에 따라 찻잔의 수를 정하고 찻잔의 수에 따라 차와 물의 양을 정하는데, 차가 많아도 안 되고 물이 많아도 안 된다.

(2) 차 우리는 시간을 늦지도 빠르지도 않고 알맞게 하여 중정을 지키는 법이다.

차와 탕수를 다관에 넣고 우리는 시간을 알맞게 해야만 맛있는 차를 우려낼 수 있다. 우려내는 시간이 너무 빠르면 차의 맛이 싱겁고 빛깔도 엷고 향기도 떨어진다. 반대로, 너무 오래 우려내면 맛이 쓰고 떫으며 빛깔도 노랗고 빨갛게 변하며 향기도 지나쳐버린다.

(3) 우려낸 차를 찻잔에 따를 때 급주(急注)나 완주(緩注)를 하지 않고 자연스럽게 따라, 차의 양과 농도를 고르게 하여 중정을 지키는 법이다.

수행내용

1. 전통차 담아 완성하기

(1) 녹차

차를 담아 완성한다.

① 차가 알맞게 우러나면 개인용 다관을 나란히 놓고, 2~3번에 나누어서 차를 번갈아 부어 따른다.
② 차가 담긴 개인용 다관과 찻잔을 받침에 올려서 낸다.

(2) 오미자화채

화채를 담아 완성한다.

① 준비한 오미자국물을 유리나 사기그릇에 담는다.
② 배와 잣을 띄워 낸다.
③ 계절에 따라 다른 과일이나 꽃을 띄워도 좋다.

학습 1 한과 재료 준비하기

학습목표

- 한과에 사용하는 재료를 필요량에 맞게 계량할 수 있다.
- 한과의 종류에 맞추어 도구와 재료를 준비할 수 있다.
- 재료에 따라 요구되는 전처리를 수행할 수 있다.

필요지식

1. 한과의 정의

한과는 예로부터 크고 작은 행사에 고임음식으로 많이 사용되었기에 굄새, 고임의 뜻인 한자 飣(굄새 정)이 쓰인 '과정(果飣)'이라 불렸다. 밀가루와 꿀로 만든 과품(果品)의 모양이 조과 또는 가과(假果)라는 이름과 같이 과일의 모양으로 만든 것이었으나, 후대 사람들이 높게 '굄새'를 하는데 불편하므로 모나게 썰었으며 말린 과일로부터 시작하여 과일에 단맛을 들였다. 나아가 곡물가루에 단맛을 들여 과일이 없는 계절에도 달콤한 맛을 즐기기 위한 한과로 발전된 역사에서 볼 수 있듯이, 과일처럼 만든 과자라는 의미에서 '조과(造果)', '가과(假果)'라 불리기도 한다.

2. 한과의 종류

(1) 유밀과

밀가루를 주재료로 하여 기름과 꿀로 반죽하여 모양을 만들어 기름에 튀긴 후 집청한 것으로 약과, 다식과, 만두과, 연약과, 행인과, 매작과, 요화과, 박계, 한과(漢菓) 등이 있다.

(2) 유과

찹쌀을 불려서 연하게 삭혀 가루를 내어 찐 후 오래 쳐서 밀어 펴 말린 다음 기름에 튀겨내어 조청을 입혀 각종 고물을 무친 것이다.

(3) 다식

흰깨, 흑임자, 콩, 쌀 등을 익혀 가루를 내거나 송화, 녹말 등을 꿀로 반죽하여 다식판에 박아 낸 것이다.

(4) 정과

정과(正果)는 식물의 뿌리나 줄기, 열매를 살짝 데쳐 꿀이나 조청에 조린 것으로 생강정과, 산사정과, 모과정과, 연근정과, 동아정과 등 그 종류가 매우 다양하다.

(5) 엿강정

여러 곡식이나 견과류를 볶아 조청에 버무려 밀어 썬 것으로 참깨, 흑임자, 들깨, 콩, 잣 등을 사용하며, 쌀을 익혀 말려 튀긴 후 엿물에 버무린 쌀엿강정도 엿강정류에 속한다.

(6) 숙실과

숙실과(熟實果)는 이름에서 알 수 있듯이 과일이나 식물의 뿌리 등을 익혀 만든 과자이다. 초(炒)와 란(卵)이 있는데 '초'는 열매를 통째로 익힌 후 달게 조린 것으로 본래의 모양을 살려 조리한 것이고, '란'은 열매를 곱게 다져 달게 조린 후 본래의 모양과 비슷하게 빚은 것이다. '초'는 밤초와 대추초가 대표적이고, '란'은 율란, 조란, 생란 등이 있다.

(7) 과편

과편(果片)은 과일즙에 녹말과 설탕, 꿀을 넣고 조려 그릇에 식혀 썰어먹는 것으로 앵두편, 오미자편, 복분자편, 살구편 등이 있다.

(8) 엿

엿은 주로 멥쌀이나 찹쌀에 엿기름을 넣어 당화시켜 걸러 오랜 시간 조려 만드는 것으로 쌀 이외의 곡식도 사용한다. 묽게 고아 조청을 만들어 음식이나 한과에 사용되기도 한다.

수행내용

정과 재료 준비하기

정과의 재료를 계량하고 전처리한다.

(1) 계량하기

배합표에 따라 재료를 정확하게 계량한다.

(2) 재료 손질하기

정과의 종류에 따라 재료를 세척하고 껍질을 벗겨 썬다.
갈변이 잘되는 식재료는 식촛물에 담가둔다.

(3) 데치기

끓는물에 소금을 조금 넣고 손질한 재료를 데쳐 찬물에 헹군다.

학습 2 한과 재료 배합하기

학습목표

- 쌀가루나 밀가루에 원하는 색이 나오도록 발색 재료를 첨가, 조절할 수 있다.
- 주재료와 부재료를 배합할 수 있다.
- 배합한 재료를 용도에 맞게 활용할 수 있다.

필요지식

1. 붉은색을 내는 재료

(1) 백년초

손바닥선인장의 열매를 가루로 만든 것으로 항산화, 항균, 콜레스테롤을 낮추는 효과가 있는 것으로 알려져 있다.

(2) 오미자

오미자(五味子)는 단맛, 짠맛, 쓴맛, 신맛, 매운맛의 다섯 가지 맛을 지니고 있다는 뜻의 이름으로, 물에 담가 붉은색을 추출하여 사용한다.

2. 노란색을 내는 재료

(1) 치자

카로티노이드 색소인 크로신Crocin이 함유되어 있어 물에 담그면 노란색이 나서 전을 부칠 때, 유밀과, 정과, 유과 등의 한과에 색을 내거나 옷감을 염색할 때도 많이 이용한다.

(2) 송홧가루

소나무의 꽃가루로 매우 가벼운 가루이다. 봄에 소나무에 핀 노란 송화를 봉우리가 터지기 전에 채취하여 수비(水飛)해 말려 가루를 만든다.

(3) 단호박가루

단호박의 껍질을 벗겨내고 썰어 말렸다가 곱게 가루내어 주로 사용한다. 혹은 껍질 벗긴 단호박을 무르게 쪄서 으깨어 냉동시켰다가 사용하기도 한다.

3. 푸른색을 내는 재료

(1) 쑥가루

푸른색을 내는 재료 중 가장 많이 사용되는 재료이다. 봄철에 쑥을 채취하여 말려 가루로 만들어 사용하거나 끓는물에 삶아 물기를 꼭 짜고 냉동 보관해 두었다가 사용하기도 한다.

(2) 파래가루

감태, 신기라고도 불리며, 말린 감태를 손질하여 조개껍질이나 검불 등의 이물질을 제거해 가루로 만들어 사용한다.

(3) 녹차가루

특유의 떫을 맛을 지니고 있다. 시판되는 녹차가루의 종류는 매우 다양하다.

4. 검은색을 내는 재료

(1) 석이버섯

석이(石耳) 혹은 석의(石衣)버섯이라고 하며 돌에 붙어 서식한다. 석이버섯은 뜨거운 물에 불려 손으로 비벼 이끼와 먼지 등 이물질을 깨끗이 제거한 후, 흔히 배꼽이라고 부르는 돌에 붙어있던 부분을 제거하여 사용한다.

(2) 흑임자

흑임자를 씻어 타지 않게 볶아 분쇄기에 갈아 주로 가루로 사용한다.

학습 3 한과 만들기, 한과 담아 완성하기

학습목표

- 한과의 제조에 필요한 재료를 반죽할 수 있다.
- 한과의 종류에 따라 모양을 만들 수 있다.
- 한과의 종류에 따라 조리방법을 달리하여 조리할 수 있다.
- 꿀이나 설탕시럽에 담가둔 후 꺼내거나 끼얹을 수 있다.
- 고명을 사용하여 장식할 수 있다.
- 한과를 담을 그릇을 선택하여 담을 수 있다.
- 한과의 색과 모양을 조화에 맞춰 담아낼 수 있다.
- 한과 종류에 따라 보관과 저장을 할 수 있다.

수행내용

1. 정과 만들기

(1) 단단한 재료 정과 만들기

① 손질한 재료의 무게를 잰 후 끓는물에 데친다.

② 손질한 재료 무게 절반의 설탕과 약간의 소금을 재료와 함께 냄비에 넣은 다음 물을 재료가 잠길 정도로 담아 불에 올려 약한 불로 조린다.

③ 국물이 절반 정도 줄어들었을 때 물엿을 넣어 윤기 나게 조린다.

④ 완성되면 꿀을 넣어 섞어준 후 꺼내어 체에 걸러 여분의 시럽을 제거한다.

⑤ 꾸덕꾸덕하게 건조시켜 겉에 설탕을 묻혀 완성하기도 한다.

(2) 연한 재료 정과 만들기

① 손질한 재료의 무게를 잰 후 끓는물에 데친다.

② 냄비에 물엿과 설탕을 넣고 끓여 설탕을 녹인다.

③ 감자, 고구마, 호박, 당근 등은 시럽이 따듯할 때, 사과 등 과일은 시럽이 식은 후 2~3시간 정도 담가둔다.

④ 꺼내어 체에 밭쳐 여분의 시럽을 제거한 후 먹거나 주로 모양을 만들어 장식용으로 많이 사용한다.

2. 다식 만들기

(1) 다식 반죽하기

① 볶은 밀가루, 콩가루, 송홧가루 등에 꿀이나 끓여 식힌 시럽을 넣어 반죽한다. 가루재료의 종류에 따라 꿀의 양을 조금씩 달리하여 사용하나 질어지지 않게 주의한다.

② 흑임자가루는 반 정도의 시럽을 넣어 잘 섞어 사기그릇에 담아 찜통에 넣고 찐다.

③ 녹말다식이나 쌀다식은 색을 내는 재료를 넣어 고운 체에 여러 번 쳐서 색을 곱게 들인 후 꿀이나 설탕시럽으로 반죽한다.

(2) 다식판에 박아내기

3. 과편 만들기

① 한라봉은 물에 씻어 껍질을 제거하고 칼로 썰어놓는다. 찬물에 담가 하루를 우려낸 후 면보에 거른다.

② 냄비에 한라봉, 설탕, 소금을 넣어 고루 섞고, 녹두녹말은 동량의 물에 풀어 넣고 끓인다.

③ 주걱으로 저으면서 약한 불에 20분 정도 조리다가 거의 다되면 꿀을 넣는다.

④ 굳힐 그릇에 찬물을 바르고 쏟아부어 상온에서 굳힌다. 굳으면 썰거나 모양틀로 찍어 접시에 담는다.

4. 유과 만들기

(1) 유과 바탕 만들기

① 삭혀서 곱게 빻은 찹쌀가루에 불려 껍질 벗긴 콩과 물을 갈아 막걸리 정도 농도의 콩물과 소주를 넣어 반죽한다.

② 찜기에 젖은 면보를 깔고 반죽을 30분 정도 찐다.

③ 찐 떡을 절구나 펀칭기에 넣어 꽈리가 일도록 친다.

④ 넓은 판에 녹말가루를 뿌리고 치댄 떡을 올려 다시 녹말가루를 덮어 0.3~0.5㎝ 두께로 밀어 편다.

⑤ 반죽이 꾸덕하게 마르면 산자 5×5×0.3㎝, 손가락강정 0.5×2×0.5㎝ 정도로 용도에 맞게 썰어 말린다.

(2) 유과 완성하기

① 말린 반죽은 차가운 기름에 담가 여분의 녹말가루를 털어낸다.

② 90~100℃의 낮은 온도의 기름에 넣어 서서히 부풀리다가 180~190℃의 기름에 옮겨 튀긴다.

③ 키친타월에 올려 기름을 뺀 후 중탕으로 따듯하게 유지해둔 집청시럽에 담갔다가 꺼내어 고물을 무친다.

④ 고물은 세건반, 실깨, 흑임자, 파래가루 등을 이용한다.

학습 1 장아찌 재료 준비하기

학습목표

- 조리에 사용하는 재료를 필요량에 맞게 계량할 수 있다.
- 장아찌의 종류에 맞추어 도구와 재료를 준비할 수 있다.
- 재료에 따라 요구되는 전처리를 수행할 수 있다.

필요지식

1. 장아찌의 역할

① 식품 자체의 풍미증진, 향, 조직감을 향상시킨다.
② 발효를 통한 식품의 저장성을 향상시킨다.
③ 필수아미노산, 필수지방산, 비타민 등 다양한 영양소가 풍부한 식품의 제조를 가져온다.
④ 발효과정을 통해 독성물질의 파괴, 생리활성물질의 생성 및 소화성을 증진시킨다.
⑤ 발효를 통한 식품의 조리시간을 단축시키고 에너지소비를 감소시킨다.

2. 장아찌의 조리법에 따른 분류

(1) 절임장아찌

재료를 소금에 절이거나 햇볕에 건조시키는 등의 전처리를 하여 장류, 젓국, 식초, 술지게미를 사용하여 만든 것을 말한다.

(2) 숙장아찌

채소류 등을 절여서 볶거나 간장에 조려 만들며, 절임장아찌에 비해 저장기간이 짧으며 갑자기 만들었다고 하여 갑장과, 갑장아찌라 한다.

3. 장아찌의 저장 및 보관

장아찌는 시간이 지나면 상하므로 양념을 끓여 식혀 부어야 한다. 처음 담그고 나서 2~3일

뒤에 다시 한 번 끓여 식혀서 붓고 일주일, 보름, 한 달, 3개월 단위로 끓여 부어야 장아찌가 상하지 않아 오래도록 저장해두고 먹을 수 있다.

4. 다른 나라의 장아찌

(1) 나라즈케

사용하는 주재료와 절임하는 조미료에 따라 종류가 수십 종에 달한다. 대개는 채소를 소금 · 된장 · 간장 · 술찌끼 · 초 등에 절이는데, 절이는 동안 맛이 들고 저장성이 높아진다. 일본식의 상차림에 반드시 놓이는 고노모노[香の物]를 말한다.

(2) 짜사이(榨菜)

중국 사천지방의 향토음식으로 중국의 3대 채소라고 불리는 겨자과의 착채(榨菜)로 만든다. 소금에 절인 착채를 가늘게 썰어 물에 헹군 뒤 잘게 썬 대파나 양파, 설탕, 식초, 고추기름, 참기름 등의 양념을 섞어 버무린다.

(3) 쓰케모노(漬物)

채소를 소금이나 된장, 식초, 쌀겨 등에 절인 일본음식을 말한다. 매실을 시소잎으로 빨갛게 물들인 다음, 소금에 절인 우메보시(梅干)나 소금에 절인 무를 쌀겨에 묻혀 발효시킨 단무지인 다꾸앙(澤庵)이 대표적이다. 다꾸앙은 일본식 김치의 한 종류인 다쿠앙 즈케(澤庵漬)를 한국식으로 순화해서 부르는 말이다.

(4) 사우어크라우트Sauerkraut

양배추를 잘게 채 썰어 소금에 절인 독일음식으로, 독일어로 '신맛이 나는 양배추'라는 뜻이다. 채소를 오랫동안 저장해두고 먹기 위해 만들어진 음식이다.

(5) 피클Pickle

여러 가지 채소나 과일을 식초에 절인 식품으로, 육식을 즐겨먹는 서양인들에게 빠질 수 없는 음식 중의 하나이다. 냉장시설이 발달하지 못했던 유럽에서 저장식품으로 즐겨먹었다. 피클은 '소금물에 절이다'라는 뜻의 네덜란드어인 페클Pekel에서 유래한 말이다.

(6) 아차르Achar

고추, 라임, 망고 등의 채소나 과일을 절인 인도의 음식으로 서양의 피클과 유사하다.

학습 2 장아찌 양념 배합하기

학습목표

- 장아찌 만들기 위한 장류를 배합, 조절할 수 있다.
- 장아찌 종류에 따라 양념장을 끓일 수 있다.
- 만든 양념장을 용도에 맞게 활용할 수 있다.

필요지식

1. 장아찌 종류에 따른 조리방법

① 장아찌의 기본양념은 소금, 간장, 고추장으로 한다.

② 장아찌의 재료는 뿌리채소, 줄기채소, 잎채소, 열매 등으로 다양하다.

③ 장아찌의 기본은 재료의 물기를 제거하는 일이다. 소금에 절여서 건져 꾸덕꾸덕하게 말려 담가야 변질되지 않는다.

④ 달임장(장물)은 간장과 식초, 설탕을 팔팔 끓여서 만든다. 세 가지 모두 미생물의 번식을 막아주는 효과가 있어서 저장 장아찌를 담그기에 좋다.

⑤ 채소를 데칠 때는 끓는물에 소금을 조금 넣고 데쳐서 바로 찬물에 헹군다.

⑥ 장물은 서너 번 끓여 부어야 변질되지 않는다. 다시 끓일 때는 물을 조금 더 첨가한다.

⑦ 채소를 먹기 좋은 크기로 썰어 담그면 단시간에 맛이 들지만 색깔이 검어지고 짤 염려가 있으므로 조금 싱겁게 담가야 한다.

⑧ 오이를 제외한 채소는 달임장이나 소금물을 뜨거울 때 부으면 재료가 익어서 물컹해지므로 반드시 식혀서 부어야 한다.

⑨ 메밀묵이나 청포묵은 말려서 사용해야 오돌오돌 씹히는 맛이 살아난다.

⑩ 고추는 통째로 담그면 먹을 때 물이 튀고 장이 속까지 배지 않으므로, 이쑤시개나 바늘로 서너 군데 정도 찌른 뒤에 담근다.

⑪ 잎이 질긴 장아찌는 먹기 전에 양념을 하여 밥 위에 찌거나 중탕을 하면 짠맛이 줄어들고 부드러워져 먹기에 좋다(취잎, 뽕잎, 콩잎 등).

⑫ 용기는 폭이 넓은 것보다 깊이가 깊은 병을 이용해야 조림장이 적게 든다.

학습 3 장아찌 조리하기, 장아찌 담아 완성하기

학습목표

- 장아찌 종류에 따라 주재료를 적절한 시간과 염도를 맞추어 미리 절일 수 있다.
- 장아찌의 종류에 따라 재료에 양념장을 사용하여 첨가할 수 있다.
- 적절한 온도와 시간을 조절하여 숙성, 보관할 수 있다.
- 장아찌 종류에 따라 썰어서 양념을 할 수 있다.
- 장아찌의 종류에 따라 고명을 활용할 수 있다.

수행내용

1. 간장장아찌를 조리해서 완성한다.

마늘장아찌

고추장아찌

양파장아찌

2. 된장, 고추장장아찌를 조리해서 완성한다.

마늘쫑장아찌

① 양념은 가능하면 자제한다. 깔끔한 맛을 내기 위해서는 양념을 적게 쓰고 재료의 맛을 살린다.

② 무칠 때는 양념을 미리 섞어놓았다가 버무린다.

③ 한 끼 먹을 만큼만 덜어서 양념한다. 많이 꺼내 놓으면 색깔이 검게 변하고, 무쳐 놓으면 맛이 떨어진다.

④ 더덕 · 두릅 · 쑥 · 엄나무 · 취 · 마늘 · 양파 · 매실의 독특한 향미를 즐기려면 참기름을 넣지 않고 통깨만 뿌려 그대로 먹는다.

식사 중의 예절

① 어른을 모시고 식사할 때는 어른이 먼저 수저를 든 다음에 아랫사람이 들도록 한다.
② 숟가락과 젓가락을 한 손에 들지 않으며, 젓가락을 사용할 때에는 숟가락을 상 위에 놓는다. 숟가락이나 젓가락을 그릇에 걸치거나 얹어놓지 말고, 밥그릇이나 국그릇을 손으로 들고 먹지 않는다.
③ 음식을 먹을 때는 음식타박을 하거나 먹을 때에 소리를 내지 말고, 수저가 그릇에 부딪혀서 소리가 나지 않도록 한다.
④ 여럿이 함께 먹는 음식은 각자 접시에 덜어먹고, 초장이나 초고추장 같은 조미품도 접시에 덜어서 찍어먹는 것이 좋다.
⑤ 음식을 먹는 도중에 뼈나 생선가시 등 입에 넘기지 못하는 것은 옆사람에게 보이지 않게 조용히 종이에 싸서 버린다. 상 위나 바닥에 그대로 버려서 더럽히지 않도록 한다.
⑥ 너무 서둘러 먹거나 지나치게 늦게 먹지 않고 다른 사람들과 보조를 맞춘다. 어른과 함께 먹을 때는 먼저 어른이 수저를 내려놓은 다음에 따라서 내려놓도록 한다.
⑦ 음식을 다 먹은 후에는 수저를 처음 위치에 가지런히 놓고, 사용한 냅킨은 대강 접어서 상 위에 놓는다.

Korean Cuisine

Learning Module Application

실기편

Chapter 01

한식조리기능사 '실기 과제'

비빔밥 • 콩나물밥 • 장국죽 • 완자탕 • 생선찌개 • 두부젓국찌개 • 제육구이 • 너비아니구이 • 더덕구이 • 생선양념구이 • 북어구이 • 섭산적 • 화양적 • 지짐누름적 • 풋고추전 • 표고버섯전 • 생선전 • 육원전 • 두부조림 • 홍합초 • 겨자채 • 도라지생채 • 무생채 • 더덕생채 • 육회 • 미나리강회 • 탕평채 • 잡채 • 칠절판 • 오징어볶음 • 재료썰기

비빔밥

시험시간 **50** 분

지급재료

쌀(30분 정도 물에 불린 쌀) 150g
애호박(중, 길이 6cm) 60g
도라지(찢은 것) 20g
고사리(불린 것) 30g
청포묵(중, 길이 6cm) 40g
소고기(살코기) 30g
달걀 1개
건다시마(5×5cm) 1장
고추장 40g
식용유 30㎖
대파(흰부분, 4cm 정도) 1토막
마늘(중, 깐 것) 2쪽
진간장 15㎖
백설탕 15g
깨소금 5g
검은후춧가루 1g
참기름 5㎖
소금(정제염) 10g

요구사항

주어진 재료를 사용하여 다음과 같이 '비빔밥'을 만드시오.

가. 채소, 소고기, 황 · 백지단의 크기는 0.3cm×0.3cm×5cm로 써시오.
나. 호박은 돌려깎기 하여 0.3cm×0.3cm×5cm로 써시오.
다. 청포묵의 크기는 0.5cm×0.5cm×5cm로 써시오.
라. 소고기는 고추장 볶음과 고명에 사용하시오.
마. 밥을 담은 위에 준비된 재료들을 색 맞추어 돌려 담으시오.
바. 볶은 고추장은 완성된 밥 위에 얹어 내시오.

수험자 유의사항

1. 만드는 순서에 유의하며, 위생과 숙련된 기능평가를 위하여 조리작업 시 맛을 보지 않습니다.
2. 지정된 수험자 지참준비물 이외의 조리기구나 재료를 시험장 내에 지참할 수 없습니다.
3. 지급재료는 시험 전 확인하여 이상이 있을 경우 시험위원으로부터 조치를 받고, 시험 중에는 재료의 교환 및 추가지급은 하지 않습니다.
4. 요구사항의 규격은 "정도"의 의미를 포함하며, 지급된 재료의 크기에 따라 가감하여 채점합니다.
5. 위생상태 및 안전관리 사항을 준수합니다.

조리방법

1. 청포묵은 0.5×0.5cm와 두께 5cm 길이로 채 썰기를 하여 소금물에 데친 후, 물기를 제거한 뒤 소금, 참기름으로 밑간을 한다.(청포묵이 부드러우면 데치지 않아도 된다)
2. 쌀을 씻어 계량한 뒤, 냄비에 쌀과 물을 1 : 1로 넣어 밥을 짓는다.
3. 고사리는 줄기부분을 5cm 길이로 자르고, 소고기 1/3은 다지고, 소고기 2/3는 0.2×0.2cm와 두께 6cm 길이로 채 썰기를 하여 간장, 설탕, 다진파, 다진마늘, 후추, 참기름, 깨소금으로 양념을 한다.
4. 호박은 0.3cm 두께로 돌려깎아 채 썰어 소금에 절이고, 도라지는 0.3×0.3cm와 두께 5cm 길이로 채 썰기하여 소금물에 담근 후 찬물에 한 번 헹구어 물기를 짠다.
5. 팬에 식용유를 두르고 지단을 부친 뒤 0.3×0.3cm와 두께 5cm 길이로 채 썰기를 하고, 도라지, 호박, 소고기, 고사리 순으로 각각 볶아낸다.
6. 팬에 다시마를 튀겨서 식혀 부순다.
7. 냄비(팬)에 다진소고기를 볶다가 고추장 1큰술, 설탕 1/2큰술, 물 2큰술을 넣어 약고추장을 만든다.
8. 그릇에 밥을 담고 볶아놓은 재료에 색을 맞춰 돌려 담은 뒤, 약고추장과 다시마튀각을 올려 완성한다.

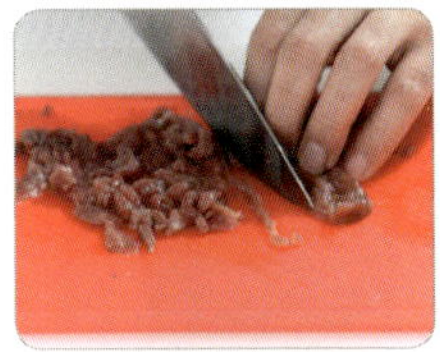

전문가 TIP

- 밥은 고슬하게 지어져야 되므로, 물의 양 조절에 유의한다.
- 볶은고추장은 중불에서 볶으면서 농도를 질거나 걸쭉하지 않게 맞춘다.
- 각각의 재료는 빠짐없이 완성그릇에 담아낸다.
- 건다시마는 식용유를 조금 넣고 중불에서 튀기듯이 익혀낸다.

한식 밥조리 학습모듈

■ 학습방법

밥 재료 준비하기	• 곡류의 종류를 설명하고, 품질 특성에 대하여 학습한다. • 곡류, 채소류, 육류, 어패류 고유의 신선도 등의 품질확인 방법과 부패, 변질 불가식 부분에 대한 선별방법을 학습한다. • 곡류, 채소류, 육류, 어패류의 세척방법과, 레시피를 기준으로 필요한 양을 산출하여 계량방법을 학습한다. • 곡류의 불림방법을 학습한다.
밥 조리하기	• 전분의 호화에 영향을 주는 인자와, 호화 과정에 대하여 학습한다. • 밥과 죽의 맛에 영향을 주는 인자를 학습한다. • 밥과 죽조리하기를 학습한다.
밥 담아 완성하기	• 조리 종류에 따라 그릇을 선택하는 방법을 학습한다. • 밥과 죽을 따듯하게 담는 방법을 학습한다. • 밥과 죽을 담아 완성하기를 학습한다.

■ 평가방법

학습내용	평가항목	성취수준		
		상	중	하
밥 재료 준비 및 전처리	쌀과 잡곡의 비율을 필요량에 맞게 계량할 수 있다.			
	쌀과 잡곡을 씻고 용도에 맞게 불리기를 할 수 있다.			
	부재료는 조리방법에 맞게 손질할 수 있다.			
	조리방법에 따라서 쌀 등 재료를 갈거나 분쇄할 수 있다.			
	돌솥, 압력솥 등 사용할 도구를 선택하고 준비할 수 있다.			
밥 조리하기	밥과 죽의 종류와 형태에 따라 조리시간과 방법을 조절할 수 있다.			
	조리도구, 조리법과 쌀, 잡곡의 재료 특성에 따라 물의 양을 가감할 수 있다.			
	조리도구와 조리법에 맞도록 화력 조절, 가열시간 조절, 뜸들이기를 할 수 있다.			
밥 담아 완성	조리 종류에 따라 그릇을 선택할 수 있다.			
	밥 · 죽을 따듯하게 담아낼 수 있다.			
	조리 종류에 따라 나물 등 부재료를 얹거나 고명을 올려 낼 수 있다.			

콩나물밥

시험시간
30
분

지급재료

쌀(30분 정도 물에 불린 쌀) 150g
콩나물 60g
소고기(살코기) 30g
마늘(중, 깐 것) 1쪽
대파(흰부분, 4cm 정도) 1/2토막
진간장 5㎖
참기름 5㎖

요구사항

주어진 재료를 사용하여 다음과 같이 '콩나물밥'을 만드시오.
가. 콩나물은 꼬리를 다듬고, 소고기는 채 썰어 간장양념을 하시오.
나. 밥을 지어 전량 제출하시오.

수험자 유의사항

1. 만드는 순서에 유의하며, 위생과 숙련된 기능평가를 위하여 조리작업 시 맛을 보지 않습니다.
2. 지정된 수험자 지참준비물 이외의 조리기구나 재료를 시험장 내에 지참할 수 없습니다.
3. 지급재료는 시험 전 확인하여 이상이 있을 경우 시험위원으로부터 조치를 받고, 시험 중에는 재료의 교환 및 추가지급은 하지 않습니다.
4. 요구사항의 규격은 "정도"의 의미를 포함하며, 지급된 재료의 크기에 따라 가감하여 채점합니다.
5. 위생상태 및 안전관리 사항을 준수합니다.

조리방법

1. 소고기는 핏물제거 후 0.2cm 두께, 5cm 길이로 채 썰어 간장, 다진파, 다진마늘, 참기름으로 양념을 하고, 콩나물은 꼬리를 다듬어 깨끗이 씻어놓는다.
2. 불린 쌀은 헹구어 체에 건져 물기제거 후 계량하여 물의 비율을 맞춘다.
3. 냄비에 쌀을 넣고 콩나물을 얹은 다음, 양념된 소고기를 얹고 밥물을 부어 익힌다. 센불에서 끓이다가 물이 끓으면 약불로 줄이고, 밥알이 퍼지면 불을 끄고 뜸을 들인다.
4. 밥이 고슬고슬 완성되면 완성품 그릇에 담는다.

전문가 TIP

- 고슬고슬한 밥이 완성되도록 콩나물의 양을 감안하여 물의 양을 계량한다.
- 완성된 밥에 소고기양념이 배어나오지 않도록 양념을 한다.
- 불조절을 잘하고 뜸을 잘 들여야 한다.

한식 밥조리 학습모듈

■ 학습방법

밥 재료 준비하기	• 곡류의 종류를 설명하고, 품질 특성에 대하여 학습한다. • 곡류, 채소류, 육류, 어패류 고유의 신선도 등의 품질확인 방법과 부패, 변질 불가식 부분에 대한 선별방법을 학습한다. • 곡류, 채소류, 육류, 어패류의 세척방법과, 레시피를 기준으로 필요한 양을 산출하여 계량방법을 학습한다. • 곡류의 불림방법을 학습한다.
밥 조리하기	• 전분의 호화에 영향을 주는 인자와, 호화 과정에 대하여 학습한다. • 밥과 죽의 맛에 영향을 주는 인자를 학습한다. • 밥과 죽조리하기를 학습한다.
밥 담아 완성하기	• 조리 종류에 따라 그릇을 선택하는 방법을 학습한다. • 밥과 죽을 따듯하게 담는 방법을 학습한다. • 밥과 죽을 담아 완성하기를 학습한다.

■ 평가방법

학습내용	평가항목	성취수준		
		상	중	하
밥 재료 준비 및 전처리	쌀과 잡곡의 비율을 필요량에 맞게 계량할 수 있다.			
	쌀과 잡곡을 씻고 용도에 맞게 불리기를 할 수 있다.			
	부재료는 조리방법에 맞게 손질할 수 있다.			
	조리방법에 따라서 쌀 등 재료를 갈거나 분쇄할 수 있다.			
	돌솥, 압력솥 등 사용할 도구를 선택하고 준비할 수 있다.			
밥 조리하기	밥과 죽의 종류와 형태에 따라 조리시간과 방법을 조절할 수 있다.			
	조리도구, 조리법과 쌀, 잡곡의 재료 특성에 따라 물의 양을 가감할 수 있다.			
	조리도구와 조리법에 맞도록 화력 조절, 가열시간 조절, 뜸들이기를 할 수 있다.			
밥 담아 완성	조리 종류에 따라 그릇을 선택할 수 있다.			
	밥 · 죽을 따듯하게 담아낼 수 있다.			
	조리 종류에 따라 나물 등 부재료를 얹거나 고명을 올려 낼 수 있다.			

장국죽

시험시간 **30** 분

지급재료

- 쌀(30분 정도 물에 불린 쌀) 100g
- 소고기(살코기) 20g
- 대파(흰부분, 4cm 정도) 1토막
- 건표고버섯(지름 5cm 정도, 물에 불린 것) 1개(부서지지 않은 것)
- 마늘(중, 깐 것) 1쪽
- 진간장 10㎖
- 깨소금 5g
- 검은후춧가루 1g
- 참기름 10㎖
- 국간장 10㎖

요구사항

주어진 재료를 사용하여 다음과 같이 '장국죽'을 만드시오.

가. 불린 쌀을 반 정도로 싸라기를 만들어 죽을 쑤시오.

나. 소고기는 다지고, 불린표고는 3cm 정도의 길이로 채 써시오.

수험자 유의사항

1. 만드는 순서에 유의하며, 위생과 숙련된 기능평가를 위하여 조리작업 시 맛을 보지 않습니다.
2. 지정된 수험자 지참준비물 이외의 조리기구나 재료를 시험장 내에 지참할 수 없습니다.
3. 지급재료는 시험 전 확인하여 이상이 있을 경우 시험위원으로부터 조치를 받고, 시험 중에는 재료의 교환 및 추가지급은 하지 않습니다.
4. 요구사항의 규격은 "정도"의 의미를 포함하며, 지급된 재료의 크기에 따라 가감하여 채점합니다.
5. 위생상태 및 안전관리 사항을 준수합니다.

조리방법

1. 쌀은 깨끗이 씻어 체어 건져 물기를 제거한 뒤 계량하고, 그릇에 담아 방망이로 싸라기 정도로 부순다.
2. 파, 마늘은 곱게 다진다.
3. 표고버섯은 물기제거 후 0.2cm 두께, 3cm 길이로 채 썰기 하고, 소고기는 핏물제거 후 곱게 다진다.
4. 다진소고기와 표고버섯은 각각 간장, 다진파, 다진마늘, 참기름, 깨소금, 후추로 간을 하고, 냄비에 참기름을 두른 뒤 소고기, 표고버섯을 볶는다.
5. 냄비에 쌀을 넣어 볶고, 6배의 물을 부어 센불에서 끓인다.
6. 끓기 시작하면 중불이나 약불로 줄여 쌀이 퍼지기 시작할 때, 나무주걱으로 저어가며 거품을 제거하고 충분히 호화시킨다. 완성된 죽은 간장으로 간을 하고, 색을 맞추어 그릇에 담는다.

전문가 TIP

- 불린 쌀은 정확히 계량하여 물비율을 측정한다.
- 완성된 장국죽의 색깔(옅은 갈색)과 농도를 맞춘다.

한식 죽조리 학습모듈

■ 학습방법

죽 재료 준비하기	• 곡류의 종류를 설명하고, 품질 특성에 대하여 학습한다. • 곡류, 채소류, 육류, 어패류 고유의 신선도 등의 품질확인 방법과 부패, 변질 불가식 부분에 대한 선별방법을 학습한다. • 곡류, 채소류, 육류, 어패류의 세척방법과, 레시피를 기준으로 필요한 양을 산출하여 계량방법을 학습한다. • 곡류의 불림방법을 학습한다.
죽 조리하기	• 전분의 호화에 영향을 주는 인자와, 호화 과정에 대하여 학습한다. • 밥과 죽의 맛에 영향을 주는 인자를 학습한다. • 밥과 죽조리하기를 학습한다.
죽 담아 완성하기	• 조리 종류에 따라 그릇을 선택하는 방법을 학습한다. • 밥과 죽을 따듯하게 담는 방법을 학습한다. • 밥과 죽을 담아 완성하기를 학습한다.

■ 평가방법

학습내용	평가항목	성취수준		
		상	중	하
죽 재료 준비 및 전처리	쌀과 잡곡의 비율을 필요량에 맞게 계량할 수 있다.			
	쌀과 잡곡을 씻고 용도에 맞게 불리기를 할 수 있다.			
	부재료는 조리방법에 맞게 손질할 수 있다.			
	조리방법에 따라서 쌀 등 재료를 갈거나 분쇄할 수 있다.			
	돌솥, 압력솥 등 사용할 도구를 선택하고 준비할 수 있다.			
죽 조리하기	밥과 죽의 종류와 형태에 따라 조리시간과 방법을 조절할 수 있다.			
	조리도구, 조리법과 쌀, 잡곡의 재료 특성에 따라 물의 양을 가감할 수 있다.			
	조리도구와 조리법에 맞도록 화력 조절, 가열시간 조절, 뜸들이기를 할 수 있다.			
죽 담아 완성	조리 종류에 따라 그릇을 선택할 수 있다.			
	밥 · 죽을 따듯하게 담아낼 수 있다.			
	조리 종류에 따라 나물 등 부재료를 얹거나 고명을 올려 낼 수 있다.			

완자탕

시험시간 **30** 분

지급재료

소고기(살코기) 50g
소고기(사태부위) 20g
달걀 1개
대파(흰부분, 4cm 정도) 1/2토막
밀가루(중력분) 10g
마늘(중, 깐 것) 2쪽
식용유 20㎖
소금(정제염) 10g
검은후춧가루 2g
두부 15g
키친타월(종이)(소, 18×20cm) 1장
국간장 5㎖
참기름 5㎖
깨소금 5g
백설탕 5g

요구사항

주어진 재료를 사용하여 다음과 같이 '완자탕'을 만드시오.

가. 완자는 직경 3cm 정도로 6개를 만들고, 국물의 양은 200㎖ 이상 제출하시오.
나. 달걀은 지단과 완자용으로 사용하시오.
다. 고명으로 황 · 백지단(마름모꼴)을 각 2개씩 띄우시오.

수험자 유의사항

1. 만드는 순서에 유의하며, 위생과 숙련된 기능평가를 위하여 조리작업 시 맛을 보지 않습니다.
2. 지정된 수험자 지참준비물 이외의 조리기구나 재료를 시험장 내에 지참할 수 없습니다.
3. 지급재료는 시험 전 확인하여 이상이 있을 경우 시험위원으로부터 조치를 받고, 시험 중에는 재료의 교환 및 추가지급은 하지 않습니다.
4. 요구사항의 규격은 "정도"의 의미를 포함하며, 지급된 재료의 크기에 따라 가감하여 채점합니다.
5. 위생상태 및 안전관리 사항을 준수합니다.

조리방법

1. 소고기는 핏물제거 후 2/3을 곱게 다지고, 두부는 물기제거 후 곱게 으깨고 파, 마늘을 다져 소금, 설탕, 참기름, 깨소금, 후추로 양념을 한다.
2. 양념된 소고기와 두부는 2cm 지름의 완자 6개를 만든다.
3. 소고기의 1/3은 냄비에 찬물 4컵을 붓고 함께 넣어 끓여내어 간장으로 색을 내고 간을 한다.
4. 완자에 밀가루옷을 입히고 달걀물을 입혀준다.
5. 완자를 팬에 굴려가며 익히고, 팬에 지단을 부쳐내어 마름모 형태로 썰어 준비한다.
6. 끓는 육수에 완자를 넣어 끓이다가 완자를 건져내어 그릇에 담고, 국물을 부은 뒤 황 · 백지단을 올려 완성한다.

전문가 TIP

- 소고기는 핏물을 제거하고, 두부는 물기를 제거하고 다진다.
- 소고기와 두부를 혼합, 양념하고 충분히 치대준다.
- 팬에 완자를 굴려가며 충분히 익혀야, 완자가 국물에 불어 풀어지지 않는다.

한식 국 · 탕조리 학습모듈

■ 학습방법

구분		내용
국 · 탕 재료 준비 및 전처리		• 국 · 탕을 조리하기 위해 작업장에서 준비해야 할 내용 및 작업과 계량방법을 학습한다. • 국 · 탕의 조리 시 재료에 따라 요구되는 전처리, 국물, 육수 종류에 따른 주재료 선별방법, 유의사항을 발표한다. • 모든 학생들이 참여하여 프로젝트 수업, 문제 해결식 수업을 통해 학습한다. • 각 목차별 과정을 단계적으로 실습한다.
국 · 탕 육수 제조		• 육수에 따른 불의 조절방법과 용도에 맞는 재료의 불순물 제거 기술, 육수의 상태 판별, 육수의 냉각 및 보관방법 등에 대하여 학습한다.
국 · 탕 조리	국 조리	• 탕의 종류와 다양한 재료를 사용한 탕을 조사하고, 재료의 종류에 맞게 시간을 달리하는 탕의 조리에 대해 학습한다. • 탕에 사용되는 재료들에 대한 부위별 명칭을 숙지하여, 실습을 통하여 조리기술을 숙련한다.
	탕 조리	• 탕의 종류와 다양한 재료를 사용한 탕을 조사하고, 재료의 종류에 맞게 시간을 달리하는 탕의 조리에 대해 학습한다. • 탕에 사용되는 재료들에 대한 부위별 명칭을 숙지하여, 실습을 통하여 조리기술을 숙련한다.
국 · 탕 담아 완성		• 조리법에 따른 국, 탕 그릇의 선택방법과, 계절을 고려한 그릇의 선택방법을 실습에 적용한다. • 국 · 탕의 국물과 건더기의 비율, 알맞은 온도로 제공하는 조리기술을 실습을 통해 숙련하도록 한다. • 국 · 탕의 종류에 따라 고명하는 방법과, 그릇의 형태에 따라 조화롭게 담아내는 방법을 발표하고 실습에 적용한다.

■ 평가방법

학습 내용	평가항목	성취수준		
		상	중	하
국 · 탕 재료 준비 및 전처리	조리에 사용하는 재료를 필요량에 맞게 계량할 수 있다.			
	육수의 종류에 맞추어 도구와 재료를 준비할 수 있다.			
	재료에 따라 요구되는 전처리를 수행할 수 있다.			
국 · 탕 육수 제조	찬물에 육수재료를 넣고 서서히 끓일 수 있다.			
	조리의 종류에 따라 끓이는 시간과 불의 강도를 조절할 수 있다.			
	끓이는 중 부유물을 제거하여 맑은육수를 만들 수 있다.			
	완성된 육수를 보고 품질을 판단할 수 있다.			
	육수의 종류에 따라 냉 · 온으로 보관할 수 있다.			
국 · 탕 조리	재료 종류에 맞게 국물조리 능력			
	국 주재료와 부재료의 배합에 맞게 조리			
	국 다양한 재료 활용조리 여부			
	조리의 종류에 따라 끓이는 시간조절 능력			
국 · 탕 담아 완성	조리법에 따라 국 · 탕 그릇을 선택할 수 있다.			
	국 · 탕은 뜨거운 온도로 담아 제공할 수 있다.			
	국 · 탕은 국물과 건더기의 비율에 맞게 담아낼 수 있다.			
	국 · 탕의 종류에 따라 고명을 활용할 수 있다.			

생선찌개

시험시간 30 분

지급재료

동태(300g 정도) 1마리
무 60g
애호박 30g
두부 60g
풋고추(길이 5cm 이상) 1개
홍고추(생) 1개
쑥갓 10g
마늘(중, 깐 것) 2쪽
생강 10g
실파 40g
고추장 30g
소금(정제염) 10g
고춧가루 10g

요구사항

주어진 재료를 사용하여 다음과 같이 '생선찌개'를 만드시오.

가. 생선은 4~5cm 정도의 토막으로 자르시오.
나. 무, 두부는 2.5cm×3.5cm×0.8cm로 써시오.
다. 호박은 0.5cm 반달형, 고추는 통 어슷썰기, 쑥갓과 파는 4cm로 써시오.
라. 고추장, 고춧가루를 사용하여 만드시오.
마. 각 재료는 익는 순서에 따라 조리하고, 생선살이 부서지지 않도록 하시오.
바. 생선머리를 포함하여 전량 제출하시오.

수험자 유의사항

1. 만드는 순서에 유의하며, 위생과 숙련된 기능평가를 위하여 조리작업 시 맛을 보지 않습니다.
2. 지정된 수험자 지참준비물 이외의 조리기구나 재료를 시험장 내에 지참할 수 없습니다.
3. 지급재료는 시험 전 확인하여 이상이 있을 경우 시험위원으로부터 조치를 받고, 시험 중에는 재료의 교환 및 추가지급은 하지 않습니다.
4. 요구사항의 규격은 "정도"의 의미를 포함하며, 지급된 재료의 크기에 따라 가감하여 채점합니다.
5. 위생상태 및 안전관리 사항을 준수합니다.

조리방법

1. 냄비에 물 2.5컵과 고추장 1큰술을 풀고 끓이다가, 소금을 넣어 국물을 준비한다.
2. 생선은 비늘을 긁어 제거하고 아가미, 지느러미를 떼어낸 뒤, 머리를 자르고 내장을 손질하여 약간의 소금에 20분 정도 재워둔다.
3. 손질된 생선은 4~5cm 길이로 3토막을 낸다.
4. 마늘과 생강은 다지고, 무와 두부는 2.5cm 가로, 3.5cm 세로, 0.8cm 두께로 썰고, 풋고추와 홍고추는 0.5cm 두께로 어슷썰기를 하여 씨를 털어낸다. 호박은 0.5cm 두께의 반달 모양으로 썰고, 실파와 쑥갓은 4cm 길이로 썬다.
5. 준비해 둔 국물에 무를 넣어 끓이다가 생선, 고춧가루, 호박, 두부, 청 · 홍고추 순으로 넣어 끓인다.
6. 5의 냄비에 다진마늘과 생강을 넣고, 중간에 거품을 걷어낸 다음 쑥갓과 실파를 넣어주고, 소금으로 간을 한 뒤 그릇에 담아낸다.

전문가 TIP

- 건더기를 넣는 순서는 주재료에서 부재료 순으로 넣는다.
- 재료의 손질 시 국물에 넣는 순서로 손질한다.
- 건더기의 재료는 익은 후에도 원형 그대로 있어야 한다.

한식 찌개조리 학습모듈

■ 학습방법

찌개 재료 준비 및 전처리	• 찌개 · 전골조리를 위한 마인드맵을 구성하여 전체적인 흐름도를 알고, 현재 학습의 위치를 확인하도록 한다. • 식품재료 다루기 과정은 사진자료를 첨부하여 보고서로 작성하고, 실습훈련을 통하여 조리능력을 함양한다. • 박물관을 방문하여 우리나라 전통 찌개 · 전골 기구의 사진자료를 첨부하여 보고서로 작성하고 발표한다.
찌개 육수 만들기	• 육수만드는 방법은 사진자료를 첨부하여 보고서를 작성하고, 실습훈련을 통하여 조리능력을 함양한다. • 모둠을 구성하여, 판매하고 있는 육수의 종류와 특징을 조사하여 보고서를 작성하고 발표한다.
찌개 양념장 만들기	• 조미료와 향신료의 종류와 특징을 마인드맵으로 구성하여 특징을 파악한다. • 찌개 · 전골의 종류에 따라 사용할 수 있는 양념장 만드는 방법을 사진자료를 첨부하여 보고서를 작성하고, 실습훈련을 통하여 조리능력을 함양한다. • 모둠을 구성하여 판매할 수 있는 양념장을 개발하여 보고서를 작성한다.
찌개 조리 하기	• 찌개의 특징을 구분하여 파악한다. • 찌개에 사용되는 재료를 손질하고, 조리원리에 맞게 만들 수 있는 능력을 함양한다. • 모둠을 구성하여 판매할 수 있는 찌개와 전골 메뉴를 개발하여 보고서를 작성한다.
찌개 담아 완성	• 찌개와 전골을 만들 때 사용하는 가열기구에 대하여 조사하고 발표한다. • 신선로에 담을 수 있는 재료를 조사하고, 레시피를 작성하여 실습한다. • 신선로의 우수성을 영양성, 기호성, 심미성, 전통성에 대하여 조사하여 보고서를 작성한다.

■ 평가방법

학습내용	평가항목	성취수준		
		상	중	하
찌개 재료 준비 및 전처리	조리에 사용하는 재료를 필요량에 맞게 계량할 수 있다.			
	육수의 종류에 맞추어 도구와 재료를 준비할 수 있다.			
	재료에 따라 요구되는 전처리를 수행할 수 있다.			
	전골조리의 경우, 종류에 따라 기구를 선택할 수 있다.			
찌개 육수 만들기	찬물에 육수재료를 넣고 서서히 끓일 수 있다.			
	끓이는 중 부유물과 기름이 떠오르면 걷어내어 제거할 수 있다.			
	조리 종류에 따라 끓이는 시간과 불의 강도를 조절할 수 있다.			
	사용시점에 맞춰 냉 · 온으로 보관할 수 있다.			
찌개 양념장 만들기	양념장 재료를 비율대로 혼합, 조절할 수 있다.			
	필요에 따라 양념장을 숙성할 수 있다.			
	만든 양념장을 용도에 맞게 활용할 수 있다.			
찌개 조리 하기	채소류 중 단단한 재료는 데치거나 삶아서 사용할 수 있다.			
	조리법에 따라 재료는 양념하여 밑간을 할 수 있다.			
	찌개는 육수에 재료와 양념을 첨가시점을 조절하여 넣고 끓일 수 있다.			
	찌개에 따라 재료와 양념장, 육수를 그대로 그릇에 담아낼 수 있다.			
찌개 담아 완성	조리 종류에 맞는 그릇을 선택할 수 있다.			
	조리 특성에 맞게 건더기와 국물의 양을 조절할 수 있다.			
	전골 종류와 필요한 경우, 찌개에 따라 상에서 끓여먹도록 할 수 있다.			

두부젓국찌개

시험시간
20
분

지급재료

두부 100g
생굴(껍질 벗긴 것) 30g
실파 20g
홍고추(생) 1/2개
새우젓 10g
마늘(중, 깐 것) 1쪽
참기름 5㎖
소금(정제염) 5g

요구사항

주어진 재료를 사용하여 다음과 같이 '두부젓국찌개'를 만드시오.

가. 두부는 2cm×3cm×1cm로 써시오.
나. 홍고추는 0.5cm×3cm, 실파는 3cm 길이로 써시오.
다. 간은 소금과 새우젓으로 하고, 국물을 맑게 만드시오.
라. 찌개의 국물은 200㎖ 이상 제출하시오.

수험자 유의사항

1. 만드는 순서에 유의하며, 위생과 숙련된 기능평가를 위하여 조리 작업 시 맛을 보지 않습니다.
2. 지정된 수험자 지참준비물 이외의 조리기구나 재료를 시험장 내에 지참할 수 없습니다.
3. 지급재료는 시험 전 확인하여 이상이 있을 경우 시험위원으로부터 조치를 받고, 시험 중에는 재료의 교환 및 추가지급은 하지 않습니다.
4. 요구사항의 규격은 "정도"의 의미를 포함하며, 지급된 재료의 크기에 따라 가감하여 채점합니다.
5. 위생상태 및 안전관리 사항을 준수합니다.

조리방법

1. 굴은 소금물에 흔들어가며 씻어, 체에 받쳐 물기를 제거한다.
2. 홍고추는 0.5cm 두께, 3cm 길이로 썰고, 실파는 3cm 길이로 썬다.
3. 마늘은 다지고, 두부는 3cm 가로, 2cm 세로, 1cm 두께로 썰어 찬물에 헹구어 낸다.
4. 새우젓은 다져 젓국을 만든다.
5. 냄비에 물 1.5컵, 소금 1/2작은술을 넣고 끓이다가 두부, 굴, 홍고추, 다진마늘, 새우젓국을 넣고 간을 맞춘 뒤, 불을 끄고 참기름과 실파를 넣는다.
6. 찌개가 완성되면 건더기를 먼저 담고 국물 200㎖을 담는다.

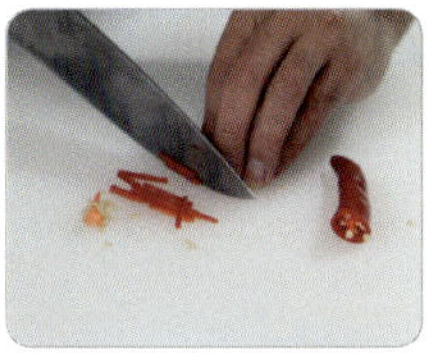

전문가 TIP

- 굴은 소금물에 깨끗하게 헹궈 불순물을 제거한다.
- 두부를 썰고 난 뒤, 찬물에 헹궈 부스러기를 제거한다.
- 재료의 특성에 맞춰 순서대로 넣어주어야 한다.

한식 찌개조리 학습모듈

■ 학습방법

찌개 재료 준비 및 전처리	• 찌개 · 전골조리를 위한 마인드맵을 구성하여 전체적인 흐름도를 알고, 현재 학습의 위치를 확인하도록 한다. • 식품재료 다루기 과정은 사진자료를 첨부하여 보고서로 작성하고, 실습훈련을 통하여 조리능력을 함양한다. • 박물관을 방문하여 우리나라 전통 찌개 · 전골 기구의 사진자료를 첨부하여 보고서로 작성하고 발표한다.
찌개 육수 만들기	• 육수만드는 방법은 사진자료를 첨부하여 보고서를 작성하고, 실습훈련을 통하여 조리능력을 함양한다. • 모둠을 구성하여, 판매하고 있는 육수의 종류와 특징을 조사하여 보고서를 작성하고 발표한다.
찌개 양념장 만들기	• 조미료와 향신료의 종류와 특징을 마인드맵으로 구성하여 특징을 파악한다. • 찌개 · 전골의 종류에 따라 사용할 수 있는 양념장 만드는 방법을 사진자료를 첨부하여 보고서를 작성하고, 실습훈련을 통하여 조리능력을 함양한다. • 모둠을 구성하여 판매할 수 있는 양념장을 개발하여 보고서를 작성한다.
찌개 조리 하기	• 찌개의 특징을 구분하여 파악한다. • 찌개에 사용되는 재료를 손질하고, 조리원리에 맞게 만들 수 있는 능력을 함양한다. • 모둠을 구성하여 판매할 수 있는 찌개와 전골 메뉴를 개발하여 보고서를 작성한다.
찌개 담아 완성	• 찌개와 전골을 만들 때 사용하는 가열기구에 대하여 조사하고 발표한다. • 신선로에 담을 수 있는 재료를 조사하고, 레시피를 작성하여 실습한다. • 신선로의 우수성을 영양성, 기호성, 심미성, 전통성에 대하여 조사하여 보고서를 작성한다.

■ 평가방법

학습내용	평가항목	성취수준		
		상	중	하
찌개 재료 준비 및 전처리	조리에 사용하는 재료를 필요량에 맞게 계량할 수 있다.			
	육수의 종류에 맞추어 도구와 재료를 준비할 수 있다.			
	재료에 따라 요구되는 전처리를 수행할 수 있다.			
	전골조리의 경우, 종류에 따라 기구를 선택할 수 있다.			
찌개 육수 만들기	찬물에 육수재료를 넣고 서서히 끓일 수 있다.			
	끓이는 중 부유물과 기름이 떠오르면 건어내어 제거할 수 있다.			
	조리 종류에 따라 끓이는 시간과 불의 강도를 조절할 수 있다.			
	사용시점에 맞춰 냉 · 온으로 보관할 수 있다.			
찌개 양념장 만들기	양념장 재료를 비율대로 혼합, 조절할 수 있다.			
	필요에 따라 양념장을 숙성할 수 있다.			
	만든 양념장을 용도에 맞게 활용할 수 있다.			
찌개 조리 하기	채소류 중 단단한 재료는 데치거나 삶아서 사용할 수 있다.			
	조리법에 따라 재료는 양념하여 밑간을 할 수 있다.			
	찌개는 육수에 재료와 양념을 첨가시점을 조절하여 넣고 끓일 수 있다.			
	찌개에 따라 재료와 양념장, 육수를 그대로 그릇에 담아낼 수 있다.			
찌개 담아 완성	조리 종류에 맞는 그릇을 선택할 수 있다.			
	조리 특성에 맞게 건더기와 국물의 양을 조절할 수 있다.			
	전골 종류와 필요한 경우, 찌개에 따라 상에서 끓여먹도록 할 수 있다.			

제육구이

시험시간 30 분

지급재료

돼지고기(등심 또는 볼깃살) 150g
고추장 40g
진간장 10㎖
마늘(중, 깐 것) 2쪽
대파(흰부분, 4cm 정도) 1토막
검은후춧가루 2g
백설탕 15g
깨소금 5g
참기름 5㎖
생강 10g
식용유 10㎖

요구사항

주어진 재료를 사용하여 다음과 같이 '제육구이'를 만드시오.

가. 완성된 제육은 0.4cm×4cm×5cm 정도로 하시오.
나. 고추장 양념으로 하여 석쇠에 구우시오.
다. 제육구이는 전량 제출하시오.

수험자 유의사항

1. 만드는 순서에 유의하며, 위생과 숙련된 기능평가를 위하여 조리 작업 시 맛을 보지 않습니다.
2. 지정된 수험자 지참준비물 이외의 조리기구나 재료를 시험장 내에 지참할 수 없습니다.
3. 지급재료는 시험 전 확인하여 이상이 있을 경우 시험위원으로부터 조치를 받고, 시험 중에는 재료의 교환 및 추가지급은 하지 않습니다.
4. 요구사항의 규격은 "정도"의 의미를 포함하며, 지급된 재료의 크기에 따라 가감하여 채점합니다.
5. 위생상태 및 안전관리 사항을 준수합니다.

조리방법

1. 돼지고기는 핏물과 기름기를 제거하고, 두께 0.4cm로 4장을 편썰기 한다.
2. 돼지고기는 칼등으로 두들긴 후 4.5cm 가로, 5.5cm 세로로 다듬는다.
3. 고추장 2큰술, 설탕 1큰술, 간장 1작은술, 다진파, 마늘, 생강, 깨소금, 참기름, 후추로 고추장양념장을 만들고, 손질된 돼지고기에 골고루 발라 재워둔다.
4. 석쇠가 달궈지면 식용유를 발라 코팅을 한다.
5. 석쇠에 양념이 된 돼지고기를 얹고, 가장자리와 양념부분이 타지 않게 고르게 익혀 완성한다.

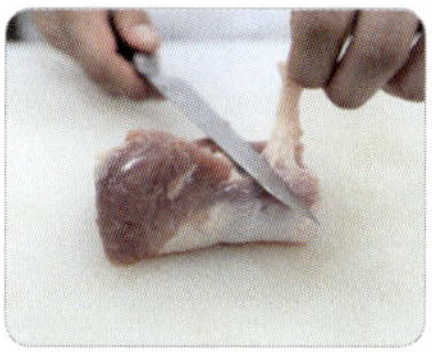

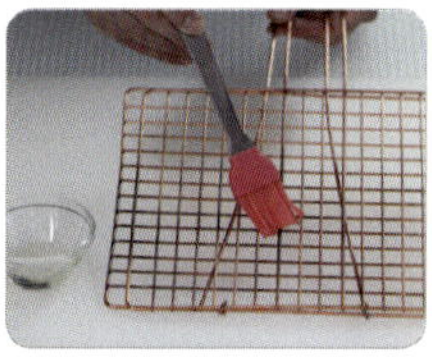

전문가 TIP

- 돼지고기는 일정한 크기와 두께가 되도록 손질한다.
- 주재료는 반드시 익혀야 되고, 양념부분은 타지 않게 한다.
- 석쇠에 식용유를 발라 고기가 달라붙지 않게 해야 한다.

한식 구이조리 학습모듈

■ 학습방법

구분	내용
구이 재료 준비	• 구이 재료에 대한 특성을 학습하여 재료손질을 가능하도록 한다. • 조리에 사용하는 재료를 필요량에 맞게 계량할 수 있도록 저울 사용방법을 숙지하여 직접 실습하도록 한다. • 구이 종류에 맞추어 도구와 재료에 대한 이해도를 높여 수업에 적극적으로 참여한다. • 재료에 따라 요구되는 전처리방법을 숙지하여 능숙하게 실습을 진행한다. • 작업 중 위생 안전관리지침을 학습한다.
구이 양념장 만들기	• 양념 재료에 대한 특성을 학습하여 재료손질을 가능하도록 한다. • 주재료에 따른 양념의 배합비를 측정, 숙지하여 실습할 수 있도록 한다. • 작업 중 위생 안전관리지침을 이해한다.
구이 조리	• 석쇠를 이용하는 구이조리에, 재료가 달라붙어 타지 않게 온도와 불세기를 조절할 수 있도록 학습한다. • 유장처리 된 식재료를 초벌구이를 할 수 있도록 학습한다. • 구이조리 시 구이의 색과 형태를 유지하게 조리할 수 있도록 학습한다.
구이 담아 완성	• 1인분의 양을 조절하여 제공할 수 있도록 학습한다. • 주재료에 어울리는 고명을 제공할 수 있도록 실습한다. • 구이 종류에 알맞은 그릇에 담아 제공할 수 있도록 실습한다. • 마무리된 음식의 색깔과 맛, 풍미, 온도를 통해 음식의 품질을 평가할 수 있도록 학습한다.

■ 평가방법

학습내용	평가항목	성취수준		
		상	중	하
구이 재료 준비	조리에 사용하는 재료를 필요량에 맞게 계량할 수 있다.			
	구이의 종류에 맞추어 도구와 재료를 준비할 수 있다.			
	재료에 따라 요구되는 전처리를 수행할 수 있다.			
구이 양념장 만들기	양념장 재료를 비율대로 혼합, 조절할 수 있다.			
	필요에 따라 양념장을 숙성할 수 있다.			
	만든 양념장을 용도에 맞게 활용할 수 있다.			
구이 조리	구이 종류에 따라 유장 처리나 양념을 할 수 있다.			
	구이 종류에 따라 초벌구이를 할 수 있다.			
	온도와 불의 세기를 조절하여 익힐 수 있다.			
	구이의 색, 형태를 유지할 수 있다.			
구이 담아 완성	구이조리법에 따라 그릇을 선택할 수 있다.			
	조리한 음식을 부서지지 않게 담을 수 있다.			
	구이는 따뜻한 온도를 유지할 수 있다.			
	조리 종류에 따라 고명으로 장식할 수 있다.			

너비아니구이

시험시간 25분

지급재료

소고기(안심 또는 등심) 100g
진간장 50㎖
대파(흰부분, 4cm 정도) 1토막
마늘(중, 깐 것) 2쪽
검은후춧가루 2g
백설탕 10g
깨소금 5g
참기름 10㎖
배(50g 정도) 1/8개
식용유 10㎖
잣(깐 것) 5개
A4용지 1장

요구사항

주어진 재료를 사용하여 다음과 같이 '너비아니구이'를 만드시오.

가. 완성된 너비아니는 0.5cm×4cm×5cm로 하시오.
나. 석쇠를 사용하여 굽고, 6쪽 제출하시오.
다. 잣가루를 고명으로 얹으시오.

수험자 유의사항

1. 만드는 순서에 유의하며, 위생과 숙련된 기능평가를 위하여 조리작업 시 맛을 보지 않습니다.
2. 지정된 수험자 지참준비물 이외의 조리기구나 재료를 시험장 내에 지참할 수 없습니다.
3. 지급재료는 시험 전 확인하여 이상이 있을 경우 시험위원으로부터 조치를 받고, 시험 중에는 재료의 교환 및 추가지급은 하지 않습니다.
4. 요구사항의 규격은 "정도"의 의미를 포함하며, 지급된 재료의 크기에 따라 가감하여 채점합니다.
5. 위생상태 및 안전관리 사항을 준수합니다.

조리방법

1. 소고기는 핏물과 기름기를 제거한 뒤, 0.4cm 두께 6장으로 편썰기를 한다.
2. 소고기는 칼등으로 두들긴 뒤 가로 6cm, 세로 5cm로 다듬어준다.
3. 배는 강판에 갈아 즙을 내어 소고기에 재워준다.
4. 파, 마늘을 곱게 다진다.
5. 간장 2큰술, 설탕 1큰술, 배즙 1큰술, 다진파, 마늘, 참기름, 깨소금, 후추를 넣어 양념장을 만든 뒤, 소고기를 재우고, 잣은 A4용지를 이용하여 다진다.
6. 석쇠가 달궈지면 식용유를 바르고 소고기가 타지 않게 고루 구워준 뒤, 그릇에 담아 잣가루를 각각 얹어 완성한다.

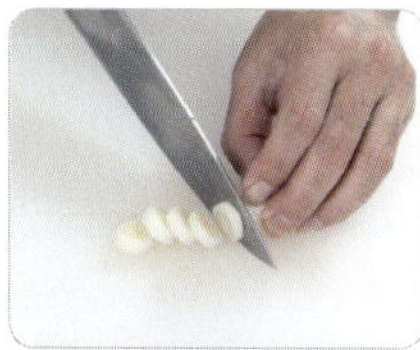

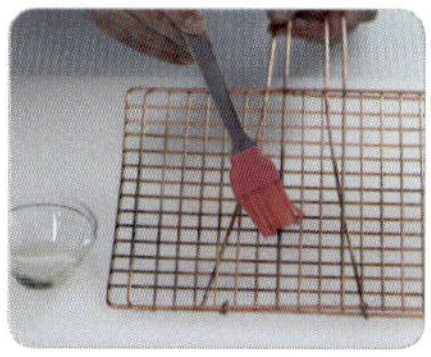

전문가 TIP

- 소고기를 타지 않게 천천히 충분히 익힌다.
- 6장의 소고기 모양을 일정하게 손질한다.
- 석쇠에 식용유를 발라 소고기가 달라붙지 않게 해야 한다.

한식 구이조리 학습모듈

■ 학습방법

구이 재료 준비	• 구이 재료에 대한 특성을 학습하여 재료손질을 가능하도록 한다. • 조리에 사용하는 재료를 필요량에 맞게 계량할 수 있도록 저울 사용방법을 숙지하여 직접 실습하도록 한다. • 구이 종류에 맞추어 도구와 재료에 대한 이해도를 높여 수업에 적극적으로 참여한다. • 재료에 따라 요구되는 전처리방법을 숙지하여 능숙하게 실습을 진행한다. • 작업 중 위생 안전관리지침을 학습한다.
구이 양념장 만들기	• 양념 재료에 대한 특성을 학습하여 재료손질을 가능하도록 한다. • 주재료에 따른 양념의 배합비를 측정, 숙지하여 실습할 수 있도록 한다. • 작업 중 위생 안전관리지침을 이해한다.
구이 조리	• 석쇠를 이용하는 구이조리에, 재료가 달라붙어 타지 않게 온도와 불세기를 조절할 수 있도록 학습한다. • 유장처리 된 식재료를 초벌구이를 할 수 있도록 학습한다. • 구이조리 시 구이의 색과 형태를 유지하게 조리할 수 있도록 학습한다.
구이 담아 완성	• 1인분의 양을 조절하여 제공할 수 있도록 학습한다. • 주재료에 어울리는 고명을 제공할 수 있도록 실습한다. • 구이 종류에 알맞은 그릇에 담아 제공할 수 있도록 실습한다. • 마무리된 음식의 색깔과 맛, 풍미, 온도를 통해 음식의 품질을 평가할 수 있도록 학습한다.

■ 평가방법

학습 내용	평가항목	성취수준		
		상	중	하
구이 재료 준비	조리에 사용하는 재료를 필요량에 맞게 계량할 수 있다.			
	구이의 종류에 맞추어 도구와 재료를 준비할 수 있다.			
	재료에 따라 요구되는 전처리를 수행할 수 있다.			
구이 양념장 만들기	양념장 재료를 비율대로 혼합, 조절할 수 있다.			
	필요에 따라 양념장을 숙성할 수 있다.			
	만든 양념장을 용도에 맞게 활용할 수 있다.			
구이 조리	구이 종류에 따라 유장 처리나 양념을 할 수 있다.			
	구이 종류에 따라 초벌구이를 할 수 있다.			
	온도와 불의 세기를 조절하여 익힐 수 있다.			
	구이의 색, 형태를 유지할 수 있다.			
구이 담아 완성	구이조리법에 따라 그릇을 선택할 수 있다.			
	조리한 음식을 부서지지 않게 담을 수 있다.			
	구이는 따뜻한 온도를 유지할 수 있다.			
	조리 종류에 따라 고명으로 장식할 수 있다.			

더덕구이

시험시간 **30** 분

지급재료

통더덕 3개
진간장 10㎖
대파(흰부분, 4cm 정도) 1토막
마늘(중, 깐 것) 1쪽
고추장 30g
백설탕 5g
깨소금 5g
참기름 10㎖
소금(정제염) 10g
식용유 10㎖

요구사항

주어진 재료를 사용하여 다음과 같이 '더덕구이'를 만드시오.

가. 더덕은 껍질을 벗겨 사용하시오.
나. 유장으로 초벌구이 하고, 고추장 양념으로 석쇠에 구우시오.
다. 완성품은 전량 제출하시오.

수험자 유의사항

1. 만드는 순서에 유의하며, 위생과 숙련된 기능평가를 위하여 조리 작업 시 맛을 보지 않습니다.
2. 지정된 수험자 지참준비물 이외의 조리기구나 재료를 시험장 내에 지참할 수 없습니다.
3. 지급재료는 시험 전 확인하여 이상이 있을 경우 시험위원으로부터 조치를 받고, 시험 중에는 재료의 교환 및 추가지급은 하지 않습니다.
4. 요구사항의 규격은 "정도"의 의미를 포함하며, 지급된 재료의 크기에 따라 가감하여 채점합니다.
5. 위생상태 및 안전관리 사항을 준수합니다.

조리방법

1. 더덕은 껍질을 벗겨 5cm 길이로 잘라 편으로 썰어, 소금물에 담가 쓴맛을 제거한다.
2. 더덕을 면보자기로 감싸준 뒤, 방망이로 밀어 편 후 물기를 제거한다.
3. 더덕을 유장(참기름 3 : 간장 1)에 재운다.
4. 석쇠가 달궈지면 식용유를 바르고, 중불에서 더덕의 유장이 흡수되어 마를 정도로 초벌구이 한다.
5. 고추장 2큰술, 설탕 1작은술, 다진파, 마늘, 참기름, 깨소금을 넣어 양념장을 만들어 간이 충분히 배이도록 발라준다.
6. 양념된 더덕은 타지 않게 고루 익히면서 굽는다.

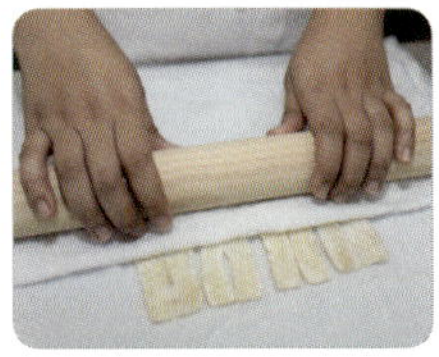

전문가 TIP

- 완성품은 8쪽을 제시한다.
- 방망이로 더덕을 두드릴 때 면보자기를 덮고, 더덕이 부서지지 않게 두들겨 펴서 소금물에 담가 준비한다.
- 주재료는 충분히 익히고, 양념장이 타지 않게 완성한다.

한식 구이조리 학습모듈

■ 학습방법

구이 재료 준비	• 구이 재료에 대한 특성을 학습하여 재료손질을 가능하도록 한다. • 조리에 사용하는 재료를 필요량에 맞게 계량할 수 있도록 저울 사용방법을 숙지하여 직접 실습하도록 한다. • 구이 종류에 맞추어 도구와 재료에 대한 이해도를 높여 수업에 적극적으로 참여한다. • 재료에 따라 요구되는 전처리방법을 숙지하여 능숙하게 실습을 진행한다. • 작업 중 위생 안전관리지침을 학습한다.
구이 양념장 만들기	• 양념 재료에 대한 특성을 학습하여 재료손질을 가능하도록 한다. • 주재료에 따른 양념의 배합비를 측정, 숙지하여 실습할 수 있도록 한다. • 작업 중 위생 안전관리지침을 이해한다.
구이 조리	• 석쇠를 이용하는 구이조리에, 재료가 달라붙어 타지 않게 온도와 불세기를 조절할 수 있도록 학습한다. • 유장처리 된 식재료를 초벌구이를 할 수 있도록 학습한다. • 구이조리 시 구이의 색과 형태를 유지하게 조리할 수 있도록 학습한다.
구이 담아 완성	• 1인분의 양을 조절하여 제공할 수 있도록 학습한다. • 주재료에 어울리는 고명을 제공할 수 있도록 실습한다. • 구이 종류에 알맞은 그릇에 담아 제공할 수 있도록 실습한다. • 마무리된 음식의 색깔과 맛, 풍미, 온도를 통해 음식의 품질을 평가할 수 있도록 학습한다.

■ 평가방법

학습내용	평가항목	성취수준		
		상	중	하
구이 재료 준비	조리에 사용하는 재료를 필요량에 맞게 계량할 수 있다.			
	구이의 종류에 맞추어 도구와 재료를 준비할 수 있다.			
	재료에 따라 요구되는 전처리를 수행할 수 있다.			
구이 양념장 만들기	양념장 재료를 비율대로 혼합, 조절할 수 있다.			
	필요에 따라 양념장을 숙성할 수 있다.			
	만든 양념장을 용도에 맞게 활용할 수 있다.			
구이 조리	구이 종류에 따라 유장 처리나 양념을 할 수 있다.			
	구이 종류에 따라 초벌구이를 할 수 있다.			
	온도와 불의 세기를 조절하여 익힐 수 있다.			
	구이의 색, 형태를 유지할 수 있다.			
구이 담아 완성	구이조리법에 따라 그릇을 선택할 수 있다.			
	조리한 음식을 부서지지 않게 담을 수 있다.			
	구이는 따듯한 온도를 유지할 수 있다.			
	조리 종류에 따라 고명으로 장식할 수 있다.			

생선양념구이

시험시간 **30** 분

지급재료

조기(100~120g 정도) 1마리
진간장 20㎖
대파(흰부분, 4cm 정도) 1토막
마늘(중, 깐 것) 1쪽
고추장 40g
백설탕 5g
깨소금 5g
참기름 5㎖
소금(정제염) 20g
검은후춧가루 2g
식용유 10㎖

요구사항

주어진 재료를 사용하여 다음과 같이 '생선양념구이'를 만드시오.

가. 생선은 머리와 꼬리를 포함하여 통째로 사용하고 내장은 아가미 쪽으로 제거하시오.
나. 유장으로 초벌구이 하고, 고추장 양념으로 석쇠에 구우시오.
다. 생선구이는 머리 왼쪽, 배 앞쪽 방향으로 담아내시오.

수험자 유의사항

1. 만드는 순서에 유의하며, 위생과 숙련된 기능평가를 위하여 조리작업 시 맛을 보지 않습니다.
2. 지정된 수험자 지참준비물 이외의 조리기구나 재료를 시험장 내에 지참할 수 없습니다.
3. 지급재료는 시험 전 확인하여 이상이 있을 경우 시험위원으로부터 조치를 받고, 시험 중에는 재료의 교환 및 추가지급은 하지 않습니다.
4. 요구사항의 규격은 "정도"의 의미를 포함하며, 지급된 재료의 크기에 따라 가감하여 채점합니다.
5. 위생상태 및 안전관리 사항을 준수합니다.

조리방법

1. 생선은 꼬리에서 머리쪽으로 비늘을 긁어 제거한 뒤, 아가미로 내장을 빼내고 지느러미를 제거한다.
2. 손질된 생선은 일정간격으로 칼집을 넣고, 소금으로 밑간을 한다.
3. 파, 마늘을 다져 고추장 2큰술, 설탕 1큰술, 후추, 깨소금, 참기름을 넣어 양념장을 완성한다.
4. 참기름 3큰술, 간장 1작은술의 비율로 유장을 만들고, 생선을 재운다.
5. 석쇠가 달궈지면 식용유를 바르고 중불에서 초벌구이를 한다.
6. 초벌구이로 익혀주고, 양념장을 발라 다시 석쇠에서 익혀 낸다.
7. 생선에 양념장을 충분히 발라 타지 않게 잘 구워, 머리가 왼쪽, 배가 아래쪽 방향이 되게 그릇에 담는다.

전문가 TIP

- 꼬리부분의 지느러미는 끝에만 살짝 다듬어준다.(일직선 혹은 V자 모양)
- 고추장 양념에 들어가는 파, 마늘은 곱게 다져 넣어야 구울 때 양념이 타는 것을 줄일 수 있다.
- 초벌구이를 할 때 70% 이상 익혀 주어야 양념장을 바르고 태우지 않는다.

한식 구이조리 학습모듈

■ 학습방법

구이 재료 준비	• 구이 재료에 대한 특성을 학습하여 재료손질을 가능하도록 한다. • 조리에 사용하는 재료를 필요량에 맞게 계량할 수 있도록 저울 사용방법을 숙지하여 직접 실습하도록 한다. • 구이 종류에 맞추어 도구와 재료에 대한 이해도를 높여 수업에 적극적으로 참여한다. • 재료에 따라 요구되는 전처리방법을 숙지하여 능숙하게 실습을 진행한다. • 작업 중 위생 안전관리지침을 학습한다.
구이 양념장 만들기	• 양념 재료에 대한 특성을 학습하여 재료손질을 가능하도록 한다. • 주재료에 따른 양념의 배합비를 측정, 숙지하여 실습할 수 있도록 한다. • 작업 중 위생 안전관리지침을 이해한다.
구이 조리	• 석쇠를 이용하는 구이조리에, 재료가 달라붙어 타지 않게 온도와 불세기를 조절할 수 있도록 학습한다. • 유장처리 된 식재료를 초벌구이를 할 수 있도록 학습한다. • 구이조리 시 구이의 색과 형태를 유지하게 조리할 수 있도록 학습한다.
구이 담아 완성	• 1인분의 양을 조절하여 제공할 수 있도록 학습한다. • 주재료에 어울리는 고명을 제공할 수 있도록 실습한다. • 구이 종류에 알맞은 그릇에 담아 제공할 수 있도록 실습한다. • 마무리된 음식의 색깔과 맛, 풍미, 온도를 통해 음식의 품질을 평가할 수 있도록 학습한다.

■ 평가방법

학습 내용	평가항목	성취수준		
		상	중	하
구이 재료 준비	조리에 사용하는 재료를 필요량에 맞게 계량할 수 있다.			
	구이의 종류에 맞추어 도구와 재료를 준비할 수 있다.			
	재료에 따라 요구되는 전처리를 수행할 수 있다.			
구이 양념장 만들기	양념장 재료를 비율대로 혼합, 조절할 수 있다.			
	필요에 따라 양념장을 숙성할 수 있다.			
	만든 양념장을 용도에 맞게 활용할 수 있다.			
구이 조리	구이 종류에 따라 유장 처리나 양념을 할 수 있다.			
	구이 종류에 따라 초벌구이를 할 수 있다.			
	온도와 불의 세기를 조절하여 익힐 수 있다.			
	구이의 색, 형태를 유지할 수 있다.			
구이 담아 완성	구이조리법에 따라 그릇을 선택할 수 있다.			
	조리한 음식을 부서지지 않게 담을 수 있다.			
	구이는 따듯한 온도를 유지할 수 있다.			
	조리 종류에 따라 고명으로 장식할 수 있다.			

북어구이

시험시간 **20** 분

지급재료

북어포(반을 갈라 말린 껍질이 있는 것) 40g
진간장 20㎖
마늘(중, 깐 것) 2쪽
대파(흰부분, 4cm 정도) 1토막
고추장 40g
백설탕 10g
깨소금 5g
참기름 15㎖
검은후춧가루 2g
식용유 10㎖

요구사항

주어진 재료를 사용하여 다음과 같이 '북어구이'를 만드시오.

가. 구워진 북어의 길이는 5cm로 하시오.
나. 유장으로 초벌구이 하고, 고추장 양념으로 석쇠에 구우시오.
다. 완성품은 3개를 제출하시오.
(단, 세로로 잘라 3/6토막 제출할 경우 수량 부족으로 미완성 처리)

수험자 유의사항

1. 만드는 순서에 유의하며, 위생과 숙련된 기능평가를 위하여 조리작업 시 맛을 보지 않습니다.
2. 지정된 수험자 지참준비물 이외의 조리기구나 재료를 시험장 내에 지참할 수 없습니다.
3. 지급재료는 시험 전 확인하여 이상이 있을 경우 시험위원으로부터 조치를 받고, 시험 중에는 재료의 교환 및 추가지급은 하지 않습니다.
4. 요구사항의 규격은 "정도"의 의미를 포함하며, 지급된 재료의 크기에 따라 가감하여 채점합니다.
5. 위생상태 및 안전관리 사항을 준수합니다.

조리방법

1. 북어포는 물에 불린 뒤, 머리와 지느러미를 잘라 준비한다.
2. 손질된 북어는 물기를 제거하고, 6cm 길이로 3토막을 내어 껍질쪽에 칼집을 넣는다.
3. 북어에 유장(참기름 3 : 간장 1 비율)을 바르고 초벌구이를 한다.
4. 고추장 2큰술, 설탕 1큰술, 다진파, 마늘, 참기름, 깨소금, 후추를 넣고 양념장을 만들어 북어에 고르게 바른다.
5. 석쇠가 달궈지면 북어 끝부분과 양념장이 타지 않게 고루 익힌다.

전문가 TIP

- 북어포는 물기를 충분히 주어 불렸다가 물기제거 후 손질한다.
- 고추장 양념이 타지 않게 굽는다.
- 초벌구이를 할 때 70% 이상 익혀 주어야 양념장을 바르고 태우지 않는다.

한식 구이조리 학습모듈

■ 학습방법

구이 재료 준비	• 구이 재료에 대한 특성을 학습하여 재료손질을 가능하도록 한다. • 조리에 사용하는 재료를 필요량에 맞게 계량할 수 있도록 저울 사용방법을 숙지하여 직접 실습하도록 한다. • 구이 종류에 맞추어 도구와 재료에 대한 이해도를 높여 수업에 적극적으로 참여한다. • 재료에 따라 요구되는 전처리방법을 숙지하여 능숙하게 실습을 진행한다. • 작업 중 위생 안전관리지침을 학습한다.
구이 양념장 만들기	• 양념 재료에 대한 특성을 학습하여 재료손질을 가능하도록 한다. • 주재료에 따른 양념의 배합비를 측정, 숙지하여 실습할 수 있도록 한다. • 작업 중 위생 안전관리지침을 이해한다.
구이 조리	• 석쇠를 이용하는 구이조리에, 재료가 달라붙어 타지 않게 온도와 불세기를 조절할 수 있도록 학습한다. • 유장처리 된 식재료를 초벌구이를 할 수 있도록 학습한다. • 구이조리 시 구이의 색과 형태를 유지하게 조리할 수 있도록 학습한다.
구이 담아 완성	• 1인분의 양을 조절하여 제공할 수 있도록 학습한다. • 주재료에 어울리는 고명을 제공할 수 있도록 실습한다. • 구이 종류에 알맞은 그릇에 담아 제공할 수 있도록 실습한다. • 마무리된 음식의 색깔과 맛, 풍미, 온도를 통해 음식의 품질을 평가할 수 있도록 학습한다.

■ 평가방법

학습 내용	평가항목	성취수준		
		상	중	하
구이 재료 준비	조리에 사용하는 재료를 필요량에 맞게 계량할 수 있다.			
	구이의 종류에 맞추어 도구와 재료를 준비할 수 있다.			
	재료에 따라 요구되는 전처리를 수행할 수 있다.			
구이 양념장 만들기	양념장 재료를 비율대로 혼합, 조절할 수 있다.			
	필요에 따라 양념장을 숙성할 수 있다.			
	만든 양념장을 용도에 맞게 활용할 수 있다.			
구이 조리	구이 종류에 따라 유장 처리나 양념을 할 수 있다.			
	구이 종류에 따라 초벌구이를 할 수 있다.			
	온도와 불의 세기를 조절하여 익힐 수 있다.			
	구이의 색, 형태를 유지할 수 있다.			
구이 담아 완성	구이조리법에 따라 그릇을 선택할 수 있다.			
	조리한 음식을 부서지지 않게 담을 수 있다.			
	구이는 따듯한 온도를 유지할 수 있다.			
	조리 종류에 따라 고명으로 장식할 수 있다.			

섭산적

시험시간 30 분

지급재료

소고기(살코기) 80g
두부 30g
대파(흰부분, 4cm 정도) 1토막
마늘(중, 깐 것) 1쪽
소금(정제염) 5g
백설탕 10g
깨소금 5g
참기름 5㎖
검은후춧가루 2g
잣(깐 것) 10개
식용유 30㎖

요구사항

주어진 재료를 사용하여 다음과 같이 '섭산적'을 만드시오.

가. 고기와 두부의 비율을 3:1 정도로 하시오.
나. 다져서 양념한 소고기는 크게 반대기를 지어 석쇠에 구우시오.
다. 완성된 섭산적은 0.7cm×2cm×2cm로 9개 이상 제출하시오.

수험자 유의사항

1. 만드는 순서에 유의하며, 위생과 숙련된 기능평가를 위하여 조리 작업 시 맛을 보지 않습니다.
2. 지정된 수험자 지참준비물 이외의 조리기구나 재료를 시험장 내에 지참할 수 없습니다.
3. 지급재료는 시험 전 확인하여 이상이 있을 경우 시험위원으로부터 조치를 받고, 시험 중에는 재료의 교환 및 추가지급은 하지 않습니다.
4. 요구사항의 규격은 "정도"의 의미를 포함하며, 지급된 재료의 크기에 따라 가감하여 채점합니다.
5. 위생상태 및 안전관리 사항을 준수합니다.

조리방법

1. 두부는 물기를 제거하고 칼등으로 잘게 으깨어 곱게 준비한다.
2. 소고기는 핏물을 제거 후 곱게 다지고, 파와 마늘도 다진다.
3. 잣은 A4용지를 이용하여 다진다.
4. 으깬 두부와 다진 소고기에 소금, 설탕, 파, 마늘, 참기름, 후추, 깨소금을 넣어 양념한 뒤, 끈기 나게 치대어 준다.
5. 도마 위에 식용유를 바르고 양념한 고기를 8cm 가로×세로, 0.6cm 두께로 네모지게 만들어 가로×세로로 잔칼집을 앞, 뒤로 한다.
6. 석쇠에 식용유를 바르고 소고기가 타지 않게 굽는다.
7. 구워진 고기는 2cm 가로, 2cm 세로로 부서지지 않게 썰고, 그 위에 잣가루를 뿌린다.

전문가 TIP

- 소고기와 두부의 비율을 3 : 1로 맞춘다.
- 주재료와 부재료를 곱게 다져 반죽한다.
- 익힌 뒤 줄어드는 것을 감안하여 모양을 잡는다.

한식 전 · 적조리 학습모듈

■ **학습방법**

구분	내용
전 · 적 재료 준비 및 전처리	• 전 · 적 · 튀김의 정의와 종류, 특징을 이해하고 새로운 조리용어들을 학습한다. • 전 · 적 · 튀김의 종류에 맞추어 도구와 재료를 준비할 수 있도록 하며, 계량방법을 학습한다. • 전 · 적 · 튀김 요리에 따라 알맞은 재료를 준비할 수 있도록 하며, 재료에 따라 요구되는 전처리방법을 학습한다.
전 · 적 조리하기	• 밀가루, 달걀 등의 재료를 섞어 전 · 적 · 튀김에 사용할 반죽 농도를 맞출 수 있는 방법을 학습한다. • 전 · 적 · 튀김조리의 종류에 따라 속재료 및 혼합재료 등을 만들 수 있는 방법을 학습한다. • 주재료에 따라 소를 채우거나 꼬치를 활용하여 전 · 적의 형태를 만들 수 있는 방법을 학습한다. • 재료와 전 · 적 · 튀김조리법에 따라 기름의 종류, 양과 온도를 조절하여 지지거나 튀길 수 있는 방법을 학습한다.
전 · 적 담아 완성	• 조리법에 따라 알맞은 전 · 적 · 튀김 그릇을 선택할 수 있도록 학습한다. • 전 · 적 · 튀김의 조리는 기름을 제거하여 담아내는 방법을 학습한다. • 전 · 적 · 튀김조리를 따듯한 온도, 색, 풍미를 유지하여 담아낼 수 있는 방법을 학습한다.

■ **평가방법**

학습 내용	평가항목	성취수준		
		상	중	하
전 · 적 재료 준비 및 전처리	조리 특성에 맞게 신선하고 적합한 재료를 선택할 수 있다.			
	조리에 사용하는 재료를 필요량에 맞게 계량할 수 있다.			
	전 · 적 · 튀김의 종류에 맞추어 도구와 재료를 준비할 수 있다.			
	재료에 따라 요구되는 전처리를 수행할 수 있다.			
전 · 적 조리하기	밀가루, 달걀 등의 재료를 섞어 반죽물 농도를 맞출 수 있다.			
	조리의 종류에 따라 속재료 및 혼합재료 등을 만들 수 있다.			
	주재료에 따라 소를 채우거나 꼬치를 활용하여 전의 형태를 만들 수 있다.			
	재료와 조리방법에 따라 기름의 종류, 양과 온도를 조절하여 지질 수 있다.			
전 · 적 담아 완성	조리법에 따라 전 · 적 · 튀김 그릇을 선택할 수 있다.			
	전 · 적 · 튀김의 조리는 기름을 제거하여 담아낼 수 있다.			
	전 · 적 · 튀김의 조리를 따듯한 온도, 색, 풍미를 유지하여 담아낼 수 있다.			

화양적

시험시간 **35** 분

지급재료

소고기(살코기 길이 7cm) 50g
건표고버섯(지름 5cm 정도) 1개
당근(길이 7cm 정도) 50g
오이(가늘고 곧은 것) 1/2개
통도라지(껍질이 있는 것, 길이 20cm 정도) 1개
산적꼬치(길이 8~9cm 정도) 2개
진간장 5mℓ
대파(흰부분, 4cm 정도) 1토막
마늘(중, 깐 것) 1쪽
소금(정제염) 5g
백설탕 5g
깨소금 5g
참기름 5mℓ
검은후춧가루 2g
잣(깐 것) 10개
A4용지 1장
달걀 2개
식용유 30mℓ

요구사항

주어진 재료를 사용하여 다음과 같이 '화양적'을 만드시오.

가. 화양적은 0.6cm×6cm×6cm로 만드시오.
나. 달걀노른자로 지단을 만들어 사용하시오.
(단, 달걀흰자 지단을 사용하는 경우 오작 처리)
다. 화양적은 2꼬치를 만들고 잣가루를 고명으로 얹으시오.

수험자 유의사항

1. 만드는 순서에 유의하며, 위생과 숙련된 기능평가를 위하여 조리작업 시 맛을 보지 않습니다.
2. 지정된 수험자 지참준비물 이외의 조리기구나 재료를 시험장 내에 지참할 수 없습니다.
3. 지급재료는 시험 전 확인하여 이상이 있을 경우 시험위원으로부터 조치를 받고, 시험 중에는 재료의 교환 및 추가지급은 하지 않습니다.
4. 요구사항의 규격은 "정도"의 의미를 포함하며, 지급된 재료의 크기에 따라 가감하여 채점합니다.
5. 위생상태 및 안전관리 사항을 준수합니다.

조리방법

1. 도라지와 당근은 0.6cm 두께, 6cm 길이, 1cm 폭으로 2개씩 썰어, 끓는 소금물에 데쳐 찬물에 식힌 후 물기를 제거하여 소금, 참기름으로 밑간한다.
2. 오이는 0.6cm 두께, 6cm 길이, 1cm 폭 2개를 썰어 소금에 절인다.
3. 소고기는 0.4cm 두께, 8cm 길이, 1.2cm 폭으로 2장을 썰고, 표고버섯은 기둥을 제거하고 0.6cm 두께, 6cm 길이, 1cm 폭으로 썰어 간장, 설탕, 다진파, 다진마늘, 후추, 깨소금, 참기름으로 양념을 한다.
4. 팬에 식용유를 두르고 도라지, 당근, 오이, 소고기, 표고버섯 순으로 볶아낸다.
5. 팬에 식용유를 두르고 황지단을 부쳐 0.6cm 두께, 6cm 길이, 1cm 폭으로 2장을 썰어 준비한다.
6. 볶아놓은 채소, 소고기, 표고버섯은 접시에 펼쳐 식혀준다.
7. 꼬치에 준비된 재료의 색을 맞추어 끼워주고, 잣가루를 얹어 완성한다.

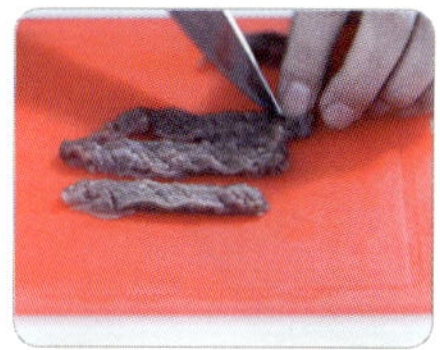

전문가 TIP

- 꼬치에 끼워진 재료의 순서가 동일해야 한다.
- 익힌 소고기의 길이가 줄어드는 것을 감안하여 손질하고 끼워낸다.
- 익힌 황색지단이 갈라지지 않도록 만들어 낸다.

한식 전·적조리 학습모듈

■ 학습방법

구분	학습방법
전·적 재료 준비 및 전처리	• 전·적·튀김의 정의와 종류, 특징을 이해하고 새로운 조리용어들을 학습한다. • 전·적·튀김의 종류에 맞추어 도구와 재료를 준비할 수 있도록 하며, 계량방법을 학습한다. • 전·적·튀김 요리에 따라 알맞은 재료를 준비할 수 있도록 하며, 재료에 따라 요구되는 전처리방법을 학습한다.
전·적 조리 하기	• 밀가루, 달걀 등의 재료를 섞어 전·적·튀김에 사용할 반죽 농도를 맞출 수 있는 방법을 학습한다. • 전·적·튀김조리의 종류에 따라 속재료 및 혼합재료 등을 만들 수 있는 방법을 학습한다. • 주재료에 따라 소를 채우거나 꼬치를 활용하여 전·적의 형태를 만들 수 있는 방법을 학습한다. • 재료와 전·적·튀김조리법에 따라 기름의 종류, 양과 온도를 조절하여 지지거나 튀길 수 있는 방법을 학습한다.
전·적 담아 완성	• 조리법에 따라 알맞은 전·적·튀김 그릇을 선택할 수 있도록 학습한다. • 전·적·튀김의 조리는 기름을 제거하여 담아내는 방법을 학습한다. • 전·적·튀김조리를 따듯한 온도, 색, 풍미를 유지하여 담아낼 수 있는 방법을 학습한다.

■ 평가방법

학습 내용	평가항목	성취수준		
		상	중	하
전·적 재료 준비 및 전처리	조리 특성에 맞게 신선하고 적합한 재료를 선택할 수 있다.			
	조리에 사용하는 재료를 필요량에 맞게 계량할 수 있다.			
	전·적·튀김의 종류에 맞추어 도구와 재료를 준비할 수 있다.			
	재료에 따라 요구되는 전처리를 수행할 수 있다.			
전·적 조리 하기	밀가루, 달걀 등의 재료를 섞어 반죽물 농도를 맞출 수 있다.			
	조리의 종류에 따라 속재료 및 혼합재료 등을 만들 수 있다.			
	주재료에 따라 소를 채우거나 꼬치를 활용하여 전의 형태를 만들 수 있다.			
	재료와 조리방법에 따라 기름의 종류, 양과 온도를 조절하여 지질 수 있다.			
전·적 담아 완성	조리법에 따라 전·적·튀김 그릇을 선택할 수 있다.			
	전·적·튀김의 조리는 기름을 제거하여 담아낼 수 있다.			
	전·적·튀김의 조리를 따듯한 온도, 색, 풍미를 유지하여 담아낼 수 있다.			

지짐누름적

시험시간
35
분

지급재료

소고기(살코기 길이 7cm) 50g
건표고버섯(지름 5cm 정도, 물에 불린 것) 1개(부서지지 않은 것)
당근(길이 7cm 정도) 50g
쪽파(중) 2뿌리
통도라지(길이 20cm 정도) 1개
밀가루(중력분) 20g
달걀 1개
참기름 5㎖
산적꼬치(길이 8~9cm 정도) 2개
식용유 30g
소금(정제염) 5g
진간장 10㎖
백설탕 5g
대파(흰부분, 2cm 정도) 1토막
마늘(중, 깐 것) 1쪽
검은후춧가루 2g
깨소금 5g

요구사항

주어진 재료를 사용하여 다음과 같이 '지짐누름적'을 만드시오.

가. 각 재료는 0.6cm×1cm×6cm로 하시오.
나. 누름적의 수량은 2개를 제출하고, 꼬치는 빼서 제출하시오.

수험자 유의사항

1. 만드는 순서에 유의하며, 위생과 숙련된 기능평가를 위하여 조리작업 시 맛을 보지 않습니다.
2. 지정된 수험자 지참준비물 이외의 조리기구나 재료를 시험장 내에 지참할 수 없습니다.
3. 지급재료는 시험 전 확인하여 이상이 있을 경우 시험위원으로부터 조치를 받고, 시험 중에는 재료의 교환 및 추가지급은 하지 않습니다.
4. 요구사항의 규격은 "정도"의 의미를 포함하며, 지급된 재료의 크기에 따라 가감하여 채점합니다.
5. 위생상태 및 안전관리 사항을 준수합니다.

조리방법

1. 도라지와 당근은 0.3cm 두께, 6cm 길이, 1cm 폭으로 2개씩 썰어 끓는 소금물에 데쳐 찬물에 식힌 후, 물기를 제거한다.
2. 쪽파는 녹색잎 부분을 6cm 길이로 썰어 소금, 참기름으로 밑간한다.
3. 소고기는 0.4cm 두께, 8cm 길이, 1.2cm 폭으로 2장을 썰고, 표고버섯은 기둥을 제거하고 0.5cm 두께, 6cm 길이, 1cm 폭으로 썰어 간장, 설탕, 다진파, 다진마늘, 후추, 깨소금, 참기름으로 양념을 한다.
4. 팬에 식용유를 두르고 도라지, 당근, 소고기, 표고버섯 순으로 볶아낸다.
5. 밀가루와 달걀물은 체에 내려 준비한다.
6. 볶아낸 재료는 색을 맞춰 꼬치에 꽂은 뒤 밀가루, 달걀옷을 입혀 팬에 익혀낸다.
7. 6의 꼬치를 빼내어 접시에 담아낸다.

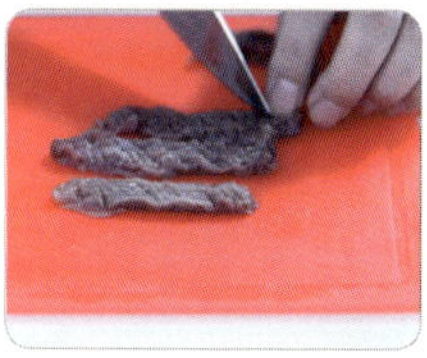

전문가 TIP

- 꽂는 요령을 보면, 표고와 소고기처럼 같은 색이 나란히 되지 않게 하고, 당근처럼 잘 부러지는 것은 꼬치를 돌려가면서 꽂아야 덜 부러진다.
- 익힌 소고기의 길이가 줄어드는 것을 감안하여 손질하고 끼워낸다.

한식 전·적조리 학습모듈

■ 학습방법

전·적 재료 준비 및 전처리	•전·적·튀김의 정의와 종류, 특징을 이해하고 새로운 조리용어들을 학습한다. •전·적·튀김의 종류에 맞추어 도구와 재료를 준비할 수 있도록 하며, 계량방법을 학습한다. •전·적·튀김 요리에 따라 알맞은 재료를 준비할 수 있도록 하며, 재료에 따라 요구되는 전처리방법을 학습한다.
전·적 조리 하기	•밀가루, 달걀 등의 재료를 섞어 전·적·튀김에 사용할 반죽 농도를 맞출 수 있는 방법을 학습한다. •전·적·튀김조리의 종류에 따라 속재료 및 혼합재료 등을 만들 수 있는 방법을 학습한다. •주재료에 따라 소를 채우거나 꼬치를 활용하여 전·적의 형태를 만들 수 있는 방법을 학습한다. •재료와 전·적·튀김조리법에 따라 기름의 종류, 양과 온도를 조절하여 지지거나 튀길 수 있는 방법을 학습한다.
전·적 담아 완성	•조리법에 따라 알맞은 전·적·튀김 그릇을 선택할 수 있도록 학습한다. •전·적·튀김의 조리는 기름을 제거하여 담아내는 방법을 학습한다. •전·적·튀김조리를 따듯한 온도, 색, 풍미를 유지하여 담아낼 수 있는 방법을 학습한다.

■ 평가방법

학습 내용	평가항목	성취수준		
		상	중	하
전·적 재료 준비 및 전처리	조리 특성에 맞게 신선하고 적합한 재료를 선택할 수 있다.			
	조리에 사용하는 재료를 필요량에 맞게 계량할 수 있다.			
	전·적·튀김의 종류에 맞추어 도구와 재료를 준비할 수 있다.			
	재료에 따라 요구되는 전처리를 수행할 수 있다.			
전·적 조리 하기	밀가루, 달걀 등의 재료를 섞어 반죽물 농도를 맞출 수 있다.			
	조리의 종류에 따라 속재료 및 혼합재료 등을 만들 수 있다.			
	주재료에 따라 소를 채우거나 꼬치를 활용하여 전의 형태를 만들 수 있다.			
	재료와 조리방법에 따라 기름의 종류, 양과 온도를 조절하여 지질 수 있다.			
전·적 담아 완성	조리법에 따라 전·적·튀김 그릇을 선택할 수 있다.			
	전·적·튀김의 조리는 기름을 제거하여 담아낼 수 있다.			
	전·적·튀김의 조리를 따듯한 온도, 색, 풍미를 유지하여 담아낼 수 있다.			

풋고추전

시험시간
25
분

지급재료

풋고추(길이 11이상) 2개
소고기(살코기) 30g
두부 15g
밀가루(중력분) 15g
달걀 1개
대파(흰부분, 4cm 정도) 1토막
검은후춧가루 1g
참기름 5㎖
소금(정제염) 5g
깨소금 5g
마늘(중, 깐 것) 1쪽
식용유 20㎖
백설탕 5g

요구사항

주어진 재료를 사용하여 다음과 같이 '풋고추전'을 만드시오.

가. 풋고추는 5cm 길이로, 소를 넣어 지져 내시오.
나. 풋고추는 잘라 데쳐서 사용하며, 완성된 풋고추전은 8개를 제출하시오.

수험자 유의사항

1. 만드는 순서에 유의하며, 위생과 숙련된 기능평가를 위하여 조리작업 시 맛을 보지 않습니다.
2. 지정된 수험자 지참준비물 이외의 조리기구나 재료를 시험장 내에 지참할 수 없습니다.
3. 지급재료는 시험 전 확인하여 이상이 있을 경우 시험위원으로부터 조치를 받고, 시험 중에는 재료의 교환 및 추가지급은 하지 않습니다.
4. 요구사항의 규격은 "정도"의 의미를 포함하며, 지급된 재료의 크기에 따라 가감하여 채점합니다.
5. 위생상태 및 안전관리 사항을 준수합니다.

조리방법

1. 풋고추는 꼭지를 떼고 반으로 갈라 씨를 털어내고, 5cm 길이로 썰어준다.
2. 냄비에 물이 끓으면 소금을 넣고 손질된 풋고추를 살짝 데쳐낸 뒤, 찬물에 식힌다.
3. 다진 소고기와 으깬 두부에 소금, 설탕, 다진파, 다진마늘, 후추, 깨소금, 참기름을 넣고 양념하여 소를 완성한다.
4. 풋고추의 물기를 제거한 뒤, 밀가루를 묻히고 소를 평평하게 채워준 다음 밀가루, 달걀옷을 입힌다.
5. 팬에 식용유를 두른 뒤, 약불에서 노릇하게 익힌다.

전문가 TIP

- 너무 불이 세거나 오래 가열하게 되면, 색이 누렇게 변하고 껍질이 하얗게 변한다.
- 많은 양이 필요하지 않기 때문에 모든 재료는 곱게 다져 준비한다.

한식 전 · 적조리 학습모듈

■ 학습방법

전 · 적 재료 준비 및 전처리	• 전 · 적 · 튀김의 정의와 종류, 특징을 이해하고 새로운 조리용어들을 학습한다. • 전 · 적 · 튀김의 종류에 맞추어 도구와 재료를 준비할 수 있도록 하며, 계량방법을 학습한다. • 전 · 적 · 튀김 요리에 따라 알맞은 재료를 준비할 수 있도록 하며, 재료에 따라 요구되는 전처리방법을 학습한다.
전 · 적 조리 하기	• 밀가루, 달걀 등의 재료를 섞어 전 · 적 · 튀김에 사용할 반죽 농도를 맞출 수 있는 방법을 학습한다. • 전 · 적 · 튀김조리의 종류에 따라 속재료 및 혼합재료 등을 만들 수 있는 방법을 학습한다. • 주재료에 따라 소를 채우거나 꼬치를 활용하여 전 · 적의 형태를 만들 수 있는 방법을 학습한다. • 재료와 전 · 적 · 튀김조리법에 따라 기름의 종류, 양과 온도를 조절하여 지지거나 튀길 수 있는 방법을 학습한다.
전 · 적 담아 완성	• 조리법에 따라 알맞은 전 · 적 · 튀김 그릇을 선택할 수 있도록 학습한다. • 전 · 적 · 튀김의 조리는 기름을 제거하여 담아내는 방법을 학습한다. • 전 · 적 · 튀김조리를 따듯한 온도, 색, 풍미를 유지하여 담아낼 수 있는 방법을 학습한다.

■ 평가방법

학습 내용	평가항목	성취수준		
		상	중	하
전 · 적 재료 준비 및 전처리	조리 특성에 맞게 신선하고 적합한 재료를 선택할 수 있다.			
	조리에 사용하는 재료를 필요량에 맞게 계량할 수 있다.			
	전 · 적 · 튀김의 종류에 맞추어 도구와 재료를 준비할 수 있다.			
	재료에 따라 요구되는 전처리를 수행할 수 있다.			
전 · 적 조리 하기	밀가루, 달걀 등의 재료를 섞어 반죽물 농도를 맞출 수 있다.			
	조리의 종류에 따라 속재료 및 혼합재료 등을 만들 수 있다.			
	주재료에 따라 소를 채우거나 꼬치를 활용하여 전의 형태를 만들 수 있다.			
	재료와 조리방법에 따라 기름의 종류, 양과 온도를 조절하여 지질 수 있다.			
전 · 적 담아 완성	조리법에 따라 전 · 적 · 튀김 그릇을 선택할 수 있다.			
	전 · 적 · 튀김의 조리는 기름을 제거하여 담아낼 수 있다.			
	전 · 적 · 튀김의 조리를 따듯한 온도, 색, 풍미를 유지하여 담아낼 수 있다.			

표고버섯전

시험시간 20 분

지급재료

건표고버섯(지름 5cm 정도, 물에 불린 것) 5개(부서지지 않은 것)
소고기(살코기) 30g
두부 15g
밀가루(중력분) 20g
달걀 1개
대파(흰부분, 4cm 정도) 1토막
검은후춧가루 1g
참기름 5㎖
소금(정제염) 5g
깨소금 5g
마늘(중, 깐 것) 1쪽
식용유 20㎖
진간장 5㎖
백설탕 5g

요구사항

주어진 재료를 사용하여 다음과 같이 '표고전'을 만드시오.
가. 표고버섯과 속은 각각 양념하여 사용하시오.
나. 표고전은 5개를 제출하시오.

수험자 유의사항

1. 만드는 순서에 유의하며, 위생과 숙련된 기능평가를 위하여 조리 작업 시 맛을 보지 않습니다.
2. 지정된 수험자 지참준비물 이외의 조리기구나 재료를 시험장 내에 지참할 수 없습니다.
3. 지급재료는 시험 전 확인하여 이상이 있을 경우 시험위원으로부터 조치를 받고, 시험 중에는 재료의 교환 및 추가지급은 하지 않습니다.
4. 요구사항의 규격은 "정도"의 의미를 포함하며, 지급된 재료의 크기에 따라 가감하여 채점합니다.
5. 위생상태 및 안전관리 사항을 준수합니다.

조리방법

1. 표고버섯은 미지근한 설탕물에 불린다.
2. 소고기는 핏물제거 후 곱게 다지고, 두부는 물기제거 후 잘게 으깬다.
3. 다진 소고기와 으깬 두부에 소금, 설탕, 다진파, 다진마늘, 후추, 깨소금, 참기름을 넣고 양념하여 소를 완성한다.
4. 불린표고버섯은 물기를 제거하고 기둥을 떼어 낸 뒤, 유장으로 양념하여 표고버섯 안쪽에 바르고 밀가루를 묻혀준다.
5. 표고버섯에 3의 소를 평평하게 채워 밀가루, 달걀물을 입힌다.
6. 팬에 식용유를 두르고 소를 채운 표고버섯을 익혀 완성한다.

전문가 TIP

- 다진 소고기와 으깬 두부는 양념을 고루 섞어 끈기가 날 때까지 치대주어야 익혔을 때 단면이 갈라지지 않는다.
- 소에 밀가루를 무친 후 여분의 밀가루는 털어내는 것이 좋다.
- 표고의 등쪽에는 밀가루와 달걀물이 묻지 않도록 한다.

한식 전 · 적조리 학습모듈

■ 학습방법

전·적 재료 준비 및 전처리	• 전 · 적 · 튀김의 정의와 종류, 특징을 이해하고 새로운 조리용어들을 학습한다. • 전 · 적 · 튀김의 종류에 맞추어 도구와 재료를 준비할 수 있도록 하며, 계량방법을 학습한다. • 전 · 적 · 튀김 요리에 따라 알맞은 재료를 준비할 수 있도록 하며, 재료에 따라 요구되는 전처리방법을 학습한다.
전·적 조리 하기	• 밀가루, 달걀 등의 재료를 섞어 전 · 적 · 튀김에 사용할 반죽 농도를 맞출 수 있는 방법을 학습한다. • 전 · 적 · 튀김조리의 종류에 따라 속재료 및 혼합재료 등을 만들 수 있는 방법을 학습한다. • 주재료에 따라 소를 채우거나 꼬치를 활용하여 전 · 적의 형태를 만들 수 있는 방법을 학습한다. • 재료와 전 · 적 · 튀김조리법에 따라 기름의 종류, 양과 온도를 조절하여 지지거나 튀길 수 있는 방법을 학습한다.
전·적 담아 완성	• 조리법에 따라 알맞은 전 · 적 · 튀김 그릇을 선택할 수 있도록 학습한다. • 전 · 적 · 튀김의 조리는 기름을 제거하여 담아내는 방법을 학습한다. • 전 · 적 · 튀김조리를 따듯한 온도, 색, 풍미를 유지하여 담아낼 수 있는 방법을 학습한다.

■ 평가방법

학습 내용	평가항목	성취수준		
		상	중	하
전·적 재료 준비 및 전처리	조리 특성에 맞게 신선하고 적합한 재료를 선택할 수 있다.			
	조리에 사용하는 재료를 필요량에 맞게 계량할 수 있다.			
	전 · 적 · 튀김의 종류에 맞추어 도구와 재료를 준비할 수 있다.			
	재료에 따라 요구되는 전처리를 수행할 수 있다.			
전·적 조리 하기	밀가루, 달걀 등의 재료를 섞어 반죽물 농도를 맞출 수 있다.			
	조리의 종류에 따라 속재료 및 혼합재료 등을 만들 수 있다.			
	주재료에 따라 소를 채우거나 꼬치를 활용하여 전의 형태를 만들 수 있다.			
	재료와 조리방법에 따라 기름의 종류, 양과 온도를 조절하여 지질 수 있다.			
전·적 담아 완성	조리법에 따라 전 · 적 · 튀김 그릇을 선택할 수 있다.			
	전 · 적 · 튀김의 조리는 기름을 제거하여 담아낼 수 있다.			
	전 · 적 · 튀김의 조리를 따듯한 온도, 색, 풍미를 유지하여 담아낼 수 있다.			

생선전

시험시간 **25** 분

지급재료

동태(400g 정도) 1마리
밀가루(중력분) 30g
달걀 1개
소금(정제염) 10g
흰후춧가루 2g
식용유 50㎖

요구사항

주어진 재료를 사용하여 다음과 같이 '생선전'을 만드시오.

가. 생선전은 0.5cm×5cm×4cm로 만드시오.
나. 달걀은 흰자, 노른자를 혼합하여 사용하시오.
다. 생선전은 8개 제출하시오.

수험자 유의사항

1. 만드는 순서에 유의하며, 위생과 숙련된 기능평가를 위하여 조리작업 시 맛을 보지 않습니다.
2. 지정된 수험자 지참준비물 이외의 조리기구나 재료를 시험장 내에 지참할 수 없습니다.
3. 지급재료는 시험 전 확인하여 이상이 있을 경우 시험위원으로부터 조치를 받고, 시험 중에는 재료의 교환 및 추가지급은 하지 않습니다.
4. 요구사항의 규격은 "정도"의 의미를 포함하며, 지급된 재료의 크기에 따라 가감하여 채점합니다.
5. 위생상태 및 안전관리 사항을 준수합니다.

조리방법

1. 생선은 꼬리에서 머리 방향으로 긁어 비늘을 벗기고 지느러미를 자른 뒤, 머리를 제거하고 내장을 깨끗하게 손질하여 씻어준다.
2. 손질된 생선은 물기를 제거하고, 밀가루와 달걀은 체에 내려 준비한다.
3. 생선은 가시를 발라내고 3장뜨기 한 뒤 껍질을 벗겨낸다.
4. 생선살은 6cm 가로, 5cm 세로, 0.4cm 두께로 8장 포뜨기로 하고, 칼등으로 두들겨 두께를 고르게 맞춘 뒤 소금과 후추로 밑간을 한다.
5. 생선포에 밀가루옷을 입히고 달걀물을 입혀준다.
6. 팬에 식용유를 두르고 약한 불에서 노릇하게 지져낸다.

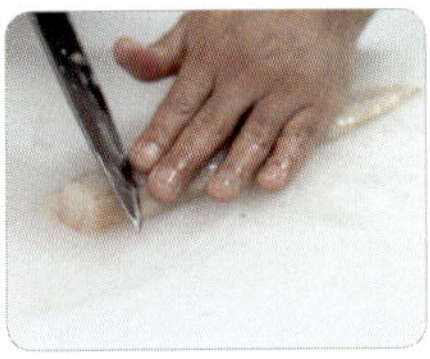

전문가 TIP

- 전의 색깔을 곱게 하기 위해서는 달걀흰자의 양을 줄여 사용해도 좋다.
- 생선에 밀가루를 묻힌 후, 여분의 밀가루는 털어내는 것이 좋다.
- 밀가루와 달걀물은 팬에서 지지기 직전에 입힌다.

한식 전 · 적조리 학습모듈

■ 학습방법

구분	내용
전 · 적 재료 준비 및 전처리	• 전 · 적 · 튀김의 정의와 종류, 특징을 이해하고 새로운 조리용어들을 학습한다. • 전 · 적 · 튀김의 종류에 맞추어 도구와 재료를 준비할 수 있도록 하며, 계량방법을 학습한다. • 전 · 적 · 튀김 요리에 따라 알맞은 재료를 준비할 수 있도록 하며, 재료에 따라 요구되는 전처리방법을 학습한다.
전 · 적 조리 하기	• 밀가루, 달걀 등의 재료를 섞어 전 · 적 · 튀김에 사용할 반죽 농도를 맞출 수 있는 방법을 학습한다. • 전 · 적 · 튀김조리의 종류에 따라 속재료 및 혼합재료 등을 만들 수 있는 방법을 학습한다. • 주재료에 따라 소를 채우거나 꼬치를 활용하여 전 · 적의 형태를 만들 수 있는 방법을 학습한다. • 재료와 전 · 적 · 튀김조리법에 따라 기름의 종류, 양과 온도를 조절하여 지지거나 튀길 수 있는 방법을 학습한다.
전 · 적 담아 완성	• 조리법에 따라 알맞은 전 · 적 · 튀김 그릇을 선택할 수 있도록 학습한다. • 전 · 적 · 튀김의 조리는 기름을 제거하여 담아내는 방법을 학습한다. • 전 · 적 · 튀김조리를 따뜻한 온도, 색, 풍미를 유지하여 담아낼 수 있는 방법을 학습한다.

■ 평가방법

학습내용	평가항목	성취수준		
		상	중	하
전 · 적 재료 준비 및 전처리	조리 특성에 맞게 신선하고 적합한 재료를 선택할 수 있다.			
	조리에 사용하는 재료를 필요량에 맞게 계량할 수 있다.			
	전 · 적 · 튀김의 종류에 맞추어 도구와 재료를 준비할 수 있다.			
	재료에 따라 요구되는 전처리를 수행할 수 있다.			
전 · 적 조리 하기	밀가루, 달걀 등의 재료를 섞어 반죽물 농도를 맞출 수 있다.			
	조리의 종류에 따라 속재료 및 혼합재료 등을 만들 수 있다.			
	주재료에 따라 소를 채우거나 꼬치를 활용하여 전의 형태를 만들 수 있다.			
	재료와 조리방법에 따라 기름의 종류, 양과 온도를 조절하여 지질 수 있다.			
전 · 적 담아 완성	조리법에 따라 전 · 적 · 튀김 그릇을 선택할 수 있다.			
	전 · 적 · 튀김의 조리는 기름을 제거하여 담아낼 수 있다.			
	전 · 적 · 튀김의 조리를 따뜻한 온도, 색, 풍미를 유지하여 담아낼 수 있다.			

육원전

시험시간 20 분

지급재료

소고기(살코기) 70g
두부 30g
밀가루(중력분) 20g
달걀 1개
대파(흰부분, 4cm 정도) 1토막
검은후춧가루 2g
참기름 5㎖
소금(정제염) 5g
마늘(중, 깐 것) 1쪽
식용유 30㎖
깨소금 5g
백설탕 5g

요구사항

주어진 재료를 사용하여 다음과 같이 '육원전'을 만드시오.

가. 육원전은 지름이 4cm, 두께 0.7cm 정도가 되도록 하시오.
나. 달걀은 흰자, 노른자를 혼합하여 사용하시오.
다. 육원전 6개를 제출하시오.

수험자 유의사항

1. 만드는 순서에 유의하며, 위생과 숙련된 기능평가를 위하여 조리작업 시 맛을 보지 않습니다.
2. 지정된 수험자 지참준비물 이외의 조리기구나 재료를 시험장 내에 지참할 수 없습니다.
3. 지급재료는 시험 전 확인하여 이상이 있을 경우 시험위원으로부터 조치를 받고, 시험 중에는 재료의 교환 및 추가지급은 하지 않습니다.
4. 요구사항의 규격은 "정도"의 의미를 포함하며, 지급된 재료의 크기에 따라 가감하여 채점합니다.
5. 위생상태 및 안전관리 사항을 준수합니다.

조리방법

1. 두부는 물기를 제거하고 파, 마늘은 다진다.
2. 물기가 제거된 두부는 칼등을 이용하여 잘게 으깨준다.
3. 소고기는 핏물을 제거하고 곱게 다진다.
4. 두부와 소고기를 1 : 3의 비율로 넣고 소금, 다진파, 다진마늘, 참기름, 후추로 양념을 한 뒤, 치대어서 4.5cm지름으로 둥글납작하게 완자를 빚는다.
5. 완자는 체에 내린 밀가루를 입힌 뒤, 달걀물을 입힌다.
6. 팬에 식용유를 두르고 완자가 타지 않게 지져낸다.

전문가 TIP

- 완자를 빚을 때 손에 식용유를 살짝 바르면, 달라붙는 것을 방지할 수 있다.
- 완자는 익으면서 가운데가 볼록해지므로, 빚을 때 가운데를 살짝 눌러주거나 팬에서 익힐 때 수저로 가운데를 눌러주기도 한다.
- 달걀물을 너무 많이 입히면 팬에서 지저분하게 나오므로, 적당하게 입힌다.

한식 전 · 적조리 학습모듈

■ 학습방법

전 · 적 재료 준비 및 전처리	• 전 · 적 · 튀김의 정의와 종류, 특징을 이해하고 새로운 조리용어들을 학습한다. • 전 · 적 · 튀김의 종류에 맞추어 도구와 재료를 준비할 수 있도록 하며, 계량방법을 학습한다. • 전 · 적 · 튀김 요리에 따라 알맞은 재료를 준비할 수 있도록 하며, 재료에 따라 요구되는 전처리방법을 학습한다.
전 · 적 조리 하기	• 밀가루, 달걀 등의 재료를 섞어 전 · 적 · 튀김에 사용할 반죽 농도를 맞출 수 있는 방법을 학습한다. • 전 · 적 · 튀김조리의 종류에 따라 속재료 및 혼합재료 등을 만들 수 있는 방법을 학습한다. • 주재료에 따라 소를 채우거나 꼬치를 활용하여 전 · 적의 형태를 만들 수 있는 방법을 학습한다. • 재료와 전 · 적 · 튀김조리법에 따라 기름의 종류, 양과 온도를 조절하여 지지거나 튀길 수 있는 방법을 학습한다.
전 · 적 담아 완성	• 조리법에 따라 알맞은 전 · 적 · 튀김 그릇을 선택할 수 있도록 학습한다. • 전 · 적 · 튀김의 조리는 기름을 제거하여 담아내는 방법을 학습한다. • 전 · 적 · 튀김조리를 따듯한 온도, 색, 풍미를 유지하여 담아낼 수 있는 방법을 학습한다.

■ 평가방법

학습 내용	평가항목	성취수준		
		상	중	하
전 · 적 재료 준비 및 전처리	조리 특성에 맞게 신선하고 적합한 재료를 선택할 수 있다.			
	조리에 사용하는 재료를 필요량에 맞게 계량할 수 있다.			
	전 · 적 · 튀김의 종류에 맞추어 도구와 재료를 준비할 수 있다.			
	재료에 따라 요구되는 전처리를 수행할 수 있다.			
전 · 적 조리 하기	밀가루, 달걀 등의 재료를 섞어 반죽물 농도를 맞출 수 있다.			
	조리의 종류에 따라 속재료 및 혼합재료 등을 만들 수 있다.			
	주재료에 따라 소를 채우거나 꼬치를 활용하여 전의 형태를 만들 수 있다.			
	재료와 조리방법에 따라 기름의 종류, 양과 온도를 조절하여 지질 수 있다.			
전 · 적 담아 완성	조리법에 따라 전 · 적 · 튀김 그릇을 선택할 수 있다.			
	전 · 적 · 튀김의 조리는 기름을 제거하여 담아낼 수 있다.			
	전 · 적 · 튀김의 조리를 따듯한 온도, 색, 풍미를 유지하여 담아낼 수 있다.			

두부조림

시험시간 **25** 분

지급재료

두부 200g
대파(푸른부분 3cm 정도) 1토막
실고추(길이 10cm 1~2줄기) 1g
검은후춧가루 1g
참기름 5㎖
소금(정제염) 5g
마늘(중, 깐 것) 1쪽
식용유 30㎖
진간장 15㎖
깨소금 5g
백설탕 5g

요구사항

주어진 재료를 사용하여 다음과 같이 '두부조림'을 만드시오.

가. 두부는 0.8cm×3cm×4.5cm로 써시오.
나. 8쪽을 제출하고, 촉촉하게 보이도록 국물을 약간 끼얹어 내시오.
다. 실고추와 파채를 고명으로 얹으시오.

수험자 유의사항

1. 만드는 순서에 유의하며, 위생과 숙련된 기능평가를 위하여 조리작업 시 맛을 보지 않습니다.
2. 지정된 수험자 지참준비물 이외의 조리기구나 재료를 시험장 내에 지참할 수 없습니다.
3. 지급재료는 시험 전 확인하여 이상이 있을 경우 시험위원으로부터 조치를 받고, 시험 중에는 재료의 교환 및 추가지급은 하지 않습니다.
4. 요구사항의 규격은 "정도"의 의미를 포함하며, 지급된 재료의 크기에 따라 가감하여 채점합니다.
5. 위생상태 및 안전관리 사항을 준수합니다.

조리방법

1. 두부는 4.5cm 가로, 3cm 세로, 0.8cm 두께로 8쪽을 썰어준다.
2. 썰어 놓은 두부는 소금을 뿌려 밑간을 한다.
3. 대파는 2cm 길이로 채 썰기를 하고, 실고추는 2cm로 자른다.
4. 두부는 면보를 이용하여 물기를 제거하고 간장 1큰술, 설탕 1/2큰술, 다진마늘, 후추, 참기름, 깨소금을 혼합하여 양념장을 만든다.
5. 팬에 식용유를 두르고 두부를 노릇하게 지진다.
6. 두부를 넣고 양념장을 넣은 후, 물 50㎖을 넣어 끓이다가, 어느 정도 졸여지면 대파와 실고추를 고명으로 얹고 국물 3큰술을 끼얹는다.

전문가 TIP

- 주재료인 두부의 크기를 요구사항에 맞게 썰어준다.
- 두부를 지질 때 노릇노릇하게 전체적으로 색을 낸다.
- 절인두부의 물기 제거 → 센불에서 약불 조절

한식 조림 · 초조리 학습모듈

■ 학습방법

구분	학습방법
조림 · 초 재료 · 부재료 준비 및 전처리	• 조림 · 초 · 볶음조리법을 고려하여 적합한 주재료와 부재료를 선택하는 방법을 학습한다. • 조림 · 초 · 볶음조리에 사용하는 재료를 필요량에 맞게 계량하는 방법을 학습한다. • 조림 · 초 · 볶음조리의 도구를 조리법에 맞게 준비하는 방법을 학습한다. • 장조림 주재료인 소고기 전처리 방법을 시연을 통해 학습한 후 실습한다. • 조림 · 초 · 볶음의 부재료 준비방법을 시연을 통해 학습한 후 실습한다.
조림 · 초 양념장 만들기	• 레시피에 따라 간장, 고추장, 초 양념장의 배합표를 작성해 본다. • 간장, 고추장, 초 양념장 배합표에 따라 간장 양념장 만들기를 학습한 후 실습한다.
조림 · 초 조리 하기	• 조림 · 초 · 볶음조리 종류에 적합한 조리도구를 학습한다. • 조리도구에 재료를 넣고 조림 · 초 · 볶음조리방법에 따라 양념장에 조리거나 기름에 볶는 방법에 대해 학습한다. • 조림 · 초 · 볶음조리방법에 따라 재료와 양념장의 비율, 첨가시점을 조절하는 방법을 실습한다. • 찜, 초, 조림 시 센불, 중불 및 약불 사용법을 이해하고 화력 조절하는 방법을 습득한다. • 만들어진 음식을 적합한 그릇에 모양내어 담기를 실습한다.
조림 · 초 담아 완성	• 찜, 초, 조림 시 센불, 중불 및 약불 사용법을 설명하고, 화력 조절하는 방법을 습득한다. • 만들어진 음식을 적합한 그릇에 모양내어 담기를 시연을 통해 학습한 후 실습한다. • 조림(장조림)의 국물 양을 조절하여 담아낼 수 있도록 학습한다. • 조림 · 초 · 볶음조리에 따라 고명을 얹어 낼 수 있도록 학습한다.

■ 평가방법

학습 내용	평가항목	성취수준		
		상	중	하
조림 · 초 재료 · 부재료 준비 및 전처리	조리법을 고려하여 적합한 재료를 선택할 수 있다.			
	조리에 사용하는 재료를 필요량에 맞게 계량할 수 있다.			
	조림 · 초 · 볶음조리에 따라 도구와 재료를 준비할 수 있다.			
	조림 · 초 · 볶음조리의 재료에 따라 전처리를 수행할 수 있다.			
조림 · 초 양념장 만들기	조림 · 초 · 볶음 양념장 재료를 비율대로 혼합, 조절할 수 있다.			
	필요에 따라 양념장을 숙성할 수 있다.			
	만든 양념장을 용도에 맞게 활용할 수 있다.			
조림 · 초 조리 하기	준비한 도구에 재료를 넣고, 양념장에 조리거나 기름에 볶을 수 있다.			
	재료와 양념장의 비율, 첨가 시점을 조절할 수 있다.			
	재료가 눌어붙거나 모양이 흐트러지지 않게 화력을 조절하여 익힐 수 있다.			
조림 · 초 담아 완성	조리 종류에 따라 그릇을 선택할 수 있다.			
	조리법에 따라 국물 양을 조절하여 담아낼 수 있다.			
	조림 · 초 · 볶음조리에 따라 고명을 얹어낼 수 있다.			

홍합초

시험시간 **20** 분

지급재료

생홍합(굵고 싱싱한 것, 껍질 벗긴 것으로 지급) 100g
대파(흰부분, 4cm 정도) 1토막
검은후춧가루 2g
참기름 5㎖
마늘(중, 깐 것) 2쪽
진간장 40㎖
생강 15g
백설탕 10g
잣(깐 것) 5개
A4용지 1장

요구사항

주어진 재료를 사용하여 다음과 같이 '홍합초'를 만드시오.

가. 마늘과 생강은 편으로, 파는 2cm로 써시오.
나. 홍합은 전량 사용하고, 촉촉하게 보이도록 국물을 끼얹어 제출하시오.
다. 잣가루를 고명으로 얹으시오.

수험자 유의사항

1. 만드는 순서에 유의하며, 위생과 숙련된 기능평가를 위하여 조리작업 시 맛을 보지 않습니다.
2. 지정된 수험자 지참준비물 이외의 조리기구나 재료를 시험장 내에 지참할 수 없습니다.
3. 지급재료는 시험 전 확인하여 이상이 있을 경우 시험위원으로부터 조치를 받고, 시험 중에는 재료의 교환 및 추가지급은 하지 않습니다.
4. 요구사항의 규격은 "정도"의 의미를 포함하며, 지급된 재료의 크기에 따라 가감하여 채점합니다.
5. 위생상태 및 안전관리 사항을 준수합니다.

조리방법

1. 생홍합은 깨끗하게 흔들어 씻은 뒤, 끓는물에 소금을 약간 넣어 데친다.
2. 홍합의 수염을 제거한다.
3. 마늘과 생강은 편썰기를 하고, 대파의 흰부분은 2cm 길이로 썬다.
4. 냄비에 간장 2큰술, 설탕 1큰술, 후추, 물 4큰술 넣고 생강과 마늘을 넣어 끓인다.
5. 4의 냄비에 대파를 넣고 중불에서 은근히 끓인다.
6. A4용지를 이용하여 잣을 다진다.
7. 5의 냄비에 홍합을 넣고 중불에서 서서히 끓이다가, 국물이 걸쭉해지면 참기름을 넣어 완성한다.
8. 완성된 홍합초를 그릇에 담고 조린 국물을 끼얹고 잣가루를 뿌린다.

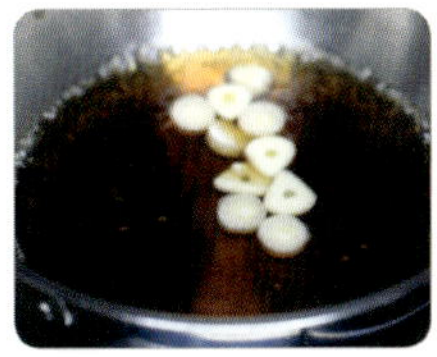

전문가 TIP

- 조림 양념장에 후추를 많이 넣으면 지저분하게 보이므로, 조금만 넣는다.
- 대파는 졸여 완성 시 원형을 그대로 유지한다.
- 조림을 할 때는 뚜껑을 열고 국물을 끼얹어가며 졸여야, 윤기가 나고 색깔이 좋게 조릴 수 있다.

한식 조림 · 초조리 학습모듈

■ 학습방법

조림 · 초 재료 · 부재료 준비 및 전처리	• 조림 · 초 · 볶음조리법을 고려하여 적합한 주재료와 부재료를 선택하는 방법을 학습한다. • 조림 · 초 · 볶음조리에 사용하는 재료를 필요량에 맞게 계량하는 방법을 학습한다. • 조림 · 초 · 볶음조리의 도구를 조리법에 맞게 준비하는 방법을 학습한다. • 장조림 주재료인 소고기 전처리 방법을 시연을 통해 학습한 후 실습한다. • 조림 · 초 · 볶음의 부재료 준비방법을 시연을 통해 학습한 후 실습한다.
조림 · 초 양념장 만들기	• 레시피에 따라 간장, 고추장, 초 양념장의 배합표를 작성해 본다. • 간장, 고추장, 초 양념장 배합표에 따라 간장 양념장 만들기를 학습한 후 실습한다.
조림 · 초 조리하기	• 조림 · 초 · 볶음조리 종류에 적합한 조리도구를 학습한다. • 조리도구에 재료를 넣고 조림 · 초 · 볶음조리방법에 따라 양념장에 조리거나 기름에 볶는 방법에 대해 학습한다. • 조림 · 초 · 볶음조리방법에 따라 재료와 양념장의 비율, 첨가시점을 조절하는 방법을 실습한다. • 찜, 초, 조림 시 센불, 중불 및 약불 사용법을 이해하고 화력 조절하는 방법을 습득한다. • 만들어진 음식을 적합한 그릇에 모양내어 담기를 실습한다.
조림 · 초 담아 완성	• 찜, 초, 조림 시 센불, 중불 및 약불 사용법을 설명하고, 화력 조절하는 방법을 습득한다. • 만들어진 음식을 적합한 그릇에 모양내어 담기를 시연을 통해 학습한 후 실습한다. • 조림(장조림)의 국물 양을 조절하여 담아낼 수 있도록 학습한다. • 조림 · 초 · 볶음조리에 따라 고명을 얹어 낼 수 있도록 학습한다.

■ 평가방법

학습내용	평가항목	성취수준		
		상	중	하
조림 · 초 재료 · 부재료 준비 및 전처리	조리법을 고려하여 적합한 재료를 선택할 수 있다.			
	조리에 사용하는 재료를 필요량에 맞게 계량할 수 있다.			
	조림 · 초 · 볶음조리에 따라 도구와 재료를 준비할 수 있다.			
	조림 · 초 · 볶음조리의 재료에 따라 전처리를 수행할 수 있다.			
조림 · 초 양념장 만들기	조림 · 초 · 볶음 양념장 재료를 비율대로 혼합, 조절할 수 있다.			
	필요에 따라 양념장을 숙성할 수 있다.			
	만든 양념장을 용도에 맞게 활용할 수 있다.			
조림 · 초 조리하기	준비한 도구에 재료를 넣고, 양념장에 조리거나 기름에 볶을 수 있다.			
	재료와 양념장의 비율, 첨가 시점을 조절할 수 있다.			
	재료가 눌어붙거나 모양이 흐트러지지 않게 화력을 조절하여 익힐 수 있다.			
조림 · 초 담아 완성	조리 종류에 따라 그릇을 선택할 수 있다.			
	조리법에 따라 국물 양을 조절하여 담아낼 수 있다.			
	조림 · 초 · 볶음조리에 따라 고명을 얹어낼 수 있다.			

겨자채

시험시간 **35** 분

지급재료

양배추(길이 5cm) 50g
오이(가늘고 곧은 것) 1/3개
당근(길이 7cm 정도) 50g
소고기(살코기, 길이 5cm) 50g
밤(중, 생것, 껍질 깐 것) 2개
달걀 1개
배(중, 길이로 등분) 50g
백설탕 20g
잣(깐 것) 5개
소금(정제염) 5g
식초 10㎖
진간장 5㎖
겨잣가루 6g
식용유 10㎖

요구사항

주어진 재료를 사용하여 다음과 같이 '겨자채'를 만드시오.

가. 채소, 편육, 황 · 백지단, 배는 0.3cm×1cm×4cm로 써시오.
나. 밤은 모양대로 납작하게 써시오.
다. 겨자는 발효시켜 매운맛이 나도록 하여 간을 맞춘 후 재료를 무쳐서 담고, 잣은 고명으로 올리시오.

수험자 유의사항

1. 만드는 순서에 유의하며, 위생과 숙련된 기능평가를 위하여 조리 작업 시 맛을 보지 않습니다.
2. 지정된 수험자 지참준비물 이외의 조리기구나 재료를 시험장 내에 지참할 수 없습니다.
3. 지급재료는 시험 전 확인하여 이상이 있을 경우 시험위원으로부터 조치를 받고, 시험 중에는 재료의 교환 및 추가지급은 하지 않습니다.
4. 요구사항의 규격은 "정도"의 의미를 포함하며, 지급된 재료의 크기에 따라 가감하여 채점합니다.
5. 위생상태 및 안전관리 사항을 준수합니다.

조리방법

1. 겨잣가루 1큰술에 40℃ 물 2작은술을 넣어 잘 섞은 뒤, 발효를 시킨다.
2. 소고기는 핏물제거 후 끓는물에 넣어 삶아 식으면 0.3cm 두께, 4cm 길이, 1cm 폭으로 썬다.
3. 오이는 2등분하여 씨를 제거한 뒤, 4cm 길이, 1cm 폭, 0.3cm 두께로 썰고, 당근, 양배추도 0.3cm 두께, 4cm 길이, 1cm 폭으로 썰어 찬물에 담갔다가 건져낸다.
4. 배는 껍질과 씨를 제거한 뒤 0.3cm 두께, 4cm 길이, 1cm 폭으로 썰어 설탕물에 담그고, 밤은 껍질제거 후 0.3cm 두께로 편썰기를 한다.
5. 발효된 겨자에 설탕 1작은술, 식초 1작은술, 진간장, 소금을 넣어 겨자소스를 만든다.
6. 팬에 황 · 백지단을 부쳐 0.3cm 두께, 4cm 길이, 1cm 폭으로 썰어둔다.
7. 오이, 당근, 양배추, 배, 밤은 물기를 제거하고, 소고기와 지단을 혼합한 후 겨자소스에 무쳐 완성한다.
8. 완성된 겨자채에 고깔을 제거한 잣을 올린다.

전문가 TIP

- 채소를 버무리기 전에 수분을 완전히 제거해야 겨자즙이 잘 무쳐진다.
- 생채이므로 제출 직전에 버무려야 물이 생기지 않는다.
- 양배추가 주재료이나 모든 재료를 최대한 사용한다.

한식 숙채조리 학습모듈

■ 학습방법

숙채 재료 준비	• 숙채 · 숙회조리에 따라 도구와 재료를 학습한다. • 숙채 · 숙회 특징과 조리법 차이점을 학습한다.
숙채 조리	• 숙채 조리에 따라 양념장 재료를 비율대로 혼합, 조절하는 방법을 학습한다. • 숙채 조리방법과 양념재료 성분과 특징을 학습한다. • 숙채 조리 특성에 따른 조미료를 넣는 순서를 학습한다. • 채소 고유의 색상을 유지하여 조리하는 방법을 학습한다.
숙채 담아 완성	• 숙채 조리에 맞는 그릇을 선택할 수 있도록 학습한다. • 숙채 조리에 맞게 그릇과 조화롭게 담아 완성할 수 있도록 학습한다.

■ 평가방법

학습 내용	평가항목	성취수준		
		상	중	하
숙채 재료 준비	조리에 사용하는 재료를 필요량에 맞게 계량할 수 있다.			
	숙채 종류에 맞추어 도구와 재료를 준비할 수 있다.			
	재료에 따라 요구되는 전처리를 수행할 수 있다.			
숙채 조리	양념장 재료를 비율대로 혼합, 조절할 수 있다.			
	양념이 잘 배합되도록 무칠 수 있다.			
	숙채는 조리방법에 따라서 삶거나 데칠 수 있다.			
	재료에 따라 숙회를 만들 수 있다.			
숙채 담아 완성	숙채 그릇을 선택할 수 있다.			
	숙채를 그릇에 담아낼 수 있다.			

도라지생채

시험시간 15 분

지급재료

통도라지(껍질 있는 것) 3개
소금(정제염) 5g
고추장 20g
백설탕 10g
식초 15㎖
대파(흰부분, 4cm 정도) 1토막
마늘(중, 깐 것) 1쪽
깨소금 5g
고춧가루 10g

요구사항

주어진 재료를 사용하여 다음과 같이 '도라지생채'를 만드시오.

가. 도라지는 0.3cm×0.3cm×6cm로 써시오.
나. 생채는 고추장과 고춧가루 양념으로 무쳐 제출하시오.

수험자 유의사항

1. 만드는 순서에 유의하며, 위생과 숙련된 기능평가를 위하여 조리 작업 시 맛을 보지 않습니다.
2. 지정된 수험자 지참준비물 이외의 조리기구나 재료를 시험장 내에 지참할 수 없습니다.
3. 지급재료는 시험 전 확인하여 이상이 있을 경우 시험위원으로부터 조치를 받고, 시험 중에는 재료의 교환 및 추가지급은 하지 않습니다.
4. 요구사항의 규격은 "정도"의 의미를 포함하며, 지급된 재료의 크기에 따라 가감하여 채점합니다.
5. 위생상태 및 안전관리 사항을 준수합니다.

조리방법

1. 도라지는 껍질을 돌려가며 벗기고 0.3cm 두께, 6cm 길이로 채 썰기를 한다.
2. 채 썬 도라지는 소금물에 담가 아린맛과 쓴맛을 제거한다.
3. 절여진 도라지는 물기를 제거하고 고추장 1큰술, 고춧가루 1작은술, 설탕 1큰술, 식초 1작은술, 다진파, 마늘, 깨소금을 넣어 양념장을 만든다.
4. 도라지에 양념장을 넣어 고루 무쳐 완성한다.

전문가 TIP

- 도라지는 절여진 상태이므로, 양념장에 소금을 첨가하지 않는다.
- 생채는 수분이 생기지 않아야 되므로 내기 직전에 버무린다.
- 완성된 도라지생채의 색을 염두에 두고 양념장을 첨가한다.

한식 생채 · 회조리 학습모듈

■ 학습방법

생채 · 회 재료 준비	• 생채 · 회 · 숙회조리에 따라 도구와 재료를 학습한다. • 생채 · 회 · 숙회 특징과 조리법 차이점을 학습한다.
생채 · 회조리	• 생채 · 회 · 숙회조리에 따라 양념장 재료를 비율대로 혼합, 조절하는 방법을 학습한다. • 생채 · 회조리방법과 양념재료 성분과 특징을 학습한다. • 생채 · 회조리 특성에 따른 조미료를 넣는 순서를 학습한다. • 채소 고유의 색상을 유지하여 조리하는 방법을 학습한다.
생채 · 회 담아 완성	• 생채 · 회조리에 맞는 그릇을 선택할 수 있도록 학습한다. • 생채 · 회조리에 맞게 그릇과 조화롭게 담아 완성할 수 있도록 학습한다. • 회를 신선하게 유지하고, 회는 채소를 곁들일 수 있도록 학습한다.

■ 평가방법

학습 내용	평가항목	성취수준		
		상	중	하
생채 · 회 재료 준비	조리에 사용하는 재료를 필요량에 맞게 계량할 수 있다.			
	생채 · 회 종류에 맞추어 도구와 재료를 준비할 수 있다.			
	재료에 따라 요구되는 전처리를 수행할 수 있다.			
생채 · 회조리	양념장 재료를 비율대로 혼합, 조절할 수 있다.			
	양념이 잘 배합되도록 무칠 수 있다.			
	숙채는 조리방법에 따라서 삶거나 데칠 수 있다.			
	회는 날것이나 익힐 수 있다.			
	재료에 따라 회 · 숙회를 만들 수 있다.			
생채 · 회 담아 완성	생채 · 회 그릇을 선택할 수 있다.			
	생채 · 회를 그릇에 담아낼 수 있다.			
	회는 채소를 곁들일 수 있다.			

무생채

시험시간 15 분

지급재료

무(길이 7cm 정도) 100g
소금(정제염) 5g
고춧가루 10g
백설탕 10g
식초 5㎖
대파(흰부분, 4cm 정도) 1토막
마늘(중, 깐 것) 1쪽
깨소금 5g
생강 5g

요구사항

주어진 재료를 사용하여 다음과 같이 '무생채'를 만드시오.

가. 무는 0.2cm×0.2cm×6cm 정도 크기로 썰어 사용하시오.
나. 생채는 고춧가루를 사용하시오.
다. 무생채는 70g 이상 제출하시오.

수험자 유의사항

1. 만드는 순서에 유의하며, 위생과 숙련된 기능평가를 위하여 조리작업 시 맛을 보지 않습니다.
2. 지정된 수험자 지참준비물 이외의 조리기구나 재료를 시험장 내에 지참할 수 없습니다.
3. 지급재료는 시험 전 확인하여 이상이 있을 경우 시험위원으로부터 조치를 받고, 시험 중에는 재료의 교환 및 추가지급은 하지 않습니다.
4. 요구사항의 규격은 "정도"의 의미를 포함하며, 지급된 재료의 크기에 따라 가감하여 채점합니다.
5. 위생상태 및 안전관리 사항을 준수합니다.

조리방법

1. 무는 껍질을 벗겨낸 후 0.2cm 두께, 6cm 길이로 채 썰기를 한다.
2. 생강, 파, 마늘을 다진다.
3. 무채에 고춧가루를 체에 내려 붉은색을 만들어 놓는다.
4. 3에 설탕 1작은술, 소금 1/3작은술, 다진파, 마늘, 생강, 깨소금을 넣어 골고루 무친 뒤, 식초 1작은술을 넣어 완성한다.

전문가 TIP

- 고춧가루로 물들일 때는 체에 한 번 내려서 거친 것은 걸러내야 깔끔하다.
- 생채류는 미리 버무리지 말고 양념장을 따로 만들어두었다가, 제출 직전에 버무려야 물이 생기지 않는다.
- 생채 두께가 일정하도록 준비한다.

한식 생채 · 회조리 학습모듈

■ 학습방법

생채 · 회 재료 준비	• 생채 · 회 · 숙회조리에 따라 도구와 재료를 학습한다. • 생채 · 회 · 숙회 특징과 조리법 차이점을 학습한다.
생채 · 회조리	• 생채 · 회 · 숙회조리에 따라 양념장 재료를 비율대로 혼합, 조절하는 방법을 학습한다. • 생채 · 회조리방법과 양념재료 성분과 특징을 학습한다. • 생채 · 회조리 특성에 따른 조미료를 넣는 순서를 학습한다. • 채소 고유의 색상을 유지하여 조리하는 방법을 학습한다.
생채 · 회 담아 완성	• 생채 · 회조리에 맞는 그릇을 선택할 수 있도록 학습한다. • 생채 · 회조리에 맞게 그릇과 조화롭게 담아 완성할 수 있도록 학습한다. • 회를 신선하게 유지하고, 회는 채소를 곁들일 수 있도록 학습한다.

■ 평가방법

학습 내용	평가항목	성취수준		
		상	중	하
생채 · 회 재료 준비	조리에 사용하는 재료를 필요량에 맞게 계량할 수 있다.			
	생채 · 회 종류에 맞추어 도구와 재료를 준비할 수 있다.			
	재료에 따라 요구되는 전처리를 수행할 수 있다.			
생채 · 회조리	양념장 재료를 비율대로 혼합, 조절할 수 있다.			
	양념이 잘 배합되도록 무칠 수 있다.			
	숙채는 조리방법에 따라서 삶거나 데칠 수 있다.			
	회는 날것이나 익힐 수 있다.			
	재료에 따라 회 · 숙회를 만들 수 있다.			
생채 · 회 담아 완성	생채 · 회 그릇을 선택할 수 있다.			
	생채 · 회를 그릇에 담아낼 수 있다.			
	회는 채소를 곁들일 수 있다.			

더덕생채

시험시간 **20** 분

지급재료

통더덕(껍질 있는것, 길이 10~15cm정도) 2개
마늘(중, 깐 것) 1쪽
백설탕 5g
식초 5㎖
대파(흰부분, 4cm 정도) 1토막
소금(정제염) 5g
깨소금 5g
고춧가루 20g

요구사항

주어진 재료를 사용하여 다음과 같이 '더덕생채'를 만드시오.

가. 더덕은 5cm로 썰어 두들겨 편 후 찢어서 쓴맛을 제거하여 사용하시오.
나. 고춧가루로 양념하고, 전량 제출하시오.

수험자 유의사항

1. 만드는 순서에 유의하며, 위생과 숙련된 기능평가를 위하여 조리작업 시 맛을 보지 않습니다.
2. 지정된 수험자 지참준비물 이외의 조리기구나 재료를 시험장 내에 지참할 수 없습니다.
3. 지급재료는 시험 전 확인하여 이상이 있을 경우 시험위원으로부터 조치를 받고, 시험 중에는 재료의 교환 및 추가지급은 하지 않습니다.
4. 요구사항의 규격은 "정도"의 의미를 포함하며, 지급된 재료의 크기에 따라 가감하여 채점합니다.
5. 위생상태 및 안전관리 사항을 준수합니다.

조리방법

1. 더덕은 껍질을 벗겨 5cm 길이로 잘라, 편으로 썰어 소금물에 담가 쓴맛을 제거한다.
2. 더덕을 면보자기로 감싸준 뒤, 방망이로 밀어 편 후 물기를 제거한다.
3. 두들긴 더덕은 일정한 폭으로 찢어준다.
4. 3의 더덕에 고춧가루 1큰술, 설탕 1작은술, 식초 1작은술, 다진파, 마늘, 깨소금을 넣어 만든 양념장을 넣어 무친다.

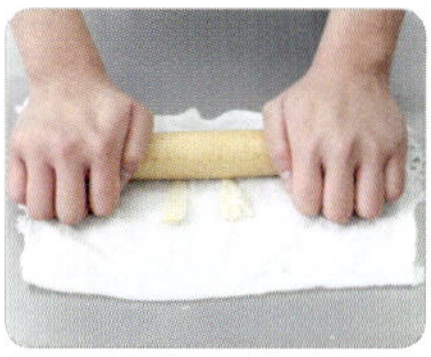

전문가 TIP

- 더덕은 소금물에 충분히 절여야, 방망이로 두들길 때 깨지지 않고 아린맛도 제거된다.
- 찢은 더덕의 길이와 두께가 일정해야 된다.
- 완성 시 물이 생기지 않도록 제출 직전에 버무린다.

한식 생채 · 회조리 학습모듈

■ 학습방법

생채 · 회 재료 준비	• 생채 · 회 · 숙회조리에 따라 도구와 재료를 학습한다. • 생채 · 회 · 숙회의 특징과 조리법 차이점을 학습한다.
생채 · 회조리	• 생채 · 회 · 숙회조리에 따라 양념장 재료를 비율대로 혼합, 조절하는 방법을 학습한다. • 생채 · 회조리방법과 양념재료 성분과 특징을 학습한다. • 생채 · 회조리 특성에 따른 조미료를 넣는 순서를 학습한다. • 채소 고유의 색상을 유지하여 조리하는 방법을 학습한다.
생채 · 회 담아 완성	• 생채 · 회조리에 맞는 그릇을 선택할 수 있도록 학습한다. • 생채 · 회조리에 맞게 그릇과 조화롭게 담아 완성할 수 있도록 학습한다. • 회를 신선하게 유지하고, 회는 채소를 곁들일 수 있도록 학습한다.

■ 평가방법

학습 내용	평가항목	성취수준		
		상	중	하
생채 · 회 재료 준비	조리에 사용하는 재료를 필요량에 맞게 계량할 수 있다.			
	생채 · 회 종류에 맞추어 도구와 재료를 준비할 수 있다.			
	재료에 따라 요구되는 전처리를 수행할 수 있다.			
생채 · 회조리	양념장 재료를 비율대로 혼합, 조절할 수 있다.			
	양념이 잘 배합되도록 무칠 수 있다.			
	숙채는 조리방법에 따라서 삶거나 데칠 수 있다.			
	회는 날것이나 익힐 수 있다.			
	재료에 따라 회 · 숙회를 만들 수 있다.			
생채 · 회 담아 완성	생채 · 회 그릇을 선택할 수 있다.			
	생채 · 회를 그릇에 담아낼 수 있다.			
	회는 채소를 곁들일 수 있다.			

육회

시험시간 **20** 분

지급재료

소고기(살코기) 90g
배(중, 100g 정도) 1/4개
잣(깐 것) 5개
소금(정제염) 5g
마늘(중, 깐 것) 3쪽
대파(흰부분, 4cm 정도) 2토막
검은후춧가루 2g
참기름 10㎖
백설탕 30g
깨소금 5g

요구사항

주어진 재료를 사용하여 다음과 같이 '육회'를 만드시오.

가. 소고기는 0.3cm×0.3cm×6cm로 썰어 소금 양념으로 하시오.
나. 마늘은 편으로 썰어 장식하고, 잣가루를 고명으로 얹으시오.
다. 소고기는 손질하여 전량 사용하시오.

수험자 유의사항

1. 만드는 순서에 유의하며, 위생과 숙련된 기능평가를 위하여 조리작업 시 맛을 보지 않습니다.
2. 지정된 수험자 지참준비물 이외의 조리기구나 재료를 시험장 내에 지참할 수 없습니다.
3. 지급재료는 시험 전 확인하여 이상이 있을 경우 시험위원으로부터 조치를 받고, 시험 중에는 재료의 교환 및 추가지급은 하지 않습니다.
4. 요구사항의 규격은 "정도"의 의미를 포함하며, 지급된 재료의 크기에 따라 가감하여 채점합니다.
5. 위생상태 및 안전관리 사항을 준수합니다.

조리방법

1. 마늘의 2/3는 편썰기를 하고, 1/3은 파와 함께 각각 다진다.
2. 배는 0.3cm 두께, 4cm 길이로 채 썰기를 하여 엷은 설탕물에 담갔다가 물기를 제거한다.
3. 소고기는 핏물을 제거한 뒤, 0.3cm 폭 결 반대방향으로 채 썰기를 하고 소금, 설탕, 다진파, 다진마늘, 참기름, 깨소금, 후추로 간을 한다.
4. A4용지를 이용하여 잣을 곱게 다진다.
5. 배의 물기를 닦은 후 접시에 돌려 담고, 양념된 소고기를 한가운데 담고, 마늘 편을 소고기 옆면에 돌려가며 붙인다.
6. 완성된 육회에 잣가루를 뿌려 완성한다.

전문가 TIP

- 육회는 핏물이 흐르기 쉽고, 배는 갈변되기 쉬우므로 미리 만들어두지 않도록 한다.

한식 생채 · 회조리 학습모듈

■ **학습방법**

생채 · 회 재료 준비	• 생채 · 회 · 숙회조리에 따라 도구와 재료를 학습한다. • 생채 · 회 · 숙회의 특징과 조리법 차이점을 학습한다.
생채 · 회조리	• 생채 · 회 · 숙회조리에 따라 양념장 재료를 비율대로 혼합, 조절하는 방법을 학습한다. • 생채 · 회조리방법과 양념재료 성분과 특징을 학습한다. • 생채 · 회조리 특성에 따른 조미료를 넣는 순서를 학습한다. • 채소 고유의 색상을 유지하여 조리하는 방법을 학습한다.
생채 · 회 담아 완성	• 생채 · 회조리에 맞는 그릇을 선택할 수 있도록 학습한다. • 생채 · 회조리에 맞게 그릇과 조화롭게 담아 완성할 수 있도록 학습한다. • 회를 신선하게 유지하고, 회는 채소를 곁들일 수 있도록 학습한다.

■ **평가방법**

학습 내용	평가항목	성취수준		
		상	중	하
생채 · 회 재료 준비	조리에 사용하는 재료를 필요량에 맞게 계량할 수 있다.			
	생채 · 회 종류에 맞추어 도구와 재료를 준비할 수 있다.			
	재료에 따라 요구되는 전처리를 수행할 수 있다.			
생채 · 회조리	양념장 재료를 비율대로 혼합, 조절할 수 있다.			
	양념이 잘 배합되도록 무칠 수 있다.			
	숙채는 조리방법에 따라서 삶거나 데칠 수 있다.			
	회는 날것이나 익힐 수 있다.			
	재료에 따라 회 · 숙회를 만들 수 있다.			
생채 · 회 담아 완성	생채 · 회 그릇을 선택할 수 있다.			
	생채 · 회를 그릇에 담아낼 수 있다.			
	회는 채소를 곁들일 수 있다.			

미나리강회

시험시간 35 분

지급재료

소고기(살코기, 길이 7cm) 80g
미나리(줄기부분) 30g
홍고추(생) 1개
달걀 2개
고추장 15g
식초 5mℓ
백설탕 5g
소금(정제염) 5g
식용유 10mℓ

요구사항

주어진 재료를 사용하여 다음과 같이 '미나리강회'를 만드시오.

가. 강회의 폭은 1.5cm, 길이는 5cm 정도로 하시오.
나. 붉은고추의 폭은 0.5cm, 길이는 4cm로 하시오.
다. 강회는 8개 만들어 초고추장과 함께 제출하시오.

수험자 유의사항

1. 만드는 순서에 유의하며, 위생과 숙련된 기능평가를 위하여 조리작업 시 맛을 보지 않습니다.
2. 지정된 수험자 지참준비물 이외의 조리기구나 재료를 시험장 내에 지참할 수 없습니다.
3. 지급재료는 시험 전 확인하여 이상이 있을 경우 시험위원으로부터 조치를 받고, 시험 중에는 재료의 교환 및 추가지급은 하지 않습니다.
4. 요구사항의 규격은 "정도"의 의미를 포함하며, 지급된 재료의 크기에 따라 가감하여 채점합니다.
5. 위생상태 및 안전관리 사항을 준수합니다.

조리방법

1. 미나리는 뿌리와 잎을 제거한 뒤, 끓는 소금물에 데쳐 찬물에 담가놓는다.
2. 소고기는 편육을 만들어 식힌 뒤, 0.3cm 두께, 5cm 길이, 1.5cm 폭으로 썬다.
3. 홍고추는 씨를 제거하고 0.5cm 폭, 4cm 길이로 썬다.
4. 팬에 황 · 백지단을 두툼하게 부친다.
5. 황 · 백지단은 0.3cm 두께, 5cm 길이, 1.5cm 폭으로 썬다.
6. 편육, 흰자, 노른자 지단, 홍고추를 차례로 얹어 미나리로 감고, 고추장 1큰술, 식초 1작은술, 설탕 1작은술로 초고추장을 만들어 곁들인다.

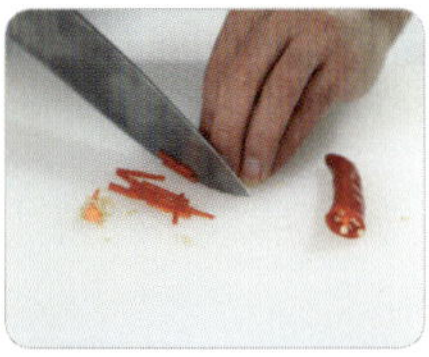

전문가 TIP

- 익힌 모든 재료의 두께와 크기가 일정해야 된다.(특히 황지단과 홍고추)
- 초고추장은 반드시 곁들여 제출한다.
- 요구사항의 크기와 숫자에 유의한다.

한식 숙채조리 학습모듈

■ 학습방법

숙채 재료 준비	• 숙채 · 숙회조리에 따라 도구와 재료를 학습한다. • 숙채 · 숙회 특징과 조리법 차이점을 학습한다.
숙채 조리	• 숙채 조리에 따라 양념장 재료를 비율대로 혼합, 조절하는 방법을 학습한다. • 숙채 조리방법과 양념재료 성분과 특징을 학습한다. • 숙채 조리 특성에 따른 조미료를 넣는 순서를 학습한다. • 채소 고유의 색상을 유지하여 조리하는 방법을 학습한다.
숙채 담아 완성	• 숙채 조리에 맞는 그릇을 선택할 수 있도록 학습한다. • 숙채 조리에 맞게 그릇과 조화롭게 담아 완성할 수 있도록 학습한다.

■ 평가방법

학습 내용	평가항목	성취수준		
		상	중	하
숙채 재료 준비	조리에 사용하는 재료를 필요량에 맞게 계량할 수 있다.			
	숙채 종류에 맞추어 도구와 재료를 준비할 수 있다.			
	재료에 따라 요구되는 전처리를 수행할 수 있다.			
숙채 조리	양념장 재료를 비율대로 혼합, 조절할 수 있다.			
	양념이 잘 배합되도록 무칠 수 있다.			
	숙채는 조리방법에 따라서 삶거나 데칠 수 있다.			
	재료에 따라 숙회를 만들 수 있다.			
숙채 담아 완성	숙채 그릇을 선택할 수 있다.			
	숙채를 그릇에 담아낼 수 있다.			

탕평채

시험시간 35 분

지급재료

청포묵(중, 길이 6cm) 150g
소고기(살코기, 길이 5cm) 20g
숙주(생 것) 20g
미나리(줄기부분) 10g
달걀 1개
김 1/4장
진간장 20㎖
마늘(중, 깐 것) 2쪽
대파(흰부분, 4cm 정도) 1토막
검은후춧가루 1g
참기름 5㎖
백설탕 5g
깨소금 5g
식초 5㎖
소금(정제염) 5g
식용유 10㎖

요구사항

주어진 재료를 사용하여 다음과 같이 '탕평채'를 만드시오.

가. 청포묵은 0.4cm×0.4cm×6cm로 썰어 데쳐서 사용하시오.
나. 모든 부재료의 길이는 4~5cm로 써시오.
다. 소고기, 미나리, 거두절미한 숙주는 각각 조리하여 청포묵과 함께 초간장으로 무쳐 담아내시오.
라. 황 · 백지단은 4cm 길이로 채 썰고, 김은 구워 부셔서 고명으로 얹으시오.

수험자 유의사항

1. 만드는 순서에 유의하며, 위생과 숙련된 기능평가를 위하여 조리작업 시 맛을 보지 않습니다.
2. 지정된 수험자 지참준비물 이외의 조리기구나 재료를 시험장 내에 지참할 수 없습니다.
3. 지급재료는 시험 전 확인하여 이상이 있을 경우 시험위원으로부터 조치를 받고, 시험 중에는 재료의 교환 및 추가지급은 하지 않습니다.
4. 요구사항의 규격은 "정도"의 의미를 포함하며, 지급된 재료의 크기에 따라 가감하여 채점합니다.
5. 위생상태 및 안전관리 사항을 준수합니다.

조리방법

1. 청포묵은 0.4cm 두께, 6cm 길이로 채 썰어 끓는물에 데쳐서 물기를 뺀 후 소금, 참기름에 무친다.
2. 거두절미한 숙주를 끓는 소금물에 데쳐, 찬물에 헹구어 물기를 꼭 짜서 소금, 참기름에 무치고, 미나리는 줄기만 데쳐 찬물에 담갔다가 4cm 길이로 썰어준다.
3. 소고기는 핏물을 닦고 4~5cm 길이로 채 썰어 양념장에 버무린다.
4. 팬에 지단을 부쳐 0.2cm 두께, 4cm 길이로 채 썰기를 하고, 소고기를 볶는다.
5. 김은 직화로 구워 부숴준다.
6. 청포묵, 숙주, 미나리, 소고기를 초간장에 버무려 그릇에 담고 김, 황 · 백지단을 고명으로 얹는다.

전문가 TIP

- 주재료인 청포묵을 요구사항에 맞게 썰어준다.
- 데친 묵에 밑간을 할 때 참기름의 양이 과다하지 않도록 주의한다.
- 완성된 탕평채 색상과 초간장의 양을 조절한다.

한식 숙채조리 학습모듈

■ 학습방법

구분	학습방법
숙채 재료 준비	• 숙채 · 숙회조리에 따라 도구와 재료를 학습한다. • 숙채 · 숙회 특징과 조리법 차이점을 학습한다.
숙채 조리	• 숙채 조리에 따라 양념장 재료를 비율대로 혼합, 조절하는 방법을 학습한다. • 숙채 조리방법과 양념재료 성분과 특징을 학습한다. • 숙채 조리 특성에 따른 조미료를 넣는 순서를 학습한다. • 채소 고유의 색상을 유지하여 조리하는 방법을 학습한다.
숙채 담아 완성	• 숙채 조리에 맞는 그릇을 선택할 수 있도록 학습한다. • 숙채 조리에 맞게 그릇과 조화롭게 담아 완성할 수 있도록 학습한다.

■ 평가방법

학습내용	평가항목	성취수준		
		상	중	하
숙채 재료 준비	조리에 사용하는 재료를 필요량에 맞게 계량할 수 있다.			
	숙채 종류에 맞추어 도구와 재료를 준비할 수 있다.			
	재료에 따라 요구되는 전처리를 수행할 수 있다.			
숙채 조리	양념장 재료를 비율대로 혼합, 조절할 수 있다.			
	양념이 잘 배합되도록 무칠 수 있다.			
	숙채는 조리방법에 따라서 삶거나 데칠 수 있다.			
	재료에 따라 숙회를 만들 수 있다.			
숙채 담아 완성	숙채 그릇을 선택할 수 있다.			
	숙채를 그릇에 담아낼 수 있다.			

잡채

시험시간 35 분

지급재료

당면 20g
소고기(살코기, 길이 7cm) 30g
건표고버섯(지름 5cm 정도, 물에 불린 것) 1개(부서지지 않은 것)
건목이버섯(지름 5cm 정도, 물에 불린 것) 2개
양파(중, 150g 정도) 1/3개
오이(가늘고 곧은 것) 1/3개
당근(길이 7cm 정도) 50g
통도라지(껍질 있는 것, 길이 20cm) 1개
숙주(생 것) 20g
백설탕 10g
대파(흰부분, 4cm 정도) 1토막
마늘(중, 깐 것) 2쪽
진간장 20㎖
식용유 50㎖
깨소금 5g
검은후춧가루 1g
참기름 5㎖
소금(정제염) 15g
달걀 1개

요구사항

주어진 재료를 사용하여 다음과 같이 '잡채'를 만드시오.

가. 소고기, 양파, 오이, 당근, 도라지, 표고버섯은 0.3cm×0.3cm×6cm 정도로 썰어 사용하시오.
나. 숙주는 데치고 목이버섯은 찢어서 사용하시오.
다. 당면은 삶아서 유장처리하여 볶으시오.
라. 황 · 백지단은 0.2cm×0.2cm×4cm로 썰어 고명으로 얹으시오.

수험자 유의사항

1. 만드는 순서에 유의하며, 위생과 숙련된 기능평가를 위하여 조리작업 시 맛을 보지 않습니다.
2. 지정된 수험자 지참준비물 이외의 조리기구나 재료를 시험장 내에 지참할 수 없습니다.
3. 지급재료는 시험 전 확인하여 이상이 있을 경우 시험위원으로부터 조치를 받고, 시험 중에는 재료의 교환 및 추가지급은 하지 않습니다.
4. 요구사항의 규격은 "정도"의 의미를 포함하며, 지급된 재료의 크기에 따라 가감하여 채점합니다.
5. 위생상태 및 안전관리 사항을 준수합니다.

조리방법

1. 당면은 따듯한 물에 불리고, 목이버섯은 미지근한 물에 불린다.
2. 숙주는 거두절미하여 끓는물에 데쳐 유장으로 밑간을 한다.
3. 양파와 당근은 0.3×0.3×6cm 길이로 채 썰기를 하고, 오이는 돌려깎아 0.3×0.3×6cm 길이로 채 썰기 하여 소금에 절인다.
4. 도라지는 껍질을 제거하고 편 썰기를 하여 0.3×0.3×6cm 길이로 채 썰어 소금물에 담근다.
5. 소고기, 표고버섯은 채 썰기하고 간장 1큰술, 설탕 1/2큰술, 다진파, 다진마늘, 후추, 깨소금, 참기름으로 양념장을 만들어 재운다.
6. 불린 당면은 끓는물에 삶아 찬물에 헹군 후 유장 처리한다.
7. 팬에 기름을 두르고 황 · 백지단을 부쳐 0.2×4cm 길이로 채 썰고 도라지, 양파, 오이, 당근, 소고기, 표고버섯, 목이버섯 순으로 각각 볶는다.
8. 팬에 식용유를 두르고 **6**을 볶아낸다.
9. 볶은 당면에 채소를 넣고 간장, 설탕, 참기름, 깨소금을 넣어 색과 간을 맞춰가며 섞어준 뒤, 황 · 백지단을 얹는다.

전문가 TIP

- 모든 재료는 규격에 맞게 썰어 손질을 한다.
- 당면은 삶아 반드시 찬물에 헹구어준다.
- 볶은 당면과 채소, 고기를 혼합하여 섞은 뒤 양념을 하여 색을 맞춰 완성한다.

한식 숙채조리 학습모듈

■ 학습방법

숙채 재료 준비	• 숙채 · 숙회조리에 따라 도구와 재료를 학습한다. • 숙채 · 숙회 특징과 조리법 차이점을 학습한다.
숙채 조리	• 숙채 조리에 따라 양념장 재료를 비율대로 혼합, 조절하는 방법을 학습한다. • 숙채 조리방법과 양념재료 성분과 특징을 학습한다. • 숙채 조리 특성에 따른 조미료를 넣는 순서를 학습한다. • 채소 고유의 색상을 유지하여 조리하는 방법을 학습한다.
숙채 담아 완성	• 숙채 조리에 맞는 그릇을 선택할 수 있도록 학습한다. • 숙채 조리에 맞게 그릇과 조화롭게 담아 완성할 수 있도록 학습한다.

■ 평가방법

학습 내용	평가항목	성취수준		
		상	중	하
숙채 재료 준비	조리에 사용하는 재료를 필요량에 맞게 계량할 수 있다.			
	숙채 종류에 맞추어 도구와 재료를 준비할 수 있다.			
	재료에 따라 요구되는 전처리를 수행할 수 있다.			
숙채 조리	양념장 재료를 비율대로 혼합, 조절할 수 있다.			
	양념이 잘 배합되도록 무칠 수 있다.			
	숙채는 조리방법에 따라서 삶거나 데칠 수 있다.			
	재료에 따라 숙회를 만들 수 있다.			
숙채 담아 완성	숙채 그릇을 선택할 수 있다.			
	숙채를 그릇에 담아낼 수 있다.			

칠절판

시험시간 40 분

지급재료

소고기(살코기, 길이 6cm) 50g
오이(가늘고 곧은 것) 1/2개
당근(길이 7cm 정도) 50g
달걀 1개
석이버섯 5g
밀가루(중력분) 50g
진간장 20㎖
마늘(중, 깐 것) 2쪽
대파(흰부분, 4cm 정도) 1토막
검은후춧가루 1g
참기름 10㎖
백설탕 10g
깨소금 5g
식용유 30㎖
소금(정제염) 10g

요구사항

주어진 재료를 사용하여 다음과 같이 '칠절판'을 만드시오.
가. 밀전병은 직경 8cm 되도록 6개를 만드시오.
나. 채소와 황 · 백지단, 소고기는 0.2cn×0.2cm×5cm 정도로 써시오.
다. 석이버섯은 곱게 채를 써시오.

수험자 유의사항

1. 만드는 순서에 유의하며, 위생과 숙련된 기능평가를 위하여 조리 작업 시 맛을 보지 않습니다.
2. 지정된 수험자 지참준비물 이외의 조리기구나 재료를 시험장 내에 지참할 수 없습니다.
3. 지급재료는 시험 전 확인하여 이상이 있을 경우 시험위원으로부터 조치를 받고, 시험 중에는 재료의 교환 및 추가지급은 하지 않습니다.
4. 요구사항의 규격은 "정도"의 의미를 포함하며, 지급된 재료의 크기에 따라 가감하여 채점합니다.
5. 위생상태 및 안전관리 사항을 준수합니다.

조리방법

1. 오이는 0.2cm 두께, 5cm 길이로 돌려깎아 채 썰어 소금에 절이고, 당근도 0.2cm 두께, 5cm 길이로 편 썰어 채를 썰어 소금간을 한다.
2. 불린 석이버섯은 물기제거 후 돌돌 말아 채 썰기를 하여 소금, 참기름으로 양념한다.
3. 소고기는 0.2cm 두께, 길이 6cm로 채 썰어 간장, 설탕, 다진파, 마늘, 참기름, 후추, 깨소금으로 양념하여 놓는다.
4. 달걀은 황백으로 분리하여 소금을 각각 넣어 풀어준 뒤, 황 · 백지단을 부쳐서 0.2cm 두께, 5cm 길이로 채 썰기를 한다.
5. 밀가루 4큰술에 동량의 물과 적당량의 소금을 넣어 풀어준 뒤 체에 걸러준다.
6. 팬에 오이, 당근, 석이버섯, 소고기를 각각 차례대로 볶아 식힌다.
7. 팬에 식용유를 두른 뒤, 지름 8cm의 밀전병을 6장 부친다.
8. 완성접시에 밀전병을 가운데 담고, 6가지 찬을 돌려가며 색을 맞추어 담는다.

전문가 TIP

- 각각의 재료를 곱게 채 썬다.
- 밀전병을 부칠 때 기름의 양을 조절하고, 약불에서 타지 않게 서서히 익힌다.

한식 숙채조리 학습모듈

■ 학습방법

숙채 재료 준비	• 숙채 · 숙회조리에 따라 도구와 재료를 학습한다. • 숙채 · 숙회 특징과 조리법 차이점을 학습한다.
숙채 조리	• 숙채 조리에 따라 양념장 재료를 비율대로 혼합, 조절하는 방법을 학습한다. • 숙채 조리방법과 양념재료 성분과 특징을 학습한다. • 숙채 조리 특성에 따른 조미료를 넣는 순서를 학습한다. • 채소 고유의 색상을 유지하여 조리하는 방법을 학습한다.
숙채 담아 완성	• 숙채 조리에 맞는 그릇을 선택할 수 있도록 학습한다. • 숙채 조리에 맞게 그릇과 조화롭게 담아 완성할 수 있도록 학습한다.

■ 평가방법

학습 내용	평가항목	성취수준		
		상	중	하
숙채 재료 준비	조리에 사용하는 재료를 필요량에 맞게 계량할 수 있다.			
	숙채 종류에 맞추어 도구와 재료를 준비할 수 있다.			
	재료에 따라 요구되는 전처리를 수행할 수 있다.			
숙채 조리	양념장 재료를 비율대로 혼합, 조절할 수 있다.			
	양념이 잘 배합되도록 무칠 수 있다.			
	숙채는 조리방법에 따라서 삶거나 데칠 수 있다.			
	재료에 따라 숙회를 만들 수 있다.			
숙채 담아 완성	숙채 그릇을 선택할 수 있다.			
	숙채를 그릇에 담아낼 수 있다.			

오징어볶음

시험시간 30 분

지급재료

물오징어(250g 정도) 1마리
소금(정제염) 5g
진간장 10㎖
백설탕 20g
참기름 10㎖
깨소금 5g
풋고추(길이 5cm 이상) 1개
홍고추(생) 1개
양파 1/3개
마늘(중, 깐 것) 2쪽
대파(흰부분, 4cm 정도) 1토막
생강 5g
고춧가루 15g
고추장 50g
검은후춧가루 2g
식용유 30㎖

요구사항

주어진 재료를 사용하여 다음과 같이 '오징어볶음'을 만드시오.

가. 오징어는 0.3cm 폭으로 어슷하게 칼집을 넣고, 크기는 4cm×1.5cm 정도로 써시오.
(단, 오징어다리는 4cm 길이로 자른다.)

나. 고추, 파는 어슷썰기, 양파는 폭 1cm로 써시오.

수험자 유의사항

1. 만드는 순서에 유의하며, 위생과 숙련된 기능평가를 위하여 조리작업 시 맛을 보지 않습니다.
2. 지정된 수험자 지참준비물 이외의 조리기구나 재료를 시험장 내에 지참할 수 없습니다.
3. 지급재료는 시험 전 확인하여 이상이 있을 경우 시험위원으로부터 조치를 받고, 시험 중에는 재료의 교환 및 추가지급은 하지 않습니다.
4. 요구사항의 규격은 "정도"의 의미를 포함하며, 지급된 재료의 크기에 따라 가감하여 채점합니다.
5. 위생상태 및 안전관리 사항을 준수합니다.

조리방법

1. 오징어는 반을 갈라, 내장을 제거하고 껍질을 벗겨 씻어준다.
2. 손질된 오징어의 안쪽에 0.3cm 간격으로 어슷하게 칼집을 넣고, 4cm 가로, 1.5cm 세로로 썰고, 오징어다리는 4cm 길이로 썬다.
3. 마늘과 생강은 다지고, 양파는 4cm 길이로 썰고, 홍고추, 풋고추는 0.5cm 두께로 어슷 썰어 씨를 제거한다. 대파도 어슷 썰어 준비한다.
4. 고추장 2큰술, 고춧가루 1큰술, 다진마늘, 생강, 간장 2작은술, 깨소금, 설탕, 후추, 참기름을 섞어 양념장을 만든다.
5. 팬에 식용유를 두르고, 양파를 볶다가 오징어를 넣어 함께 볶는다.
6. 5에 양념장을 넣어 고루 섞어 볶다가 홍고추, 풋고추, 대파를 넣어 완성한다.

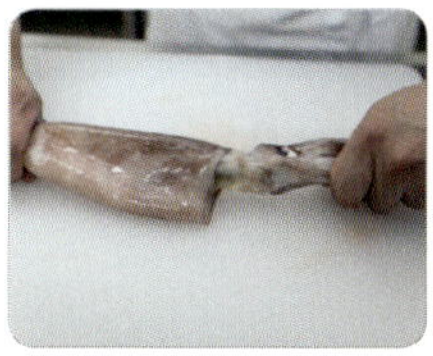

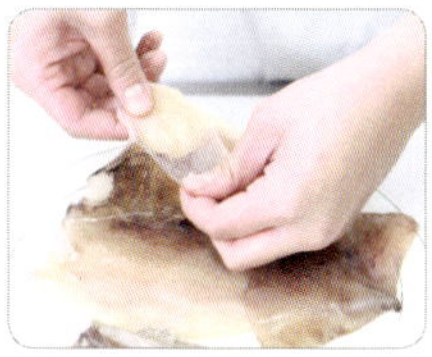

전문가 TIP

- 오징어 칼집을 넣을 때는 안쪽에 넣어야 익었을 때 모양이 좋다.
- 익으면서 오징어의 크기가 작아지므로 약간 크게 썬다.
- 물기가 생기지 않도록 센불에서 재빨리 볶아낸다.

한식 볶음조리 학습모듈

■ 학습방법

볶음 재료·부재료 준비 및 전처리	• 조림·초·볶음조리법을 고려하여 적합한 주재료와 부재료를 선택하는 방법을 학습한다. • 조림·초·볶음조리에 사용하는 재료를 필요량에 맞게 계량하는 방법을 학습한다. • 조림·초·볶음조리의 도구를 조리법에 맞게 준비하는 방법을 학습한다. • 장조림 주재료인 소고기 전처리 방법을 시연을 통해 학습한 후 실습한다. • 조림·초·볶음의 부재료 준비방법을 시연을 통해 학습한 후 실습한다.
볶음 양념장 만들기	• 레시피에 따라 간장, 고추장, 초 양념장의 배합표를 작성해 본다. • 간장, 고추장, 초 양념장 배합표에 따라 간장 양념장 만들기를 학습한 후 실습한다.
볶음 조리 하기	• 조림·초·볶음조리 종류에 적합한 조리도구를 학습한다. • 조리도구에 재료를 넣고 조림·초·볶음조리방법에 따라 양념장에 조리거나 기름에 볶는 방법에 대해 학습한다. • 조림·초·볶음조리방법에 따라 재료와 양념장의 비율, 첨가시점을 조절하는 방법을 실습한다. • 찜, 초, 조림 시 센불, 중불 및 약불 사용법을 이해하고 화력 조절하는 방법을 습득한다. • 만들어진 음식을 적합한 그릇에 모양내어 담기를 실습한다.
볶음 담아 완성	• 찜, 초, 조림 시 센불, 중불 및 약불 사용법을 설명하고, 화력 조절하는 방법을 습득한다. • 만들어진 음식을 적합한 그릇에 모양내어 담기를 시연을 통해 학습한 후 실습한다. • 조림(장조림)의 국물 양을 조절하여 담아낼 수 있도록 학습한다. • 조림·초·볶음조리에 따라 고명을 얹어 낼 수 있도록 학습한다.

■ 평가방법

학습 내용	평가항목	성취수준		
		상	중	하
볶음 재료·부재료 준비 및 전처리	조리법을 고려하여 적합한 재료를 선택할 수 있다.			
	조리에 사용하는 재료를 필요량에 맞게 계량할 수 있다.			
	조림·초·볶음조리에 따라 도구와 재료를 준비할 수 있다.			
	조림·초·볶음조리의 재료에 따라 전처리를 수행할 수 있다.			
볶음 양념장 만들기	조림·초·볶음 양념장 재료를 비율대로 혼합, 조절할 수 있다.			
	필요에 따라 양념장을 숙성할 수 있다.			
	만든 양념장을 용도에 맞게 활용할 수 있다.			
볶음 조리 하기	준비한 도구에 재료를 넣고, 양념장에 조리거나 기름에 볶을 수 있다.			
	재료와 양념장의 비율, 첨가 시점을 조절할 수 있다.			
	재료가 눌어붙거나 모양이 흐트러지지 않게 화력을 조절하여 익힐 수 있다.			
볶음 담아 완성	조리 종류에 따라 그릇을 선택할 수 있다.			
	조리법에 따라 국물 양을 조절하여 담아낼 수 있다.			
	조림·초·볶음조리에 따라 고명을 얹어낼 수 있다.			

재료 썰기

시험시간 **25** 분

지급재료

무 100g
오이(길이 25cm 정도) 1/2개
당근(길이 6cm 정도) 1토막
달걀 3개
식용유 20㎖
소금 10g

요구사항

주어진 재료를 사용하여 다음과 같이 '재료 썰기'를 하시오.

가. 무, 오이, 당근, 달걀지단을 썰기 하여 전량 제출하시오.
(단, 재료별 써는 방법이 틀렸을 경우 실격)

나. 무는 채 썰기, 오이는 돌려깎기 하여 채 썰기, 당근은 골패 썰기를 하시오.

다. 달걀은 흰자와 노른자를 분리하여 알끈과 거품을 제거하고 지단을 부쳐 완자(마름모꼴)모양으로 각 10개를 썰고, 나머지는 채 썰기를 하시오.

라. 재료 썰기의 크기는 다음과 같이 하시오.
1) 채 썰기 – 0.2cm×0.2cm×5cm
2) 골패 썰기 – 0.2cm×1.5cm×5cm
3) 마름모형 썰기 – 한 면의 길이가 1.5cm

수험자 유의사항

1. 만드는 순서에 유의하며, 위생과 숙련된 기능평가를 위하여 조리작업 시 맛을 보지 않습니다.
2. 지정된 수험자 지참준비물 이외의 조리기구나 재료를 시험장 내에 지참할 수 없습니다.
3. 지급재료는 시험 전 확인하여 이상이 있을 경우 시험위원으로부터 조치를 받고, 시험 중에는 재료의 교환 및 추가지급은 하지 않습니다.
4. 요구사항의 규격은 "정도"의 의미를 포함하며, 지급된 재료의 크기에 따라 가감하여 채점합니다.
5. 위생상태 및 안전관리 사항을 준수합니다.

조리방법

1. 당근을 골패 썰기(0.2×1.5×5cm)로 썰고, 나머지는 채 썰기(0.2×0.2×5cm)로 썰어놓는다.
2. 무는 채 썰기(0.2×0.2×5cm)로 썰어놓고, 오이는 돌려깎기 하여 채 썰기로 썰어놓는다.
3. 달걀은 흰자와 노른자를 분리하여 알끈을 제거하고 지단을 부쳐놓는다.
4. 지단은 마름모형 썰기로 10개씩 흰자와 노른자를 각각 썰어놓고, 나머지는 채 썰어놓는다.
5. 접시에 썰은 재료를 보기 좋게 담아 제출한다.

전문가 TIP

- 당근 골패 썰기는 요구사항이므로 먼저 썰고, 재료가 남아있으면 채 썰기를 한다.
- 모든 재료의 크기를 일정하게 썰어야 한다.
- 지단을 부칠 경우, 알끈과 거품을 제거하고 프라이팬의 온도가 너무 높지 않아야 한다.

한식 기초조리실무 학습모듈

■ 학습방법

기본 칼기술 습득하기	• 칼의 종류와 사용 용도를 이해한다. • 기본 썰기 방법을 습득한다. • 조리 목적에 맞게 식재료를 썬다. • 칼을 연마하고 관리한다.
기본 기능 습득하기	• 한식 기본 양념에 대한 지식을 이해하고 습득한다. • 한식 고명에 대한 지식을 이해하고 습득한다. • 한식 기본 육수조리에 대한 지식을 이해하고 습득한다. • 한식 기본 재료와 전처리 방법, 활용 방법에 대한 지식을 이해하고 습득한다.
기본 조리법 습득하기	• 한식 음식 종류와 상차림에 대한 지식을 이해하고 습득한다. • 조리도구의 종류 및 용도를 이해하고 적절하게 사용한다. • 식재료의 정확한 계량 방법을 습득한다. • 한식 기본 조리법과 조리원리에 대한 지식을 이해하고 습득한다. • 조리 업무 전과 후의 상태를 점검하고 정리할 수 있다.

■ 평가방법

학습 내용	평가항목	성취수준		
		상	중	하
기초 기능 익히기	조리도구를 사용하고 종류별 특성에 맞게 적용할 수 있다.			
	식재료와 조미료를 파악하고 메뉴에 맞게 사용할 수 있다.			
	표준 조리를 위한 계량기구를 사용하여 계량할 수 있다.			
	한식 양념류를 용도에 맞게 사용할 수 있다.			
	조리 용어와 기본 썰기에 대해 이해하고 습득할 수 있다.			
	한식 기본 재료를 손질하여 고명을 만들 수 있다.			

Korean Cuisine

Learning Module Application

실기편

Chapter 02

한식조리기능사 '실기 더 알아보기'

국수장국 · 비빔국수 · 칼국수 · 만둣국 · 소고기전골 · 두부전골 · 닭찜 · 돼지갈비찜 · 북어찜 · 호박선 · 오이선 · 어선 · 달걀찜 · 화전 · 채소튀김 · 북어보푸라기 · 오이소박이 · 보쌈김치 · 배숙 · 매작과 · 무숙장아찌 · 오이숙장아찌

국수장국

시험시간 30 분

지급재료

소면 80g
소고기(살코기) 50g
달걀 1개
애호박(중, 길이 6cm) 60g
석이버섯(부서지지 않은 것) 5g
실고추(길이 10cm 1~2줄기) 1g
식용유 5㎖
참기름 5㎖
소금(정제염) 5g
진간장 10㎖
대파(흰부분, 4cm 정도) 1토막
마늘(중, 깐 것) 1쪽

요구사항

주어진 재료를 사용하여 다음과 같이 '국수장국'을 만드시오.

가. 호박은 돌려깎기 하여 0.3cm×0.3cm×5cm, 황 · 백지단은 0.2cm×0.2cm×5cm, 석이버섯은 채 썰어 고명으로 사용하시오.
나. 소고기는 육수를 내고, 삶은 고기는 0.2cm×0.2cm×5cm 정도의 고명으로 사용하시오.
다. 국수에 1.5배 분량의 장국을 붓고 오색 고명을 올려내시오.

수험자 유의사항

1. 만드는 순서에 유의하며, 위생과 숙련된 기능평가를 위하여 조리작업 시 맛을 보지 않습니다.
2. 지정된 수험자 지참준비물 이외의 조리기구나 재료를 시험장 내에 지참할 수 없습니다.
3. 지급재료는 시험 전 확인하여 이상이 있을 경우 시험위원으로부터 조치를 받고, 시험 중에는 재료의 교환 및 추가지급은 하지 않습니다.
4. 요구사항의 규격은 "정도"의 의미를 포함하며, 지급된 재료의 크기에 따라 가감하여 채점합니다.
5. 위생상태 및 안전관리 사항을 준수합니다.

조리방법

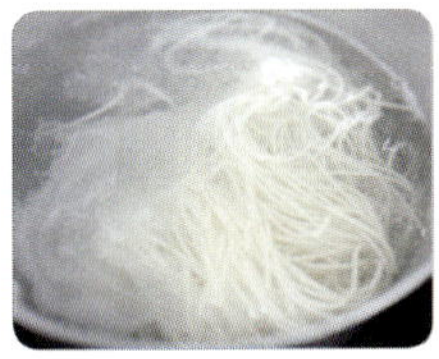

1. 소고기는 핏물을 제거하고 덩어리째 냄비에 넣어 찬물 4컵을 부어 삶아 건진다.
2. 호박은 0.2cm 두께로 돌려깎아 5cm 길이로 채 썰어 소금에 절이고, 불린 석이버섯은 돌돌 말아 곱게 채 썰어 소금, 참기름을 넣어 양념한다.
3. 팬에 황 · 백지단을 부쳐 5cm 길이로 채를 썰고, 물기를 제거한 호박을 살짝 볶아낸 다음 석이버섯을 볶아낸다.
4. 끓는 소금물에 마른국수를 넣고 젓가락으로 저어가며 삶아준다. 실고추는 2cm 길이로 자른다.
5. 편육은 0.2cm 두께, 5cm 길이로 채 썰어 간장, 다진파, 다진마늘로 양념을 하고, 육수는 면보에 걸러 간장으로 색을 내고 소금으로 간을 하여 준비한다.
6. 삶아진 면은 찬물에 헹구어 사기를 지어 그릇에 담고, 고명을 얹은 후 뜨거운 장국물을 부어 완성한다.

전문가 TIP

- 국수를 충분히 익혀 찬물에 여러 번 헹구어야 전분질이 제거되어 국수가 붇는 것을 방지한다.
- 소면을 삶을 때 찬물을 2~3번 정도 넣어가며 삶으면, 물이 넘치지 않고 국수가 빨리 삶아진다.
- 국물의 색상을 맞춘다.

한식 면류조리 학습모듈

■ 학습방법

면류 재료 준비 및 전처리	• 밀가루의 종류를 설명하고, 품질 특성에 대하여 토의한다. • 재료에 따른 국수의 종류와, 조리법에 따른 국수의 종류를 익히고 실습을 통해 연습한다. • 계량기구의 종류와 용도를 익히고, 사용방법을 실습한다. • 부재료의 종류를 익히고, 조리법에 따라 전처리방법을 실습한다.
면류 육수 만들기	• 육수의 종류를 설명하고, 용도에 맞는 품질 특성에 대하여 토의한다. • 육수 만드는 방법에 따른 종류를 익히고, 실습을 통해 연습한다. • 육수 종류에 따라 재료 선택을 하여 실습한다.
국수 · 만두 반죽 하기	• 반죽 만드는 방법에 따른 종류를 익히고, 실습을 통해 연습한다. • 반죽의 종류에 따라 재료 선택을 하여 실습한다. • 조리기구의 사용방법을 실습한다.
국수 · 만두 · 냉면 조리 하기	• 국수 · 만두 · 냉면의 종류를 설명하고, 용도에 맞는 품질 특성에 대하여 토의한다. • 국수 · 만두 · 냉면 만드는 방법에 따른 종류를 익히고, 실습을 통해 연습한다. • 국수 · 만두 · 냉면 종류에 따라 재료 선택을 하여 실습한다.
면류 담아 완성	• 면 요리 종류와 계절에 맞는 그릇의 종류를 익히고, 실습을 통해 연습한다. • 국수 · 만두 · 냉면 종류에 따라 냉 · 온을 선택하여 실습한다. • 양념장과 고명의 종류에 따라 사용방법을 실습한다. • 면 요리의 종류에 따라 그릇과의 조화를 고려하여 담는 방법을 실습한다.

■ 평가방법

학습 내용	평가항목	성취수준		
		상	중	하
면류 재료 준비 및 전처리	면 조리(국수 · 만두 · 냉면) 종류에 따라 재료를 준비할 수 있다.			
	조리에 사용하는 재료를 필요량에 맞게 계량할 수 있다.			
	부재료는 조리방법에 맞게 전처리할 수 있다.			
면류 육수 만들기	찬물에 육수재료를 넣고 서서히 끓일 수 있다.			
	면 조리의 종류에 맞게 화력과 시간을 조절하여 육수를 만들 수 있다.			
	육수의 종류에 따라 냉 · 온으로 보관할 수 있다.			
국수 · 만두 반죽 하기	가루를 분량대로 섞어 반죽하는 능력			
	사용 시점, 빈도에 따라 숙성 및 보관하는 능력			
	손이나 기계를 사용하여 용도에 맞게 면을 만드는 능력			
국수 · 만두 · 냉면 조리 하기	면 · 만두 · 냉면 종류에 따라 삶거나 끓일 수 있다.			
	부재료를 조리방법에 따라 조리할 수 있다.			
	면 종류에 따라 양념장을 만들어 비비거나 용도에 맞게 활용할 수 있다.			
	면의 종류에 따라 어울리는 고명을 만들 수 있다.			
면류 담아 완성	면 요리의 종류에 맞는 그릇을 선택할 수 있다.			
	요리 종류에 따라 냉 · 온으로 제공할 수 있다.			
	필요한 경우, 양념장과 고명을 얹거나 따로 제공할 수 있다.			

비빔국수

시험시간 30 분

지급재료

소면 70g
소고기(살코기) 30g
건표고버섯(지름 5cm 정도, 물에 불린 것) 1개(부서지지 않은 것)
석이버섯(부서지지 않은 것) 5g
오이(가늘고 곧은 것) 1/4개
달걀 1개
실고추(길이 10cm 1~2줄기) 1g
진간장 15㎖
대파(흰부분, 4cm 정도) 1토막
마늘(중, 깐 것) 2쪽
깨소금 5g
소금(정제염) 10g
참기름 10㎖
검은후춧가루 1g
백설탕 5g
식용유 20㎖

요구사항

주어진 재료를 사용하여 다음과 같이 '비빔국수'를 만드시오.

가. 소고기, 표고버섯, 오이는 0.3cm×0.3cm×5cm로 썰어 양념하여 볶으시오.
나. 황 · 백지단은 0.2cm×0.2cm×5cm로 썰어 고명으로 사용하시오.
다. 삶은 국수는 유장처리 하여 사용하시오.
라. 실고추와 석이버섯은 채 썰어 고명으로 사용하시오.

수험자 유의사항

1. 만드는 순서에 유의하며, 위생과 숙련된 기능평가를 위하여 조리작업 시 맛을 보지 않습니다.
2. 지정된 수험자 지참준비물 이외의 조리기구나 재료를 시험장 내에 지참할 수 없습니다.
3. 지급재료는 시험 전 확인하여 이상이 있을 경우 시험위원으로부터 조치를 받고, 시험 중에는 재료의 교환 및 추가지급은 하지 않습니다.
4. 요구사항의 규격은 "정도"의 의미를 포함하며, 지급된 재료의 크기에 따라 가감하여 채점합니다.
5. 위생상태 및 안전관리 사항을 준수합니다.

조리방법

1. 오이는 5cm 길이로 잘라 0.3cm 두께로 돌려깎아 채를 썰어 소금에 절였다가 물기를 제거하고, 냄비에는 물을 끓여 따듯한 물에 석이버섯, 표고버섯을 불려 석이버섯은 깨끗이 씻어 가늘게 채 썬다.
2. 표고버섯은 물기와 기둥을 제거한 뒤 0.3cm 두께, 5cm 길이로 채를 썰고, 소고기는 핏물을 제거한 뒤 표고버섯 크기로 채 썰기를 한다.
3. 간장 1큰술, 설탕 1/2큰술, 다진파, 다진마늘, 깨소금, 후추, 참기름을 넣어 양념장을 만들어 각각 양념을 한다.
4. 팬에 지단을 부치고 0.2cm 두께, 5cm 길이로 채 썰어 놓는다.
5. 팬에 오이, 석이버섯, 소고기, 표고버섯 순으로 각각 볶아 식힌다.
6. 끓는 소금물에 국수를 넣고 끓어오를 때마다 찬물을 부어가며 식힌다.
7. 삶아진 국수는 찬물에 헹군 뒤, 간장 1/2 작은술, 설탕 1/2 작은술, 참기름으로 밑간을 하고, 볶아놓은 오이, 소고기, 표고버섯을 비벼 그릇에 담고 고명을 올려낸다.

전문가 TIP

- 비빔국수는 부재료와 고명이 준비된 후 면을 삶아야 붇지 않는다.
- 소면을 삶을 때 찬물을 2~3번 정도 넣어가며 삶으면, 물이 넘치지 않고 국수가 빨리 삶아진다.
- 국수를 충분히 익혀 찬물에 여러 번 헹구어야, 전분질이 제거되어 국수가 붇는 것을 방지한다.

한식 면류조리 학습모듈

■ 학습방법

면류 재료 준비 및 전처리	• 밀가루의 종류를 설명하고, 품질 특성에 대하여 토의한다. • 재료에 따른 국수의 종류와, 조리법에 따른 국수의 종류를 익히고 실습을 통해 연습한다. • 계량기구의 종류와 용도를 익히고, 사용방법을 실습한다. • 부재료의 종류를 익히고, 조리법에 따라 전처리방법을 실습한다.
면류 육수 만들기	• 육수의 종류를 설명하고, 용도에 맞는 품질 특성에 대하여 토의한다. • 육수 만드는 방법에 따른 종류를 익히고, 실습을 통해 연습한다. • 육수 종류에 따라 재료 선택을 하여 실습한다.
국수, 만두 반죽 하기	• 반죽 만드는 방법에 따른 종류를 익히고, 실습을 통해 연습한다. • 반죽의 종류에 따라 재료 선택을 하여 실습한다. • 조리기구의 사용방법을 실습한다.
국수 · 만두 · 냉면 조리 하기	• 국수 · 만두 · 냉면의 종류를 설명하고, 용도에 맞는 품질 특성에 대하여 토의한다. • 국수 · 만두 · 냉면 만드는 방법에 따른 종류를 익히고, 실습을 통해 연습한다. • 국수 · 만두 · 냉면 종류에 따라 재료 선택을 하여 실습한다.
면류 담아 완성	• 면 요리 종류와 계절에 맞는 그릇의 종류를 익히고, 실습을 통해 연습한다. • 국수 · 만두 · 냉면 종류에 따라 냉 · 온을 선택하여 실습한다. • 양념장과 고명의 종류에 따라 사용방법을 실습한다. • 면 요리의 종류에 따라 그릇과의 조화를 고려하여 담는 방법을 실습한다.

■ 평가방법

학습 내용	평가항목	성취수준		
		상	중	하
면류 재료 준비 및 전처리	면 조리(국수 · 만두 · 냉면) 종류에 따라 재료를 준비할 수 있다.			
	조리에 사용하는 재료를 필요량에 맞게 계량할 수 있다.			
	부재료는 조리방법에 맞게 전처리할 수 있다.			
면류 육수 만들기	찬물에 육수재료를 넣고 서서히 끓일 수 있다.			
	면 조리의 종류에 맞게 화력과 시간을 조절하여 육수를 만들 수 있다.			
	육수의 종류에 따라 냉 · 온으로 보관할 수 있다.			
국수 · 만두 반죽 하기	가루를 분량대로 섞어 반죽하는 능력			
	사용 시점, 빈도에 따라 숙성 및 보관하는 능력			
	손이나 기계를 사용하여 용도에 맞게 면을 만드는 능력			
국수 · 만두 · 냉면 조리 하기	면 · 만두 · 냉면 종류에 따라 삶거나 끓일 수 있다.			
	부재료를 조리방법에 따라 조리할 수 있다.			
	면 종류에 따라 양념장을 만들어 비비거나 용도에 맞게 활용할 수 있다.			
	면의 종류에 따라 어울리는 고명을 만들 수 있다.			
면류 담아 완성	면 요리의 종류에 맞는 그릇을 선택할 수 있다.			
	요리 종류에 따라 냉 · 온으로 제공할 수 있다.			
	필요한 경우, 양념장과 고명을 얹거나 따로 제공할 수 있다.			

칼국수

시험시간 30 분

지급재료

밀가루(중력분) 100g
멸치(장국용, 대) 20g
애호박(중, 길이 6cm) 60g
건표고버섯(지름 5cm 정도, 물에 불린 것) 1개(부서지지 않은 것)
실고추(길이 10cm 1~2줄기) 1g
마늘(중, 깐 것) 1쪽
대파(흰부분, 4cm 정도) 1토막
식용유 10㎖
소금(정제염) 5g
진간장 5㎖
참기름 5㎖
백설탕 5g

요구사항

주어진 재료를 사용하여 다음과 같이 '칼국수'를 만드시오.

가. 국수의 굵기는 두께가 0.2cm, 폭은 0.3cm가 되도록 하시오.
나. 멸치는 육수용으로 사용하시오.
다. 애호박은 돌려깎아 채 썰고, 표고버섯은 채 썰어 볶아 실고추와 함께 고명으로 사용하시오.
라. 국수와 국물의 비율은 1:2 정도가 되도록 하시오.

수험자 유의사항

1. 만드는 순서에 유의하며, 위생과 숙련된 기능평가를 위하여 조리작업 시 맛을 보지 않습니다.
2. 지정된 수험자 지참준비물 이외의 조리기구나 재료를 시험장 내에 지참할 수 없습니다.
3. 지급재료는 시험 전 확인하여 이상이 있을 경우 시험위원으로부터 조치를 받고, 시험 중에는 재료의 교환 및 추가지급은 하지 않습니다.
4. 요구사항의 규격은 "정도"의 의미를 포함하며, 지급된 재료의 크기에 따라 가감하여 채점합니다.
5. 위생상태 및 안전관리 사항을 준수합니다.

조리방법

1. 멸치다시는 머리와 내장을 제거한 뒤, 팬에 살짝 볶아낸다.
2. 냄비에 물 4컵과 볶은 멸치, 마늘, 대파를 넣고 끓여, 육수가 우러나면 체에 걸러 간장으로 색을 내고 소금으로 간을 한다.
3. 밀가루 12큰술에 물을 넣어 반죽하여, 마르지 않게 면 보자기를 덮어 숙성시킨다.(덧가루는 남긴다.)
4. 호박은 돌려깎아 채 썰어 소금에 절였다가 물기를 제거하고, 표고버섯도 물기제거 후 기둥을 자르고 채 썰어 간장, 설탕, 참기름으로 밑간을 한다. 팬에 식용유를 두르고 호박, 표고버섯을 볶아내고, 실고추는 2cm 길이로 자른다.
5. 반죽은 0.1cm 두께, 0.2cm 폭으로 썰어 끓는 육수에 넣어 붙지 않도록 저어가며 익힌다.
6. 그릇에 칼국수를 담고 국물을 부은 다음, 호박, 표고버섯 실고추를 고명으로 얹는다.

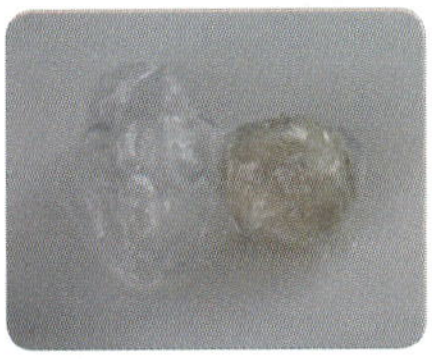

전문가 TIP

- 칼국수반죽을 만들고 덧가루는 남긴다.
- 국수를 썰고 나서 밀가루를 충분히 털어준다.
- 국수를 삶을 때 센불로 끓이다가 약불에서 면을 익힌다.(센불에서 끓이면 국물이 혼탁해진다.)

한식 면류조리 학습모듈

■ 학습방법

면류 재료 준비 및 전처리	• 밀가루의 종류를 설명하고, 품질 특성에 대하여 토의한다. • 재료에 따른 국수의 종류와, 조리법에 따른 국수의 종류를 익히고 실습을 통해 연습한다. • 계량기구의 종류와 용도를 익히고, 사용방법을 실습한다. • 부재료의 종류를 익히고, 조리법에 따라 전처리방법을 실습한다.
면류 육수 만들기	• 육수의 종류를 설명하고, 용도에 맞는 품질 특성에 대하여 토의한다. • 육수 만드는 방법에 따른 종류를 익히고, 실습을 통해 연습한다. • 육수 종류에 따라 재료 선택을 하여 실습한다.
국수·만두 반죽하기	• 반죽 만드는 방법에 따른 종류를 익히고, 실습을 통해 연습한다. • 반죽의 종류에 따라 재료 선택을 하여 실습한다. • 조리기구의 사용방법을 실습한다.
국수·만두·냉면 조리하기	• 국수·만두·냉면의 종류를 설명하고, 용도에 맞는 품질 특성에 대하여 토의한다. • 국수·만두·냉면 만드는 방법에 따른 종류를 익히고, 실습을 통해 연습한다. • 국수·만두·냉면 종류에 따라 재료 선택을 하여 실습한다.
면류 담아 완성	• 면 요리 종류와 계절에 맞는 그릇의 종류를 익히고, 실습을 통해 연습한다. • 국수·만두·냉면 종류에 따라 냉·온을 선택하여 실습한다. • 양념장과 고명의 종류에 따라 사용방법을 실습한다. • 면 요리의 종류에 따라 그릇과의 조화를 고려하여 담는 방법을 실습한다.

■ 평가방법

학습 내용	평가항목	성취수준		
		상	중	하
면류 재료 준비 및 전처리	면 조리(국수·만두·냉면) 종류에 따라 재료를 준비할 수 있다.			
	조리에 사용하는 재료를 필요량에 맞게 계량할 수 있다.			
	부재료는 조리방법에 맞게 전처리할 수 있다.			
면류 육수 만들기	찬물에 육수재료를 넣고 서서히 끓일 수 있다.			
	면 조리의 종류에 맞게 화력과 시간을 조절하여 육수를 만들 수 있다.			
	육수의 종류에 따라 냉·온으로 보관할 수 있다.			
국수·만두 반죽하기	가루를 분량대로 섞어 반죽하는 능력			
	사용 시점, 빈도에 따라 숙성 및 보관하는 능력			
	손이나 기계를 사용하여 용도에 맞게 면을 만드는 능력			
국수·만두·냉면 조리하기	면·만두·냉면 종류에 따라 삶거나 끓일 수 있다.			
	부재료를 조리방법에 따라 조리할 수 있다.			
	면 종류에 따라 양념장을 만들어 비비거나 용도에 맞게 활용할 수 있다.			
	면의 종류에 따라 어울리는 고명을 만들 수 있다.			
면류 담아 완성	면 요리의 종류에 맞는 그릇을 선택할 수 있다.			
	요리 종류에 따라 냉·온으로 제공할 수 있다.			
	필요한 경우, 양념장과 고명을 얹거나 따로 제공할 수 있다.			

만둣국

시험시간 **45** 분

지급재료

밀가루(중력분) 60g
소고기(살코기) 60g
두부 50g
숙주(생 것) 30g
배추김치 40g
달걀 1개
미나리(줄기 부분) 20g
대파(흰부분, 4cm 정도) 1토막
마늘(중, 깐 것) 2쪽
소금(정제염) 5g
검은후춧가루 2g
식용유 5㎖
깨소금 5g
참기름 10㎖
국간장 5㎖
산적꼬지 1개

요구사항

주어진 재료를 사용하여 다음과 같이 '만둣국'을 만드시오.

가. 지급된 소고기는 육수와 만두속 재료로 사용하시오.
나. 만두피는 지름 8cm의 둥근 모양으로 하여, 5개를 만드시오.
다. 황 · 백지단과 미나리 초대 각 2개씩을 고명으로 사용하시오. [완자(마름모꼴)모양]

수험자 유의사항

1. 만드는 순서에 유의하며, 위생과 숙련된 기능평가를 위하여 조리작업 시 맛을 보지 않습니다.
2. 지정된 수험자 지참준비물 이외의 조리기구나 재료를 시험장 내에 지참할 수 없습니다.
3. 지급재료는 시험 전 확인하여 이상이 있을 경우 시험위원으로부터 조치를 받고, 시험 중에는 재료의 교환 및 추가지급은 하지 않습니다.
4. 요구사항의 규격은 "정도"의 의미를 포함하며, 지급된 재료의 크기에 따라 가감하여 채점합니다.
5. 위생상태 및 안전관리 사항을 준수합니다.

조리방법

1. 밀가루 5큰술은 체에 내려, 물과 소금을 넣고 반죽하여 비닐이나 젖은 면보자기에 덮어둔다.(덧가루는 남긴다.)
2. 끓는물에 소금을 약간 넣고 숙주를 데쳐 다지고, 두부는 물기를 제거한 후 으깨고, 김치는 속을 털어내고 다져서 물기를 꼭 짠다.
3. 소고기 일부는 육수를 만들어 면보자기에 거르고, 나머지는 다진다.
4. 준비된 숙주, 두부, 김치, 소고기에 다진파, 마늘, 소금, 후추, 깨소금, 참기름으로 양념하여 소를 만든다.
5. 팬에 황 · 백지단을 부쳐내고, 미나리는 밀가루와 달걀물을 입혀 지져낸 뒤 2cm 마름모꼴로 각각 자른다.
6. 밀가루반죽을 밀대로 얇고 둥글게 밀어, 지름 8cm 정도의 만두피에 소를 넣고 만두를 빚는다.
7. 완성된 육수는 체와 면보자기를 이용하여 거른 뒤, 국간장으로 색을 내고 소금으로 간을 하여 육수를 준비한다.
8. 육수가 끓으면 만두를 넣어 끓이다가 떠오르면 그릇에 담고, 황 · 백지단과 미나리촛대를 썰어 고명으로 띄운다.

전문가 TIP

- 소로 사용되는 재료의 물기를 완전히 제거한다.
- 만두피의 반죽이 질지 않도록 물의 양을 조절한다.
- 국물의 색상을 맞춘다.

한식 국 · 탕조리 학습모듈

■ 학습방법

구분		학습방법
국 · 탕 재료 준비 및 전처리		• 국 · 탕을 조리하기 위해 작업장에서 준비해야 할 내용 및 작업과 계량방법을 학습한다. • 국 · 탕의 조리 시 재료에 따라 요구되는 전처리, 국물, 육수 종류에 따른 주재료 선별방법, 유의사항을 발표한다. • 모든 학생들이 참여하여 프로젝트 수업, 문제 해결식 수업을 통해 학습한다. • 각 목차별 과정을 단계적으로 실습한다.
국 · 탕 육수 제조		• 육수에 따른 불의 조절방법과 용도에 맞는 재료의 불순물 제거 기술, 육수의 상태 판별, 육수의 냉각 및 보관방법 등에 대하여 학습한다.
국 · 탕 조리	국 조리	• 탕의 종류와 다양한 재료를 사용한 탕을 조사하고, 재료의 종류에 맞게 시간을 달리하는 탕의 조리에 대해 학습한다. • 탕에 사용되는 재료들에 대한 부위별 명칭을 숙지하여, 실습을 통하여 조리기술을 숙련한다.
	탕 조리	• 탕의 종류와 다양한 재료를 사용한 탕을 조사하고, 재료의 종류에 맞게 시간을 달리하는 탕의 조리에 대해 학습한다. • 탕에 사용되는 재료들에 대한 부위별 명칭을 숙지하여, 실습을 통하여 조리기술을 숙련한다.
국 · 탕 담아 완성		• 조리법에 따른 국, 탕 그릇의 선택방법과, 계절을 고려한 그릇의 선택방법을 실습에 적용한다. • 국 · 탕의 국물과 건더기의 비율, 알맞은 온도로 제공하는 조리기술을 실습을 통해 숙련하도록 한다. • 국 · 탕의 종류에 따라 고명하는 방법과, 그릇의 형태에 따라 조화롭게 담아내는 방법을 발표하고 실습에 적용한다.

■ 평가방법

학습 내용	평가항목	성취수준		
		상	중	하
국 · 탕 재료 준비 및 전처리	조리에 사용하는 재료를 필요량에 맞게 계량할 수 있다.			
	육수의 종류에 맞추어 도구와 재료를 준비할 수 있다.			
	재료에 따라 요구되는 전처리를 수행할 수 있다.			
국 · 탕 육수 제조	찬물에 육수재료를 넣고 서서히 끓일 수 있다.			
	조리의 종류에 따라 끓이는 시간과 불의 강도를 조절할 수 있다.			
	끓이는 중 부유물을 제거하여 맑은육수를 만들 수 있다.			
	완성된 육수를 보고 품질을 판단할 수 있다.			
	육수의 종류에 따라 냉 · 온으로 보관할 수 있다.			
국 · 탕 조리	재료 종류에 맞게 국물조리 능력			
	국 주재료와 부재료의 배합에 맞게 조리			
	국 다양한 재료 활용조리 여부			
	조리의 종류에 따라 끓이는 시간조절 능력			
국 · 탕 담아 완성	조리법에 따라 국 · 탕 그릇을 선택할 수 있다.			
	국 · 탕은 뜨거운 온도로 담아 제공할 수 있다.			
	국 · 탕은 국물과 건더기의 비율에 맞게 담아낼 수 있다.			
	국 · 탕의 종류에 따라 고명을 활용할 수 있다.			

소고기전골

시험시간 **30** 분

지급재료

소고기(살코기) 70g
소고기(사태부위) 30g
건표고버섯(불린 것) 3장
숙주(생 것) 50g
무(길이 5cm 정도) 60g
당근(길이 5cm 정도) 40g
양파(중, 150g 정도) 1/4개
실파(2뿌리) 40g
달걀 1개
잣 10알
대파(흰부분, 4cm 정도) 1토막
마늘 2쪽
진간장 10㎖
백설탕 5g
깨소금 5g
참기름 5㎖
소금 10g
검은후춧가루 1g

요구사항

주어진 재료를 사용하여 다음과 같이 '소고기전골'을 만드시오.

가. 소고기는 육수와 전골용으로 나누어 사용하시오

나. 전골용 소고기는 0.5cm×0.5cm×5cm 정도 크기로 썰어, 양념하여 사용하시오.

다. 양파는 0.5cm 정도 폭으로, 실파는 5cm 정도 길이로, 나머지 채소는 0.5cm×0.5cm×5cm 정도 크기로 채 썰고, 숙주는 거두절미하여 데쳐서 양념하시오.

라. 모든 재료를 돌려 담아 소고기를 중앙에 놓고, 육수를 부어 끓인 후 달걀을 올려 반숙이 되게 끓여 잣을 얹어내시오.

수험자 유의사항

1. 만드는 순서에 유의하며, 위생과 숙련된 기능평가를 위하여 조리작업 시 맛을 보지 않습니다.
2. 지정된 수험자 지참준비물 이외의 조리기구나 재료를 시험장 내에 지참할 수 없습니다.
3. 지급재료는 시험 전 확인하여 이상이 있을 경우 시험위원으로부터 조치를 받고, 시험 중에는 재료의 교환 및 추가지급은 하지 않습니다.
4. 요구사항의 규격은 "정도"의 의미를 포함하며, 지급된 재료의 크기에 따라 가감하여 채점합니다.
5. 위생상태 및 안전관리 사항을 준수합니다.

조리방법

1. 소고기 사태는 육수용으로 대파, 마늘, 양파를 넣고 끓여 준비한다.
2. 전골용 소고기는 0.5×0.5×5cm로 썰어 다진마늘, 다진대파, 진간장, 설탕, 깨소금으로 양념하여 준비한다.
3. 무, 당근, 양파를 0.5×5cm 정도 크기로 채 썰고, 숙주는 거두절미하여 데쳐서 마늘, 대파, 참기름으로 버무려 준비한다.
4. 실파, 대파, 표고를 5cm 길이로 썰어 준비한다.
5. 모든 재료를 돌려담고, 2의 재료를 중앙에 오도록 전골냄비에 담는다.
6. 준비한 육수를 부어 한 김 끓인 후 달걀을 올려 반숙이 되게 끓여 잣을 올려 제출한다.

전문가 TIP

- 전골냄비가 깊은 경우, 썰고 남은 재료를 밑바닥에 깔아주어도 좋다.
- 모든 재료를 비슷한 크기로 썰어 돌려 담아야 한다.
- 달걀을 반숙으로 제출하는 요구사항에 주의해야 한다.

한식 전골조리 학습모듈

■ 학습방법

전골 재료 준비 및 전처리	• 찌개 · 전골조리를 위한 마인드맵을 구성하여 전체적인 흐름도를 알고, 현재 학습의 위치를 확인하도록 한다. • 식품재료 다루기 과정은 사진자료를 첨부하여 보고서로 작성하고, 실습훈련을 통하여 조리능력을 함양한다. • 박물관을 방문하여 우리나라 전통 찌개 · 전골 기구의 사진자료를 첨부하여 보고서로 작성하고 발표한다.
전골 육수 만들기	• 육수 만드는 방법은 사진자료를 첨부하여 보고서를 작성하고, 실습훈련을 통하여 조리능력을 함양한다. • 모둠을 구성하여, 판매하고 있는 육수의 종류와 특징을 조사하여 보고서를 작성하고 발표한다.
전골 양념장 만들기	• 조미료와 향신료의 종류와 특징을 마인드맵으로 구성하여 특징을 파악한다. • 찌개 · 전골의 종류에 따라 사용할 수 있는 양념장 만드는 방법을 사진자료를 첨부하여 보고서를 작성하고, 실습훈련을 통하여 조리능력을 함양한다. • 모둠을 구성하여 판매할 수 있는 양념장을 개발하여 보고서를 작성한다.
전골 조리 하기	• 전골의 특징을 구분하여 파악한다. • 전골에 사용되는 재료를 손질하고, 조리원리에 맞게 만들 수 있는 능력을 함양한다. • 모둠을 구성하여, 판매할 수 있는 찌개와 전골 메뉴를 개발하여 보고서를 작성한다.
전골 담아 완성	• 찌개와 전골을 만들 때 사용하는 가열기구에 대하여 조사하고 발표한다. • 신선로에 담을 수 있는 재료를 조사하고, 레시피를 작성하여 실습한다. • 신선로의 우수성을 영양성, 기호성, 심미성, 전통성에 대하여 조사하여 보고서를 작성한다.

■ 평가방법

학습내용	평가항목	성취수준		
		상	중	하
전골 재료 준비 및 전처리	조리에 사용하는 재료를 필요량에 맞게 계량할 수 있다.			
	육수의 종류에 맞추어 도구와 재료를 준비할 수 있다.			
	재료에 따라 요구되는 전처리를 수행할 수 있다.			
	전골조리의 경우, 종류에 따라 기구를 선택할 수 있다.			
전골 육수 만들기	찬물에 육수재료를 넣고 서서히 끓일 수 있다.			
	끓이는 중, 부유물과 기름이 떠오르면 걷어내어 제거할 수 있다.			
	조리 종류에 따라 끓이는 시간과 불의 강도를 조절할 수 있다.			
	사용시점에 맞춰 냉 · 온으로 보관할 수 있다.			
전골 양념장 만들기	양념장 재료를 비율대로 혼합, 조절할 수 있다.			
	필요에 따라 양념장을 숙성할 수 있다.			
	만든 양념장을 용도에 맞게 활용할 수 있다.			
전골 조리 하기	채소류 중 단단한 재료는 데치거나 삶아서 사용할 수 있다.			
	조리법에 따라 재료는 양념하여 밑간을 할 수 있다.			
	찌개와 전골은 육수에 재료와 양념을 첨가시점을 조절하여 넣고 끓일 수 있다.			
	전골에 따라 재료와 양념장, 육수를 그대로 그릇에 담아낼 수 있다.			
전골 담아 완성	조리 종류에 맞는 그릇을 선택할 수 있다.			
	조리 특성에 맞게 건더기와 국물의 양을 조절할 수 있다.			
	전골 종류와 필요한 경우, 찌개에 따라 상에서 끓여먹도록 할 수 있다.			

두부전골

시험시간 35 분

지급재료

두부 200g
소고기 살코리 30g
소고기(사태부위) 20g
무 60g
당근 60g
실파(중) 2뿌리
숙주(생 것) 50g
건표고버섯(불린 것) 2개
달걀 2개
마늘(중, 깐 것) 3쪽
대파(흰부분, 4cm 정도) 1토막
진간장 20㎖
소금 5g
참기름 5㎖
식용유 20㎖
밀가루(중력분) 20g
녹말가루(감자전분) 20g
검은후춧가루 2g
깨소금 5g
키친타월(종이, 주방용, 소 18×20cm) 1장

요구사항

주어진 재료를 사용하여 다음과 같이 '두부전골'을 만드시오.

가. 두부는 3cm×4cm×0.8cm 정도 크기 7개를, 녹말을 무쳐 지져서 전골에 돌려 담으시오.
나. 소고기는 육수와 완자용으로 나누어 사용하고, 완자는 두부와 소고기를 섞어 지름 1.5cm 정도 크기로 5개를 만들어 지져서 사용하시오.
다. 달걀은 황 · 백지단으로 5cm×1.2cm 정도 크기로 써시오.
라. 채소는 5cm×1.2cm×0.5cm 정도 크기로 썰어 사용하고, 무와 당근은 데치고 거두절미한 숙주는 데쳐서 양념하시오.
마. 재료를 색맞추어 돌려 담고, 가운데에 두부를 돌려 담아 완자를 중앙에 놓고 육수를 부어 끓여내시오.

수험자 유의사항

1. 만드는 순서에 유의하며, 위생과 숙련된 기능평가를 위하여 조리작업 시 맛을 보지 않습니다.
2. 지정된 수험자 지참준비물 이외의 조리기구나 재료를 시험장 내에 지참할 수 없습니다.
3. 지급재료는 시험 전 확인하여 이상이 있을 경우 시험위원으로부터 조치를 받고, 시험 중에는 재료의 교환 및 추가지급은 하지 않습니다.
4. 요구사항의 규격은 "정도"의 의미를 포함하며, 지급된 재료의 크기에 따라 가감하여 채점합니다.
5. 위생상태 및 안전관리 사항을 준수합니다.

조리방법

1. 두부는 3cm 가로, 4cm 세로, 0.5cm 두께로 썰고, 나머지는 완자용으로 곱게 다져 준비한다.
2. 썰어 놓은 두부는 소금을 뿌려 밑간을 한다.
3. 2의 두부는 면보를 이용하여 물기를 제거하고, 팬에서 색이 나도록 지져 키친타월에 올려 수분을 제거한다.
4. 소고기사태는 육수용으로 사용하고, 완자용 소고기는 곱게 다져 지름 1.5cm로 5개를 빚어 달걀물을 입혀 팬에서 지져 준비한다.
5. 달걀은 황 · 백지단을 부쳐 마름모꼴로 썰어놓는다.
6. 무, 당근은 5×1.2×0.5cm로 썰어 끓는물에 데쳐낸다.
7. 실파, 대파, 표고를 5cm 길이로 썰고, 숙주는 데쳐서 마늘, 대파, 참기름으로 버무려 준비한다.
8. 모든 재료가 준비되면 전골냄비에 돌려 담고, 완자 5개를 중앙에 올려놓는다.
9. 소고기육수에 간장으로 간을 하고, 전골냄비에 부어 끓여 제출한다.

전문가 TIP

- 두부를 지져 낼 때 부서지지 않도록 주의해야 한다.
- 완자를 팬에서 50% 이상 익혀야 전골에서 풀어지지 않는다.
- 모든 재료를 비슷한 크기로 썰어 돌려 담아야 한다.

한식 전골조리 학습모듈

■ 학습방법

전골 재료 준비 및 전처리	• 찌개 · 전골조리를 위한 마인드맵을 구성하여 전체적인 흐름도를 알고, 현재 학습의 위치를 확인하도록 한다. • 식품재료 다루기 과정은 사진자료를 첨부하여 보고서로 작성하고, 실습훈련을 통하여 조리능력을 함양한다. • 박물관을 방문하여 우리나라 전통 찌개 · 전골 기구의 사진자료를 첨부하여 보고서로 작성하고 발표한다.
전골 육수 만들기	• 육수 만드는 방법은 사진자료를 첨부하여 보고서를 작성하고, 실습훈련을 통하여 조리능력을 함양한다. • 모둠을 구성하여, 판매하고 있는 육수의 종류와 특징을 조사하여 보고서를 작성하고 발표한다.
전골 양념장 만들기	• 조미료와 향신료의 종류와 특징을 마인드맵으로 구성하여 특징을 파악한다. • 찌개 · 전골의 종류에 따라 사용할 수 있는 양념장 만드는 방법을 사진자료를 첨부하여 보고서를 작성하고, 실습훈련을 통하여 조리능력을 함양한다. • 모둠을 구성하여 판매할 수 있는 양념장을 개발하여 보고서를 작성한다.
전골 조리 하기	• 전골의 특징을 구분하여 파악한다. • 전골에 사용되는 재료를 손질하고, 조리원리에 맞게 만들 수 있는 능력을 함양한다. • 모둠을 구성하여, 판매할 수 있는 찌개와 전골 메뉴를 개발하여 보고서를 작성한다.
전골 담아 완성	• 찌개와 전골을 만들 때 사용하는 가열기구에 대하여 조사하고 발표한다. • 신선로에 담을 수 있는 재료를 조사하고, 레시피를 작성하여 실습한다. • 신선로의 우수성을 영양성, 기호성, 심미성, 전통성에 대하여 조사하여 보고서를 작성한다.

■ 평가방법

학습내용	평가항목	성취수준		
		상	중	하
전골 재료 준비 및 전처리	조리에 사용하는 재료를 필요량에 맞게 계량할 수 있다.			
	육수의 종류에 맞추어 도구와 재료를 준비할 수 있다.			
	재료에 따라 요구되는 전처리를 수행할 수 있다.			
	전골조리의 경우, 종류에 따라 기구를 선택할 수 있다.			
전골 육수 만들기	찬물에 육수재료를 넣고 서서히 끓일 수 있다.			
	끓이는 중, 부유물과 기름이 떠오르면 걷어내어 제거할 수 있다.			
	조리 종류에 따라 끓이는 시간과 불의 강도를 조절할 수 있다.			
	사용시점에 맞춰 냉 · 온으로 보관할 수 있다.			
전골 양념장 만들기	양념장 재료를 비율대로 혼합, 조절할 수 있다.			
	필요에 따라 양념장을 숙성할 수 있다.			
	만든 양념장을 용도에 맞게 활용할 수 있다.			
전골 조리 하기	채소류 중 단단한 재료는 데치거나 삶아서 사용할 수 있다.			
	조리법에 따라 재료는 양념하여 밑간을 할 수 있다.			
	찌개와 전골은 육수에 재료와 양념을 첨가시점을 조절하여 넣고 끓일 수 있다.			
	전골에 따라 재료와 양념장, 육수를 그대로 그릇에 담아낼 수 있다.			
전골 담아 완성	조리 종류에 맞는 그릇을 선택할 수 있다.			
	조리 특성에 맞게 건더기와 국물의 양을 조절할 수 있다.			
	전골 종류와 필요한 경우, 찌개에 따라 상에서 끓여먹도록 할 수 있다.			

닭찜

시험시간 35분

지급재료

닭(600g 정도를 세로로 반을 가른 것) 1/2마리
양파 1/3개
당근(길이 7cm 정도, 곧은 것) 50g
건표고버섯(지름 5cm 정도, 물에 불린 것) 1개(부서지지 않은 것)
달걀 1개
대파(흰부분, 4cm 정도) 1토막
마늘(중, 깐 것) 2쪽
생강 10g
진간장 50㎖
백설탕 20g
검은후춧가루 2g
깨소금 5g
참기름 10㎖
은행(겉껍질 깐 것) 3개
소금(정제염) 5g
식용유 30㎖

요구사항

주어진 재료를 사용하여 다음과 같이 '닭찜'을 만드시오.

가. 닭은 4~5cm 정도로 토막을 내시오.
나. 닭은 끓는 물에 기름을 제거하고, 부서지지 않게 조리하시오.
다. 당근은 3cm 정도 크기로 잘라 모서리를 다듬어 사용하시오.
라. 완성된 닭찜은 5토막 이상 제출하시오.
마. 황 · 백지단은 완자(마름모꼴)모양으로 만들어 고명으로 각 2개씩 얹으시오.

수험자 유의사항

1. 만드는 순서에 유의하며, 위생과 숙련된 기능평가를 위하여 조리작업 시 맛을 보지 않습니다.
2. 지정된 수험자 지참준비물 이외의 조리기구나 재료를 시험장 내에 지참할 수 없습니다.
3. 지급재료는 시험 전 확인하여 이상이 있을 경우 시험위원으로부터 조치를 받고, 시험 중에는 재료의 교환 및 추가지급은 하지 않습니다.
4. 요구사항의 규격은 "정도"의 의미를 포함하며, 지급된 재료의 크기에 따라 가감하여 채점합니다.
5. 위생상태 및 안전관리 사항을 준수합니다.

조리방법

1. 닭은 내장과 기름을 제거하고 4~5cm 크기로 토막을 낸 뒤, 찬물에 담가 핏물을 제거한다.
2. 파, 마늘, 생강은 다진다.
3. 당근은 밤알 크기로 썰어 모서리를 다듬고, 표고버섯 큰 것은 4등분, 작은 것은 2등분으로 썰고, 양파는 뿌리를 살려 4cm 길이로 썬다.
4. 끓는물에 손질된 닭을 데쳐낸다.
5. 팬에 황 · 백지단을 부쳐 마름모꼴로 썰고, 은행은 식용유, 소금을 넣어 볶다가 껍질을 벗긴다.
6. 냄비에 데친 닭을 넣고 양념장 1/2과 물 2컵을 넣어 센불에서 끓이다가, 당근을 넣고 부드러워지면 양념장 1/2과 표고버섯, 양파를 약불에서 끓인 뒤, 뚜껑을 열어 국물을 끼얹어가며 윤기 있게 조리다가 은행을 넣어 완성한다.
7. 닭찜을 그릇에 담고, 황 · 백지단을 고명으로 얹은 뒤, 국물 5큰술을 부어준다.

전문가 TIP

- 당근이 설익거나 양파가 무르지 않도록 주의하고, 닭이 잘 익도록 해야 한다.
- 재료가 익은 뒤에는 국물을 끼얹어 주어 완성한다.
- 국물의 양은 조림과 구별되어야 한다.

한식 찜 · 선조리 학습모듈

■ 학습방법

학습내용	학습방법
찜 · 선 재료 준비 및 전처리	• 찜 · 선의 종류에 대해 조사하고 발표한다. • 찜 · 선의 각 종류별 필요한 재료에 대해 숙지한다. • 조리실에서의 안전과 위생의 중요성을 인식하고, 안전수칙을 숙지한다. • 재료 검수의 중요성과 절차, 유의사항에 이해하고 실행한다. • 찜 · 선의 각 종류별 필요한 전처리에 대해 숙지하고 실습한다.
찜 · 선 양념장 제조	• 양념에 쓰이는 재료의 종류 및 특징에 대해 발표한다. • 찜 · 선의 각 종류별 필요한 양념장을 숙지하고 실습한다. • 조리실에서의 안전과 위생의 중요성에 대해 인식하고, 안전수칙을 지킨다.
찜 · 선 조리하기 (찜조리)	• 찜과 선에 쓰이는 주재료와 부재료의 종류 및 특징에 대해 발표한다. • 찜 · 선의 쓰이는 고명의 종류와 조리순서에 대해 이해하고 실습한다. • 조리실에서의 안전과 위생의 중요성에 대해 인식하고, 안전수칙을 지킨다.
찜 · 선 조리하기 (선조리)	• 찜과 선에 쓰이는 주재료와 부재료의 종류 및 특징에 대해 발표한다. • 찜 · 선의 쓰이는 고명의 종류와 조리순서에 대해 이해하고 실습한다. • 조리실에서의 안전과 위생의 중요성에 대해 인식하고, 안전수칙을 지킨다.
찜 · 선 담아 완성	• 찜과 선의 종류에 따라 그릇을 선택하여 실습한다. • 찜 · 선의 종류에 따라 고명과 국물을 실습한다. • 조리실에서의 안전과 위생의 중요성에 대해 인식하고, 안전수칙을 준수한다.

■ 평가방법

학습내용	평가항목	성취수준		
		상	중	하
찜 · 선 재료 준비 및 전처리	조리에 사용하는 재료를 필요량에 맞게 계량할 수 있다.			
	찜 · 선의 종류에 맞게 도구와 재료를 준비할 수 있다.			
	재료에 따라 요구되는 전처리를 수행할 수 있다.			
	찜 · 선의 조리법에 따라 크기와 용도를 고려하여 재료를 썰 수 있다.			
찜 · 선 양념장 제조	양념장 재료를 비율대로 혼합, 조절할 수 있다.			
	필요에 따라 양념장을 숙성할 수 있다.			
	만든 양념장을 용도에 맞게 활용할 수 있다.			
찜 · 선 조리하기	조리방법에 따라 물과 양념장의 양을 조절할 수 있다.			
	육류의 찜은 고기를 양념하여 재워둔 후 찜을 할 수 있다.			
	찜과 선의 종류와 재료에 따라 가열시간을 조절할 수 있다.			
	채소류의 찜은 화력을 조절하여 재료 고유의 색, 형태를 유지할 수 있다.			
	찜에 어울리는 고명을 만들 수 있다.			
찜 · 선 담아 완성	찜 · 선의 종류에 따라 그릇을 선택할 수 있다.			
	찜 · 선의 종류에 따라 고명을 올릴 수 있다.			
	찜 · 선의 종류에 따라 국물을 자작하게 담아낼 수 있다.			

돼지갈비찜

시험시간 30 분

지급재료

돼지갈비(5cm 토막) 200g
감자(150g 정도) 1/2개
당근(길이 7cm 정도) 50g
대파(흰부분, 4cm 정도) 1토막
마늘(중, 깐 것) 2쪽
생강 10g
진간장 40㎖
백설탕 20g
검은후춧가루 2g
깨소금 5g
참기름 5㎖
양파(중, 150g 정도) 1/3개
홍고추(생) 1/2개

요구사항

주어진 재료를 사용하여 다음과 같이 '돼지갈비찜'을 만드시오.

가. 갈비는 핏물을 제거하여 사용하시오.
나. 감자와 당근은 3cm 정도 크기로 잘라 모서리를 다듬어 사용하시오.
다. 완성된 갈비찜은 잘 무르고 부서지지 않게 조리하시오.
라. 갈비는 전량을 국물과 함께 담아 제출하시오.

수험자 유의사항

1. 만드는 순서에 유의하며, 위생과 숙련된 기능평가를 위하여 조리 작업 시 맛을 보지 않습니다.
2. 지정된 수험자 지참준비물 이외의 조리기구나 재료를 시험장 내에 지참할 수 없습니다.
3. 지급재료는 시험 전 확인하여 이상이 있을 경우 시험위원으로부터 조치를 받고, 시험 중에는 재료의 교환 및 추가지급은 하지 않습니다.
4. 요구사항의 규격은 "정도"의 의미를 포함하며, 지급된 재료의 크기에 따라 가감하여 채점합니다.
5. 위생상태 및 안전관리 사항을 준수합니다.

조리방법

1. 돼지갈비는 5cm 정도로 토막을 내어, 찬물에 담가 핏물을 제거한다.
2. 당근과 감자는 3cm 크기로 썰어 모서리를 제거하고, 양파는 4cm 길이로 썬다.
3. 홍고추는 4cm 길이로 어슷하게 썰어 씨를 제거한다.
4. 파, 마늘, 생강은 곱게 다진 뒤, 간장 2큰술, 설탕 1큰술, 참기름, 후추, 깨소금을 넣어 양념장을 만든다.
5. 끓는물에 핏물을 제거한 돼지갈비를 데쳐 찬물에 헹군다.
6. 데친 돼지갈비에 기름기를 제거하고 잔칼집을 넣는다. 냄비에 돼지갈비를 담고 물 1컵, 양념장 1/2을 넣어 끓인 뒤, 당근, 감자, 양념장 1/2을 마저 넣어 익혀 완성한다.
7. 중간중간 국물을 끼얹어 재료에 윤기가 나도록 한다.
8. 완성그릇에 돼지갈비와 감자, 당근, 양파, 홍고추를 담고 조린 국물 5큰술을 담는다.

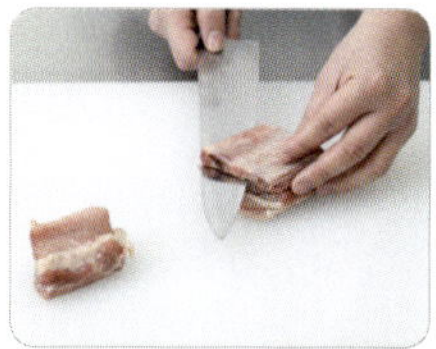

전문가 TIP

- 찜요리는 수분과 증기에 의해 익어야 되므로, 뚜껑을 덮어 익히는 조리과정이 필요하다.
- 감자, 당근이 충분히 익어야 되고, 양파가 무르지 않아야 한다.
- 완성품에 국물을 반드시 끼얹어 윤기가 나도록 제출한다.

한식 찜 · 선조리 학습모듈

■ 학습방법

구분		학습방법
찜 · 선 재료 준비 및 전처리		• 찜 · 선의 종류에 대해 조사하고 발표한다. • 찜 · 선의 각 종류별 필요한 재료에 대해 숙지한다. • 조리실에서의 안전과 위생의 중요성을 인식하고, 안전수칙을 숙지한다. • 재료 검수의 중요성과 절차, 유의사항에 이해하고 실행한다. • 찜 · 선의 각 종류별 필요한 전처리에 대해 숙지하고 실습한다.
찜 · 선 양념장 제조		• 양념에 쓰이는 재료의 종류 및 특징에 대해 발표한다. • 찜 · 선의 각 종류별 필요한 양념장을 숙지하고 실습한다. • 조리실에서의 안전과 위생의 중요성에 대해 인식하고, 안전수칙을 지킨다.
찜 · 선 조리하기	찜조리	• 찜과 선에 쓰이는 주재료와 부재료의 종류 및 특징에 대해 발표한다. • 찜 · 선의 쓰이는 고명의 종류와 조리순서에 대해 이해하고 실습한다. • 조리실에서의 안전과 위생의 중요성에 대해 인식하고, 안전수칙을 지킨다.
	선조리	• 찜과 선에 쓰이는 주재료와 부재료의 종류 및 특징에 대해 발표한다. • 찜 · 선의 쓰이는 고명의 종류와 조리순서에 대해 이해하고 실습한다. • 조리실에서의 안전과 위생의 중요성에 대해 인식하고, 안전수칙을 지킨다.
찜 · 선 담아 완성		• 찜과 선의 종류에 따라 그릇을 선택하여 실습한다. • 찜 · 선의 종류에 따라 고명과 국물을 실습한다. • 조리실에서의 안전과 위생의 중요성에 대해 인식하고, 안전수칙을 준수한다.

■ 평가방법

학습내용	평가항목	성취수준		
		상	중	하
찜 · 선 재료 준비 및 전처리	조리에 사용하는 재료를 필요량에 맞게 계량할 수 있다.			
	찜 · 선의 종류에 맞게 도구와 재료를 준비할 수 있다.			
	재료에 따라 요구되는 전처리를 수행할 수 있다.			
	찜 · 선의 조리법에 따라 크기와 용도를 고려하여 재료를 썰 수 있다.			
찜 · 선 양념장 제조	양념장 재료를 비율대로 혼합, 조절할 수 있다.			
	필요에 따라 양념장을 숙성할 수 있다.			
	만든 양념장을 용도에 맞게 활용할 수 있다.			
찜 · 선 조리 하기	조리방법에 따라 물과 양념장의 양을 조절할 수 있다.			
	육류의 찜은 고기를 양념하여 재워둔 후 찜을 할 수 있다.			
	찜과 선의 종류와 재료에 따라 가열시간을 조절할 수 있다.			
	채소류의 찜은 화력을 조절하여 재료 고유의 색, 형태를 유지할 수 있다.			
	찜에 어울리는 고명을 만들 수 있다.			
찜 · 선 담아 완성	찜 · 선의 종류에 따라 그릇을 선택할 수 있다.			
	찜 · 선의 종류에 따라 고명을 올릴 수 있다.			
	찜 · 선의 종류에 따라 국물을 자작하게 담아낼 수 있다.			

북어찜

시험시간 25 분

지급재료

북어포(반을 갈라 말린 껍질이 있는 것, 40g) 1마리
진간장 30㎖
백설탕 10g
대파(흰부분, 4cm 정도) 1토막
마늘(중, 깐 것) 2쪽
생강 5g
검은후춧가루 2g
깨소금 5g
참기름 5㎖
실고추(길이 10cm 1~2줄기) 1g

요구사항

주어진 재료를 사용하여 다음과 같이 '북어찜'을 만드시오.

가. 완성된 북어의 길이는 5cm가 되도록 하시오.
나. 북어찜은 가로로 잘라 3토막 이상 제출하시오.
(단, 세로로 잘라 3/6토막 제출할 경우 수량 부족으로 미완성 처리)

수험자 유의사항

1. 만드는 순서에 유의하며, 위생과 숙련된 기능평가를 위하여 조리작업 시 맛을 보지 않습니다.
2. 지정된 수험자 지참준비물 이외의 조리기구나 재료를 시험장 내에 지참할 수 없습니다.
3. 지급재료는 시험 전 확인하여 이상이 있을 경우 시험위원으로부터 조치를 받고, 시험 중에는 재료의 교환 및 추가지급은 하지 않습니다.
4. 요구사항의 규격은 "정도"의 의미를 포함하며, 지급된 재료의 크기에 따라 가감하여 채점합니다.
5. 위생상태 및 안전관리 사항을 준수합니다.

조리방법

1. 북어는 물에 불렸다가 머리, 지느러미, 비늘을 제거하고 5~6cm 길이로 3토막을 낸다.
2. 파, 마늘, 생강은 다지고, 실고추, 대파채는 3cm 길이로 자른다.
3. 간장 2큰술에 설탕 1큰술, 다진파, 마늘, 생강, 후추, 참기름, 깨소금을 넣어 양념장을 만든다.
4. 냄비에 북어를 담고 양념장에 물 1/2컵을 넣어 끓이다가, 약불에서 천천히 끓이면서 국물을 끼얹어 양념이 고루 배이도록 익힌다.
5. 완성된 북어찜에 실고추, 대파채를 고명으로 얹고 그릇에 담아낸 뒤, 국물을 끼얹어준다.

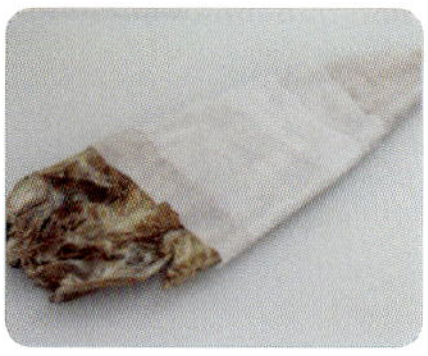

전문가 TIP

- 대파의 흰부분만 있을 경우 : 일부는 다지고, 나머지는 2cm로 잘라 결대로 채 썬다.
- 대파의 흰부분과 파란부분이 있을 경우 : 흰부분은 다지고, 파란부분은 2cm로 잘라 결대로 채 썬다.
- 북어가 너무 말라있으면 젖은 면보를 덮어 약간 불려준다.

한식 찜 · 선조리 학습모듈

■ 학습방법

구분		학습방법
찜 · 선 재료 준비 및 전처리		• 찜 · 선의 종류에 대해 조사하고 발표한다. • 찜 · 선의 각 종류별 필요한 재료에 대해 숙지한다. • 조리실에서의 안전과 위생의 중요성을 인식하고, 안전수칙을 숙지한다. • 재료 검수의 중요성과 절차, 유의사항에 이해하고 실행한다. • 찜 · 선의 각 종류별 필요한 전처리에 대해 숙지하고 실습한다.
찜 · 선 양념장 제조		• 양념에 쓰이는 재료의 종류 및 특징에 대해 발표한다. • 찜 · 선의 각 종류별 필요한 양념장을 숙지하고 실습한다. • 조리실에서의 안전과 위생의 중요성에 대해 인식하고, 안전수칙을 지킨다.
찜 · 선 조리하기	찜조리	• 찜과 선에 쓰이는 주재료와 부재료의 종류 및 특징에 대해 발표한다. • 찜 · 선의 쓰이는 고명의 종류와 조리순서에 대해 이해하고 실습한다. • 조리실에서의 안전과 위생의 중요성에 대해 인식하고, 안전수칙을 지킨다.
	선조리	• 찜과 선에 쓰이는 주재료와 부재료의 종류 및 특징에 대해 발표한다. • 찜 · 선의 쓰이는 고명의 종류와 조리순서에 대해 이해하고 실습한다. • 조리실에서의 안전과 위생의 중요성에 대해 인식하고, 안전수칙을 지킨다.
찜 · 선 담아 완성		• 찜과 선의 종류에 따라 그릇을 선택하여 실습한다. • 찜 · 선의 종류에 따라 고명과 국물을 실습한다. • 조리실에서의 안전과 위생의 중요성에 대해 인식하고, 안전수칙을 준수한다.

■ 평가방법

학습내용	평가항목	성취수준		
		상	중	하
찜 · 선 재료 준비 및 전처리	조리에 사용하는 재료를 필요량에 맞게 계량할 수 있다.			
	찜 · 선의 종류에 맞게 도구와 재료를 준비할 수 있다.			
	재료에 따라 요구되는 전처리를 수행할 수 있다.			
	찜 · 선의 조리법에 따라 크기와 용도를 고려하여 재료를 썰 수 있다.			
찜 · 선 양념장 제조	양념장 재료를 비율대로 혼합, 조절할 수 있다.			
	필요에 따라 양념장을 숙성할 수 있다.			
	만든 양념장을 용도에 맞게 활용할 수 있다.			
찜 · 선 조리 하기	조리방법에 따라 물과 양념장의 양을 조절할 수 있다.			
	육류의 찜은 고기를 양념하여 재워둔 후 찜을 할 수 있다.			
	찜과 선의 종류와 재료에 따라 가열시간을 조절할 수 있다.			
	채소류의 찜은 화력을 조절하여 재료 고유의 색, 형태를 유지할 수 있다.			
	찜에 어울리는 고명을 만들 수 있다.			
찜 · 선 담아 완성	찜 · 선의 종류에 따라 그릇을 선택할 수 있다.			
	찜 · 선의 종류에 따라 고명을 올릴 수 있다.			
	찜 · 선의 종류에 따라 국물을 자작하게 담아낼 수 있다.			

호박선

시험시간 35 분

지급재료

애호박(가는 것 중 1/2개 정도) 150g
소고기(살코기) 20g
진간장 10㎖
대파(흰부분, 4cm 정도) 1토막
마늘(중, 깐 것) 1쪽
건표고버섯(지름 5cm 정도, 물에 불린 것) 1개(부서지지 않은 것)
검은후춧가루 1g
깨소금 5g
참기름 5㎖
당근(길이 7cm 정도) 50g
달걀 1개
석이버섯(부서지지 않은 것) 5g
실고추(길이 10cm 1~2줄기) 1g
잣(깐 것) 3개
소금(정제염) 10g
겨잣가루 5g
식초 5㎖
백설탕 10g
식용유 10㎖

요구사항

주어진 재료를 사용하여 다음과 같이 '호박선'을 만드시오.

가. 애호박은 길이로 반을 갈라서 4cm 길이로 어슷썰기를 한 후, 3번 칼집을 넣어 소금물에 살짝 절여 사용하시오.
나. 소고기, 표고버섯, 당근은 곱게 채 썰어 양념하시오.
다. 황 · 백지단은 0.1cm×0.1cm×2cm, 실고추는 2cm, 잣은 반으로 쪼개어(비늘잣) 석이버섯과 함께 고명으로 얹으시오.
라. 완성된 호박선은 2개를 겨자장과 함께 제출하시오.
(단, 호박을 열십(+)자로 칼집을 내어 제출하는 경우는 오작 처리)

수험자 유의사항

1. 만드는 순서에 유의하며, 위생과 숙련된 기능평가를 위하여 조리 작업 시 맛을 보지 않습니다.
2. 지정된 수험자 지참준비물 이외의 조리기구나 재료를 시험장 내에 지참할 수 없습니다.
3. 지급재료는 시험 전 확인하여 이상이 있을 경우 시험위원으로부터 조치를 받고, 시험 중에는 재료의 교환 및 추가지급은 하지 않습니다.
4. 요구사항의 규격은 "정도"의 의미를 포함하며, 지급된 재료의 크기에 따라 가감하여 채점합니다.
5. 위생상태 및 안전관리 사항을 준수합니다.

조리방법

1. 호박은 반으로 갈라 4cm 길이로 어슷하게 썰어 바닥으로부터 1cm 남기고, 일정간격으로 3곳에 칼집을 넣어 소금물에 절인다.
2. 당근은 0.1cm 두께, 3cm 길이로 채 썰기를 하여 끓는물에 데친다.
3. 소고기와 표고버섯은 채 썰기를 하고 간장, 설탕, 다진파, 다진마늘, 참기름, 깨소금, 후추로 양념을 한 뒤, 데친 당근과 혼합한다.
4. 팬에 지단을 부쳐 0.1cm 두께, 2cm 길이로 채 썰고, 고명을 준비한다.
5. 절여진 호박에 양념된 소를 동일하게 조절하여 넣어준다.
6. 냄비에 호박을 넣고 물 1/2컵을 부은 다음, 간장으로 색을 낸 뒤 뚜껑을 덮고 찐다.
7. 완성된 호박선에 육수를 끼얹고 황 · 백지단, 석이버섯, 실고추, 잣을 얹는다.
8. 겨자장을 곁들어 낸다.

전문가 TIP

- 칼집을 일정간격으로 넣어, 칼집 낸 부분이 잘 벌어져 소를 채울 수 있도록 소금에 충분히 절인다.
- 소의 양을 동일하게 하여 채운다.
- 호박을 익힐 때 국물이 타지 않도록 주의한다.

한식 찜 · 선조리 학습모듈

■ 학습방법

학습내용		학습방법
찜 · 선 재료 준비 및 전처리		• 찜 · 선의 종류에 대해 조사하고 발표한다. • 찜 · 선의 각 종류별 필요한 재료에 대해 숙지한다. • 조리실에서의 안전과 위생의 중요성을 인식하고, 안전수칙을 숙지한다. • 재료 검수의 중요성과 절차, 유의사항에 이해하고 실행한다. • 찜 · 선의 각 종류별 필요한 전처리에 대해 숙지하고 실습한다.
찜 · 선 양념장 제조		• 양념에 쓰이는 재료의 종류 및 특징에 대해 발표한다. • 찜 · 선의 각 종류별 필요한 양념장을 숙지하고 실습한다. • 조리실에서의 안전과 위생의 중요성에 대해 인식하고, 안전수칙을 지킨다.
찜 · 선 조리하기	찜 조리	• 찜과 선에 쓰이는 주재료와 부재료의 종류 및 특징에 대해 발표한다. • 찜 · 선의 쓰이는 고명의 종류와 조리순서에 대해 이해하고 실습한다. • 조리실에서의 안전과 위생의 중요성에 대해 인식하고, 안전수칙을 지킨다.
	선 조리	• 찜과 선에 쓰이는 주재료와 부재료의 종류 및 특징에 대해 발표한다. • 찜 · 선의 쓰이는 고명의 종류와 조리순서에 대해 이해하고 실습한다. • 조리실에서의 안전과 위생의 중요성에 대해 인식하고, 안전수칙을 지킨다.
찜 · 선 담아 완성		• 찜과 선의 종류에 따라 그릇을 선택하여 실습한다. • 찜 · 선의 종류에 따라 고명과 국물을 실습한다. • 조리실에서의 안전과 위생의 중요성에 대해 인식하고, 안전수칙을 준수한다.

■ 평가방법

학습 내용	평가항목	성취수준		
		상	중	하
찜 · 선 재료 준비 및 전처리	조리에 사용하는 재료를 필요량에 맞게 계량할 수 있다.			
	찜 · 선의 종류에 맞게 도구와 재료를 준비할 수 있다.			
	재료에 따라 요구되는 전처리를 수행할 수 있다.			
	찜 · 선의 조리법에 따라 크기와 용도를 고려하여 재료를 썰 수 있다.			
찜 · 선 양념장 제조	양념장 재료를 비율대로 혼합, 조절할 수 있다.			
	필요에 따라 양념장을 숙성할 수 있다.			
	만든 양념장을 용도에 맞게 활용할 수 있다.			
찜 · 선 조리하기	조리방법에 따라 물과 양념장의 양을 조절할 수 있다.			
	육류의 찜은 고기를 양념하여 재워둔 후 찜을 할 수 있다.			
	찜과 선의 종류와 재료에 따라 가열시간을 조절할 수 있다.			
	채소류의 찜은 화력을 조절하여 재료 고유의 색, 형태를 유지할 수 있다.			
	찜에 어울리는 고명을 만들 수 있다.			
찜 · 선 담아 완성	찜 · 선의 종류에 따라 그릇을 선택할 수 있다.			
	찜 · 선의 종류에 따라 고명을 올릴 수 있다.			
	찜 · 선의 종류에 따라 국물을 자작하게 담아낼 수 있다.			

오이선

시험시간 25 분

지급재료

오이(가늘고 곧은 것) 1/2개
소고기(살코기) 20g
건표고버섯(지름 5cm 정도, 물에 불린 것) 1개(부서지지 않은 것)
달걀 1개
참기름 5mℓ
검은후춧가루 1g
소금(정제염) 20g
진간장 5mℓ
백설탕 5g
식용유 15mℓ
깨소금 5g
식초 10mℓ
대파(흰부분, 4cm 정도) 1토막
마늘(중, 깐 것) 1쪽

요구사항

주어진 재료를 사용하여 다음과 같이 '오이선'을 만드시오.

가. 오이를 길이로 1/2등분한 후, 4cm 간격으로 어슷하게 썰어 4개를 만드시오(반원모양).

나. 일정한 간격으로 3군데 칼집을 넣고 부재료를 일정량씩 색을 맞춰 끼우시오.
(단, 달걀은 황 · 백으로 분리하여 사용하시오.)

다. 단촛물을 오이선에 끼얹어 내시오.

수험자 유의사항

1. 만드는 순서에 유의하며, 위생과 숙련된 기능평가를 위하여 조리작업 시 맛을 보지 않습니다.
2. 지정된 수험자 지참준비물 이외의 조리기구나 재료를 시험장 내에 지참할 수 없습니다.
3. 지급재료는 시험 전 확인하여 이상이 있을 경우 시험위원으로부터 조치를 받고, 시험 중에는 재료의 교환 및 추가지급은 하지 않습니다.
4. 요구사항의 규격은 "정도"의 의미를 포함하며, 지급된 재료의 크기에 따라 가감하여 채점합니다.
5. 위생상태 및 안전관리 사항을 준수합니다.

조리방법

1. 오이는 소금으로 문질러 씻어 반으로 갈라 4cm 길이로 어슷하게 썬 뒤, 일정간격으로 3곳에 칼집을 넣어 4개의 수량으로 만들어 준비한다.
2. 손질된 오이는 소금물에 절인다.
3. 불린표고버섯과 소고기는 0.1cm 두께, 3cm 길이로 채 썰어 양념장에 버무린다.
4. 팬에 물기를 제거한 오이는 볶아내고, 달걀은 황 · 백지단을 부쳐 0.1cm 두께, 3cm 길이로 채 썰기를 하고, 양념된 표고버섯과 소고기를 볶아서 한데 섞어놓는다.
5. 냄비에 식초 2작은술, 물 2작은술, 설탕 2작은술, 소금 1/3작은술을 넣어 끓인 뒤, 단촛물을 만든다.
6. 오이의 칼집 사이에 황지단, 표고버섯과 소고기, 백지단 순으로 끼워 그릇에 담고, 단촛물을 내기 직전에 끼얹는다.

전문가 TIP

- 절인 오이는 센불에서 빨리 볶아야 파랗고 아삭아삭하다.
- 단촛물은 제출하기 직전에 끼얹어야 오이색이 변하지 않고 촉촉해 보인다.
- 오이에 칼집을 넣을 때 재료를 넣기 좋게 준비하고, 부서지지 않아야 한다.

한식 찜 · 선조리 학습모듈

■ 학습방법

학습내용		학습방법
찜 · 선 재료 준비 및 전처리		• 찜 · 선의 종류에 대해 조사하고 발표한다. • 찜 · 선의 각 종류별 필요한 재료에 대해 숙지한다. • 조리실에서의 안전과 위생의 중요성을 인식하고, 안전수칙을 숙지한다. • 재료 검수의 중요성과 절차, 유의사항에 이해하고 실행한다. • 찜 · 선의 각 종류별 필요한 전처리에 대해 숙지하고 실습한다.
찜 · 선 양념장 제조		• 양념에 쓰이는 재료의 종류 및 특징에 대해 발표한다. • 찜 · 선의 각 종류별 필요한 양념장을 숙지하고 실습한다. • 조리실에서의 안전과 위생의 중요성에 대해 인식하고, 안전수칙을 지킨다.
찜 · 선 조리하기	찜조리	• 찜과 선에 쓰이는 주재료와 부재료의 종류 및 특징에 대해 발표한다. • 찜 · 선의 쓰이는 고명의 종류와 조리순서에 대해 이해하고 실습한다. • 조리실에서의 안전과 위생의 중요성에 대해 인식하고, 안전수칙을 지킨다.
	선조리	• 찜과 선에 쓰이는 주재료와 부재료의 종류 및 특징에 대해 발표한다. • 찜 · 선의 쓰이는 고명의 종류와 조리순서에 대해 이해하고 실습한다. • 조리실에서의 안전과 위생의 중요성에 대해 인식하고, 안전수칙을 지킨다.
찜 · 선 담아 완성		• 찜과 선의 종류에 따라 그릇을 선택하여 실습한다. • 찜 · 선의 종류에 따라 고명과 국물을 실습한다. • 조리실에서의 안전과 위생의 중요성에 대해 인식하고, 안전수칙을 준수한다.

■ 평가방법

학습내용	평가항목	성취수준		
		상	중	하
찜 · 선 재료 준비 및 전처리	조리에 사용하는 재료를 필요량에 맞게 계량할 수 있다.			
	찜 · 선의 종류에 맞게 도구와 재료를 준비할 수 있다.			
	재료에 따라 요구되는 전처리를 수행할 수 있다.			
	찜 · 선의 조리법에 따라 크기와 용도를 고려하여 재료를 썰 수 있다.			
찜 · 선 양념장 제조	양념장 재료를 비율대로 혼합, 조절할 수 있다.			
	필요에 따라 양념장을 숙성할 수 있다.			
	만든 양념장을 용도에 맞게 활용할 수 있다.			
찜 · 선 조리하기	조리방법에 따라 물과 양념장의 양을 조절할 수 있다.			
	육류의 찜은 고기를 양념하여 재워둔 후 찜을 할 수 있다.			
	찜과 선의 종류와 재료에 따라 가열시간을 조절할 수 있다.			
	채소류의 찜은 화력을 조절하여 재료 고유의 색, 형태를 유지할 수 있다.			
	찜에 어울리는 고명을 만들 수 있다.			
찜 · 선 담아 완성	찜 · 선의 종류에 따라 그릇을 선택할 수 있다.			
	찜 · 선의 종류에 따라 고명을 올릴 수 있다.			
	찜 · 선의 종류에 따라 국물을 자작하게 담아낼 수 있다.			

어선

시험시간
50
분

지급재료

동태(500~800g) 1마리
달걀 1개
당근(길이 7cm 정도) 50g
건표고버섯(지름 5cm 정도, 물에 불린 것) 2개(부서지지 않은 것)
오이(가늘고 곧은 것) 1/3개
생강 10g
백설탕 15g
소금(정제염) 10g
흰후춧가루 2g
녹말가루 30g
진간장 20㎖
참기름 5㎖
식용유 30㎖

요구사항

주어진 재료를 사용하여 다음과 같이 '어선'을 만드시오.

가. 생선살은 어슷하게 포를 떠서 사용하시오.
나. 돌려깎은 오이, 당근, 표고버섯은 채 썰어 볶아 사용하고, 달걀은 황 · 백지단채로 사용하시오.
다. 어선은 속재료가 중앙에 위치하도록 하여 지름 3cm, 두께 2cm로 6개를 제출하시오.

수험자 유의사항

1. 만드는 순서에 유의하며, 위생과 숙련된 기능평가를 위하여 조리작업 시 맛을 보지 않습니다.
2. 지정된 수험자 지참준비물 이외의 조리기구나 재료를 시험장 내에 지참할 수 없습니다.
3. 지급재료는 시험 전 확인하여 이상이 있을 경우 시험위원으로부터 조치를 받고, 시험 중에는 재료의 교환 및 추가지급은 하지 않습니다.
4. 요구사항의 규격은 "정도"의 의미를 포함하며, 지급된 재료의 크기에 따라 가감하여 채점합니다.
5. 위생상태 및 안전관리 사항을 준수합니다.

조리방법

1. 생강은 강판을 이용하여 생강즙을 만든다.
2. 오이는 0.3cm 두께, 5cm 길이로 돌려깎아 채 썰어 소금에 절이고, 당근은 0.3cm 두께, 5cm 길이로 채 썰기를 한다.
3. 표고버섯은 물기를 제거한 뒤 0.3cm 두께, 5cm 길이로 채 썰어 간장, 설탕, 참기름으로 양념하여 준비한다.
4. 생선은 비늘을 벗겨 지느러미를 자르고 머리를 제거한 뒤, 내장을 깨끗이 꺼내고 3장뜨기로 살과 뼈를 분리한다.
5. 포를 뜬 동태살껍질을 벗겨 0.3cm 두께로 넓게 포를 떠 소금, 후추로 간을 한다.
6. 팬에 식용유를 두르고 0.3cm 두께로 황 · 백지단을 부쳐 채 썰기를 하고 오이, 당근, 표고버섯을 각각 차례로 볶아 식힌다.
7. 김발에 젖은 면보자기를 깐 다음 생선살을 빈틈없이 펴고, 생강즙과 후추를 뿌리고 녹말가루를 바른 뒤, 볶은 재료를 놓은 뒤 둥글게 말아 김이 오르는 찜솥에 넣어 13분 간 찐다.
8. 생선이 식으면 2cm 두께로 6개를 썰어 완성그릇에 담는다.

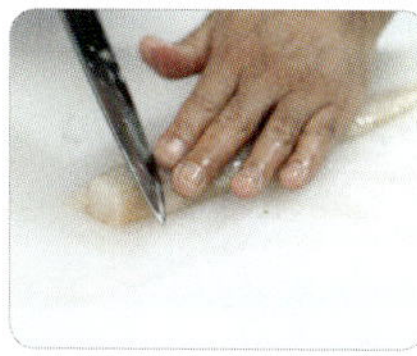

전문가 TIP

- 생선을 손질하여 포를 뜬 뒤, 두들겨 두께를 일정하게 만든다.
- 속재료는 센불에서 단시간에 볶아준다.
- 어선이 충분히 식었을 때 썰어주어야 부서지지 않는다.

한식 찜 · 선조리 학습모듈

■ 학습방법

학습내용		학습방법
찜 · 선 재료 준비 및 전처리		• 찜 · 선의 종류에 대해 조사하고 발표한다. • 찜 · 선의 각 종류별 필요한 재료에 대해 숙지한다. • 조리실에서의 안전과 위생의 중요성을 인식하고, 안전수칙을 숙지한다. • 재료 검수의 중요성과 절차, 유의사항에 이해하고 실행한다. • 찜 · 선의 각 종류별 필요한 전처리에 대해 숙지하고 실습한다.
찜 · 선 양념장 제조		• 양념에 쓰이는 재료의 종류 및 특징에 대해 발표한다. • 찜 · 선의 각 종류별 필요한 양념장을 숙지하고 실습한다. • 조리실에서의 안전과 위생의 중요성에 대해 인식하고, 안전수칙을 지킨다.
찜 · 선 조리하기	찜조리	• 찜과 선에 쓰이는 주재료와 부재료의 종류 및 특징에 대해 발표한다. • 찜 · 선의 쓰이는 고명의 종류와 조리순서에 대해 이해하고 실습한다. • 조리실에서의 안전과 위생의 중요성에 대해 인식하고, 안전수칙을 지킨다.
	선조리	• 찜과 선에 쓰이는 주재료와 부재료의 종류 및 특징에 대해 발표한다. • 찜 · 선의 쓰이는 고명의 종류와 조리순서에 대해 이해하고 실습한다. • 조리실에서의 안전과 위생의 중요성에 대해 인식하고, 안전수칙을 지킨다.
찜 · 선 담아 완성		• 찜과 선의 종류에 따라 그릇을 선택하여 실습한다. • 찜 · 선의 종류에 따라 고명과 국물을 실습한다. • 조리실에서의 안전과 위생의 중요성에 대해 인식하고, 안전수칙을 준수한다.

■ 평가방법

학습내용	평가항목	성취수준		
		상	중	하
찜 · 선 재료 준비 및 전처리	조리에 사용하는 재료를 필요량에 맞게 계량할 수 있다.			
	찜 · 선의 종류에 맞게 도구와 재료를 준비할 수 있다.			
	재료에 따라 요구되는 전처리를 수행할 수 있다.			
	찜 · 선의 조리법에 따라 크기와 용도를 고려하여 재료를 썰 수 있다.			
찜 · 선 양념장 제조	양념장 재료를 비율대로 혼합, 조절할 수 있다.			
	필요에 따라 양념장을 숙성할 수 있다.			
	만든 양념장을 용도에 맞게 활용할 수 있다.			
찜 · 선 조리 하기	조리방법에 따라 물과 양념장의 양을 조절할 수 있다.			
	육류의 찜은 고기를 양념하여 재워둔 후 찜을 할 수 있다.			
	찜과 선의 종류와 재료에 따라 가열시간을 조절할 수 있다.			
	채소류의 찜은 화력을 조절하여 재료 고유의 색, 형태를 유지할 수 있다.			
	찜에 어울리는 고명을 만들 수 있다.			
찜 · 선 담아 완성	찜 · 선의 종류에 따라 그릇을 선택할 수 있다.			
	찜 · 선의 종류에 따라 고명을 올릴 수 있다.			
	찜 · 선의 종류에 따라 국물을 자작하게 담아낼 수 있다.			

달걀찜

시험시간 25 분

지급재료

달걀 1개
새우젓 10g
실파 20g
석이버섯(부서지지 않은 것) 5g
실고추(길이 10cm 1~2줄기) 1g
참기름 5㎖
소금(정제염) 5g

요구사항

주어진 재료를 사용하여 다음과 같이 '달걀찜'을 만드시오.

가. 새우젓은 국물만 사용하고 실고추, 실파는 1cm로 썰어 고명으로 사용하시오.
나. 석이버섯은 채 썰어 양념하여 볶아 고명으로 사용하시오.
다. 알찜은 중탕하거나 찜통에 찌시오.

수험자 유의사항

1. 만드는 순서에 유의하며, 위생과 숙련된 기능평가를 위하여 조리 작업 시 맛을 보지 않습니다.
2. 지정된 수험자 지참준비물 이외의 조리기구나 재료를 시험장 내에 지참할 수 없습니다.
3. 지급재료는 시험 전 확인하여 이상이 있을 경우 시험위원으로부터 조치를 받고, 시험 중에는 재료의 교환 및 추가지급은 하지 않습니다.
4. 요구사항의 규격은 "정도"의 의미를 포함하며, 지급된 재료의 크기에 따라 가감하여 채점합니다.
5. 위생상태 및 안전관리 사항을 준수합니다.

조리방법

1. 달걀을 풀어 흰자와 노른자를 잘저어 혼합한 뒤, 새우젓즙과 소금을 넣어 준비한다.
2. 혼합된 달걀에 물 1/2컵을 붓는다.
3. 실파는 1cm 길이로 어슷썰기를 하고, 실고추는 1cm 길이로 잘라주며, 불린 석이버섯은 0.2cm 두께, 1cm 길이로 채 썰기를 한 뒤, 참기름과 소금으로 밑간을 한 뒤 볶아낸다.
4. 2의 준비된 달걀물을 체에 내려 알끈과 불순물을 제거한다.
5. 완성그릇에 달걀물을 담아 냄비에 찜그릇의 1/2의 물을 붓고, 따끈해지면 찜그릇을 넣어 익히다가 실파, 실고추, 석이버섯을 올리고 뜸을 들인 뒤 꺼낸다.

전문가 TIP

- 달걀과 물을 잘저어 혼합한다.
- 달걀이 응고되도록 소금과 새우젓국을 넣어주어야 한다.
- 중탕 시 일정하게 온도를 유지해야 부풀어 오름을 방지한다.

한식 찜 · 선조리 학습모듈

■ 학습방법

구분		내용
찜 · 선 재료 준비 및 전처리		• 찜 · 선의 종류에 대해 조사하고 발표한다. • 찜 · 선의 각 종류별 필요한 재료에 대해 숙지한다. • 조리실에서의 안전과 위생의 중요성을 인식하고, 안전수칙을 숙지한다. • 재료 검수의 중요성과 절차, 유의사항에 이해하고 실행한다. • 찜 · 선의 각 종류별 필요한 전처리에 대해 숙지하고 실습한다.
찜 · 선 양념장 제조		• 양념에 쓰이는 재료의 종류 및 특징에 대해 발표한다. • 찜 · 선의 각 종류별 필요한 양념장을 숙지하고 실습한다. • 조리실에서의 안전과 위생의 중요성에 대해 인식하고, 안전수칙을 지킨다.
찜 · 선 조리하기	찜조리	• 찜과 선에 쓰이는 주재료와 부재료의 종류 및 특징에 대해 발표한다. • 찜 · 선의 쓰이는 고명의 종류와 조리순서에 대해 이해하고 실습한다. • 조리실에서의 안전과 위생의 중요성에 대해 인식하고, 안전수칙을 지킨다.
	선조리	• 찜과 선에 쓰이는 주재료와 부재료의 종류 및 특징에 대해 발표한다. • 찜 · 선의 쓰이는 고명의 종류와 조리순서에 대해 이해하고 실습한다. • 조리실에서의 안전과 위생의 중요성에 대해 인식하고, 안전수칙을 지킨다.
찜 · 선 담아 완성		• 찜과 선의 종류에 따라 그릇을 선택하여 실습한다. • 찜 · 선의 종류에 따라 고명과 국물을 실습한다. • 조리실에서의 안전과 위생의 중요성에 대해 인식하고, 안전수칙을 준수한다.

■ 평가방법

학습 내용	평가항목	성취수준		
		상	중	하
찜 · 선 재료 준비 및 전처리	조리에 사용하는 재료를 필요량에 맞게 계량할 수 있다.			
	찜 · 선의 종류에 맞게 도구와 재료를 준비할 수 있다.			
	재료에 따라 요구되는 전처리를 수행할 수 있다.			
	찜 · 선의 조리법에 따라 크기와 용도를 고려하여 재료를 썰 수 있다.			
찜 · 선 양념장 제조	양념장 재료를 비율대로 혼합, 조절할 수 있다.			
	필요에 따라 양념장을 숙성할 수 있다.			
	만든 양념장을 용도에 맞게 활용할 수 있다.			
찜 · 선 조리 하기	조리방법에 따라 물과 양념장의 양을 조절할 수 있다.			
	육류의 찜은 고기를 양념하여 재워둔 후 찜을 할 수 있다.			
	찜과 선의 종류와 재료에 따라 가열시간을 조절할 수 있다.			
	채소류의 찜은 화력을 조절하여 재료 고유의 색, 형태를 유지할 수 있다.			
	찜에 어울리는 고명을 만들 수 있다.			
찜 · 선 담아 완성	찜 · 선의 종류에 따라 그릇을 선택할 수 있다.			
	찜 · 선의 종류에 따라 고명을 올릴 수 있다.			
	찜 · 선의 종류에 따라 국물을 자작하게 담아낼 수 있다.			

화전

시험시간 **20** 분

지급재료

젖은 찹쌀가루(방앗간에서 빻은 것) 100g
대추(중, 마른 것) 1개
식용유 10㎖
소금(정제염) 5g
백설탕 40g
쑥갓 10g

요구사항

주어진 재료를 사용하여 다음과 같이 '화전'을 만드시오.

가. 화전의 직경은 5cm, 두께는 0.4cm로 만드시오.
나. 시럽을 사용하고, 화전 5개를 제출하시오.

수험자 유의사항

1. 만드는 순서에 유의하며, 위생과 숙련된 기능평가를 위하여 조리 작업 시 맛을 보지 않습니다.
2. 지정된 수험자 지참준비물 이외의 조리기구나 재료를 시험장 내에 지참할 수 없습니다.
3. 지급재료는 시험 전 확인하여 이상이 있을 경우 시험위원으로부터 조치를 받고, 시험 중에는 재료의 교환 및 추가지급은 하지 않습니다.
4. 요구사항의 규격은 "정도"의 의미를 포함하며, 지급된 재료의 크기에 따라 가감하여 채점합니다.
5. 위생상태 및 안전관리 사항을 준수합니다.

조리방법

1. 쑥갓은 찬물에 담그고, 대추는 젖은 면보자기로 닦아 준비한다.
2. 체에 내린 찹쌀가루 12큰술에 뜨거운 물 2큰술, 소금을 넣어 익반죽한다.
3. 대추는 돌려깎아 씨를 발라내고 돌돌 말아, 0.2cm 두께로 썰어 꽃을 완성한다.
4. 쑥갓은 짧게 잎을 떼서 준비한다.
5. 물 4큰술과 설탕 4큰술을 넣어 중불에서 서서히 끓여, 전체 양이 1/2정도 될 때까지 젓지 말고 끓여 시럽을 완성한다.
6. 접시에 식용유를 바르고 1의 반죽으로 지름 5cm, 두께 0.4cm의 둥근 화전을 빚어 준비한다.
7. 팬에 기름을 두르고 화전의 한 면을 지진 후, 뒤집어 대추와 쑥갓으로 꽃모양을 낸 뒤, 다른 면을 익혀 완성한다.
8. 접시에 화전을 담고 시럽을 끼얹는다.

전문가 TIP

- 반죽할 때 물을 한꺼번에 넣지 말고, 조금씩 넣어가며 한다.
- 팬에 지질 때 식용유의 양이 많으면 떡이 부풀고 튀겨지므로 주의한다.

한식 전 · 적조리 학습모듈

■ 학습방법

전 · 적 재료 준비 및 전처리	• 전 · 적 · 튀김의 정의와 종류, 특징을 이해하고 새로운 조리용어들을 학습한다. • 전 · 적 · 튀김의 종류에 맞추어 도구와 재료를 준비할 수 있도록 하며, 계량방법을 학습한다. • 전 · 적 · 튀김 요리에 따라 알맞은 재료를 준비할 수 있도록 하며, 재료에 따라 요구되는 전처리방법을 학습한다.
전 · 적 조리하기	• 밀가루, 달걀 등의 재료를 섞어 전 · 적 · 튀김에 사용할 반죽 농도를 맞출 수 있는 방법을 학습한다. • 전 · 적 · 튀김조리의 종류에 따라 속재료 및 혼합재료 등을 만들 수 있는 방법을 학습한다. • 주재료에 따라 소를 채우거나 꼬치를 활용하여 전 · 적의 형태를 만들 수 있는 방법을 학습한다. • 재료와 전 · 적 · 튀김조리법에 따라 기름의 종류, 양과 온도를 조절하여 지지거나 튀길 수 있는 방법을 학습한다.
전 · 적 담아 완성	• 조리법에 따라 알맞은 전 · 적 · 튀김 그릇을 선택할 수 있도록 학습한다. • 전 · 적 · 튀김의 조리는 기름을 제거하여 담아내는 방법을 학습한다. • 전 · 적 · 튀김조리를 따듯한 온도, 색, 풍미를 유지하여 담아낼 수 있는 방법을 학습한다.

■ 평가방법

학습 내용	평가항목	성취수준		
		상	중	하
전 · 적 재료 준비 및 전처리	조리 특성에 맞게 신선하고 적합한 재료를 선택할 수 있다.			
	조리에 사용하는 재료를 필요량에 맞게 계량할 수 있다.			
	전 · 적 · 튀김의 종류에 맞추어 도구와 재료를 준비할 수 있다.			
	재료에 따라 요구되는 전처리를 수행할 수 있다.			
전 · 적 조리하기	밀가루, 달걀 등의 재료를 섞어 반죽물 농도를 맞출 수 있다.			
	조리의 종류에 따라 속재료 및 혼합재료 등을 만들 수 있다.			
	주재료에 따라 소를 채우거나 꼬치를 활용하여 전의 형태를 만들 수 있다.			
	재료와 조리방법에 따라 기름의 종류, 양과 온도를 조절하여 지질 수 있다.			
전 · 적 담아 완성	조리법에 따라 전 · 적 · 튀김 그릇을 선택할 수 있다.			
	전 · 적 · 튀김의 조리는 기름을 제거하여 담아낼 수 있다.			
	전 · 적 · 튀김의 조리를 따듯한 온도, 색, 풍미를 유지하여 담아낼 수 있다.			

채소튀김

시험시간 20 분

지급재료

단호박(길이로 등분할 것) 100g
고구마(원형을 살려 등분할 것) 100g
깻잎 3장
밀가루(박력분) 100g
달걀 1개
식용유 500㎖
진간장 10㎖
백설탕 5g
식초 10㎖
잣 2알
A4 용지 1장
키친타월(종이) 2장

요구사항

주어진 재료를 사용하여 다음과 같이 '채소튀김'을 만드시오.

가. 단호박은 길이로 잘라 씨와 속을 긁어내고 0.3cm 두께로 자르시오.
나. 고구마는 0.3cm 두께 원형으로 잘라 전분기를 제거하여 사용하시오.
다. 깻잎은 찬물에 담가두었다가 물기를 제거하고 사용하시오.
라. 밀가루와 달걀을 섞어 반죽을 만들고, 튀김은 각 3개씩 제출하시오.
마. 초간장에 잣가루를 뿌려 곁들여 내시오.

수험자 유의사항

1. 만드는 순서에 유의하며, 위생과 숙련된 기능평가를 위하여 조리작업 시 맛을 보지 않습니다.
2. 지정된 수험자 지참준비물 이외의 조리기구나 재료를 시험장 내에 지참할 수 없습니다.
3. 지급재료는 시험 전 확인하여 이상이 있을 경우 시험위원으로부터 조치를 받고, 시험 중에는 재료의 교환 및 추가지급은 하지 않습니다.
4. 요구사항의 규격은 "정도"의 의미를 포함하며, 지급된 재료의 크기에 따라 가감하여 채점합니다.
5. 위생상태 및 안전관리 사항을 준수합니다.

조리방법

1. 깻잎은 깨끗이 씻어 찬물에 담가놓는다.
2. 고구마도 씻어 0.3cm 두께의 원형으로 3개를 썰어, 찬물에 담가 전분기를 제거한다.
3. 단호박은 씨와 속을 도려내고, 깨끗이 씻어 0.3cm 두께의 길이로 3개를 썰어놓는다.
4. 깻잎과 고구마의 수분을 제거한 뒤, 단호박과 함께 밀가루를 무친다.
5. 믹싱볼에 체 친 밀가루를 넣고, 달걀과 물을 넣고 섞어서 튀김반죽을 만든다.
6. 수분을 제거한 튀김재료에 준비된 튀김반죽을 입혀 160~170℃의 기름에 각각 3개씩 튀겨낸 다음, 키친타월에 올려 기름을 제거한다.
7. 간장, 설탕, 식초를 넣은 초간장에 잣가루를 뿌려 곁들인다.
8. 접시에 고구마, 단호박, 깻잎을 3개씩 담아 제출한다.

전문가 TIP

- 튀김기름 온도는 반죽을 기름에 떨어뜨려 가라앉았다가, 바로 떠오르면 튀김을 넣는다.
- 고구마의 전분기를 제거하고, 깻잎은 싱싱하게 준비한다.
- 모든 재료를 준비한 후 튀김할 반죽을 만들어야 한다.
- 튀김반죽의 농도가 적당하도록 만들어야 한다.

한식 튀김조리 학습모듈

■ 학습방법

튀김 재료 준비 및 전처리	• 전 · 적 · 튀김의 정의와 종류, 특징을 이해하고 새로운 조리용어들을 학습한다. • 전 · 적 · 튀김의 종류에 맞추어 도구와 재료를 준비할 수 있도록 하며, 계량방법을 학습한다. • 전 · 적 · 튀김 요리에 따라 알맞은 재료를 준비할 수 있도록 하며, 재료에 따라 요구되는 전처리방법을 학습한다.
튀김 조리 하기	• 밀가루, 달걀 등의 재료를 섞어 전 · 적 · 튀김에 사용할 반죽 농도를 맞출 수 있는 방법을 학습한다. • 전 · 적 · 튀김조리의 종류에 따라 속재료 및 혼합재료 등을 만들 수 있는 방법을 학습한다. • 주재료에 따라 소를 채우거나 꼬치를 활용하여 전 · 적의 형태를 만들 수 있는 방법을 학습한다. • 재료와 전 · 적 · 튀김조리법에 따라 기름의 종류, 양과 온도를 조절하여 지지거나 튀길 수 있는 방법을 학습한다.
튀김 담아 완성	• 조리법에 따라 알맞은 전 · 적 · 튀김 그릇을 선택할 수 있도록 학습한다. • 전 · 적 · 튀김의 조리는 기름을 제거하여 담아내는 방법을 학습한다. • 전 · 적 · 튀김조리를 따듯한 온도, 색, 풍미를 유지하여 담아낼 수 있는 방법을 학습한다.

■ 평가방법

학습 내용	평가항목	성취수준		
		상	중	하
튀김 재료 준비 및 전처리	조리 특성에 맞게 신선하고 적합한 재료를 선택할 수 있다.			
	조리에 사용하는 재료를 필요량에 맞게 계량할 수 있다.			
	전 · 적 · 튀김의 종류에 맞추어 도구와 재료를 준비할 수 있다.			
	재료에 따라 요구되는 전처리를 수행할 수 있다.			
튀김 조리 하기	밀가루, 달걀 등의 재료를 섞어 반죽물 농도를 맞출 수 있다.			
	조리의 종류에 따라 속재료 및 혼합재료 등을 만들 수 있다.			
	주재료에 따라 소를 채우거나 꼬치를 활용하여 전의 형태를 만들 수 있다.			
	재료와 조리방법에 따라 기름의 종류, 양과 온도를 조절하여 지질 수 있다.			
튀김 담아 완성	조리법에 따라 전 · 적 · 튀김 그릇을 선택할 수 있다.			
	전 · 적 · 튀김의 조리는 기름을 제거하여 담아낼 수 있다.			
	전 · 적 · 튀김의 조리를 따듯한 온도, 색, 풍미를 유지하여 담아낼 수 있다.			

북어보푸라기

시험시간 20 분

지급재료

북어포(반을 갈라 말린 껍질이 있는 것, 40g) 1마리
소금(정제염) 5g
진간장 5㎖
백설탕 10g
참기름 15㎖
깨소금 5g
고춧가루(고운 것) 10g

요구사항

주어진 재료를 사용하여 다음과 같이 '북어보푸라기'를 만드시오.

가. 북어보푸라기는 소금, 간장, 고춧가루로 양념하시오.
(단, 고추기름은 사용하지 마시오.)

나. 북어보푸라기는 삼색의 구분이 뚜렷하게 하시오.

수험자 유의사항

1. 만드는 순서에 유의하며, 위생과 숙련된 기능평가를 위하여 조리작업 시 맛을 보지 않습니다.
2. 지정된 수험자 지참준비물 이외의 조리기구나 재료를 시험장 내에 지참할 수 없습니다.
3. 지급재료는 시험 전 확인하여 이상이 있을 경우 시험위원으로부터 조치를 받고, 시험 중에는 재료의 교환 및 추가지급은 하지 않습니다.
4. 요구사항의 규격은 "정도"의 의미를 포함하며, 지급된 재료의 크기에 따라 가감하여 채점합니다.
5. 위생상태 및 안전관리 사항을 준수합니다.

조리방법

1. 북어는 젖은 면보자기에 잠시 싸두었다가 뼈, 가시를 발라낸다.
2. 손질된 북어는 강판에 곱게 간다.
3. 양이 부족할 수 있으니, 필요하다면 잘라서라도 충분히 만들어야 한다.
4. 북어에 설탕과 참기름, 깨소금을 넣어 밑간을 하고 3등분을 한다.
5. 3등분한 북어에 소금, 고춧가루, 간장을 넣어 고루 비벼가며 색을 내고 보기 좋게 담는다.

전문가 TIP

- 북어보푸라기에 밑간을 한 뒤, 고루 비빈다.
- 삼색의 구분이 명확해야 되고, 보푸라기의 양이 일정해야 된다.
- 지급된 북어를 전량 보푸라기를 만든다.(간혹 전체 양이 부족해 보이는 경우가 있다.)

한식 숙채조리 학습모듈

■ 학습방법

숙채 재료 준비	• 숙채 · 숙회조리에 따라 도구와 재료를 학습한다. • 숙채 · 숙회 특징과 조리법 차이점을 학습한다.
숙채 조리	• 숙채 조리에 따라 양념장 재료를 비율대로 혼합, 조절하는 방법을 학습한다. • 숙채 조리방법과 양념재료 성분과 특징을 학습한다. • 숙채 조리 특성에 따른 조미료를 넣는 순서를 학습한다. • 채소 고유의 색상을 유지하여 조리하는 방법을 학습한다.
숙채 담아 완성	• 숙채 조리에 맞는 그릇을 선택할 수 있도록 학습한다. • 숙채 조리에 맞게 그릇과 조화롭게 담아 완성할 수 있도록 학습한다.

■ 평가방법

학습 내용	평가항목	성취수준		
		상	중	하
숙채 재료 준비	조리에 사용하는 재료를 필요량에 맞게 계량할 수 있다.			
	숙채 종류에 맞추어 도구와 재료를 준비할 수 있다.			
	재료에 따라 요구되는 전처리를 수행할 수 있다.			
숙채 조리	양념장 재료를 비율대로 혼합, 조절할 수 있다.			
	양념이 잘 배합되도록 무칠 수 있다.			
	숙채는 조리방법에 따라서 삶거나 데칠 수 있다.			
	재료에 따라 숙회를 만들 수 있다.			
숙채 담아 완성	숙채 그릇을 선택할 수 있다.			
	숙채를 그릇에 담아낼 수 있다.			

오이소박이

시험시간 **20** 분

지급재료

오이(가는 것, 20cm 정도) 1개
부추 20g
대파(흰부분, 4cm 정도) 1토막
생강 5g
마늘(중, 깐 것) 1쪽
소금(정제염) 15g
고춧가루 10g

요구사항

주어진 재료를 사용하여 다음과 같이 '오이소박이'를 만드시오.

가. 오이는 6cm 길이로 3토막 내시오.
나. 오이에 3~4갈래 칼집을 넣을 때 양쪽 끝이 1cm 정도 남도록 하시오.
다. 소를 만들 때 부추의 길이는 0.5cm로 하시오.
라. 그릇에 묻은 양념을 이용하여 김칫국을 만들어 소박이 위에 부으시오.

수험자 유의사항

1. 만드는 순서에 유의하며, 위생과 숙련된 기능평가를 위하여 조리작업 시 맛을 보지 않습니다.
2. 지정된 수험자 지참준비물 이외의 조리기구나 재료를 시험장 내에 지참할 수 없습니다.
3. 지급재료는 시험 전 확인하여 이상이 있을 경우 시험위원으로부터 조치를 받고, 시험 중에는 재료의 교환 및 추가지급은 하지 않습니다.
4. 요구사항의 규격은 "정도"의 의미를 포함하며, 지급된 재료의 크기에 따라 가감하여 채점합니다.
5. 위생상태 및 안전관리 사항을 준수합니다.

조리방법

1. 오이는 소금으로 문질러 깨끗이 씻어준 뒤, 겉면 돌기를 제거하고 6cm 길이로 3토막 이상을 내어 양끝 1cm를 남기고 열십자로 칼집을 내어준다.
2. 1의 오이는 미지근한 소금물에 절이고 파, 마늘, 생강을 다진다.
3. 부추는 다듬어 0.5cm 길이로 송송 썰어 준비한다.
4. 고춧가루 1큰술, 다진파, 마늘, 생강, 소금, 물 1큰술로 양념장을 만든 뒤, 부추와 버무려 소를 완성한다.
5. 절인오이는 물기를 제거한 뒤, 소를 고루 채워 그릇에 담는다.
6. 소를 버무린 그릇에 물을 넣어 국물을 만들고, 완성된 오이소박이 위에 끼얹는다.

전문가 TIP

- 오이에 칼집을 넣을 때, 작은 칼로 열십자를 내고 부서지지 않게 한다.
- 소를 만들 때, 양념과 부추를 가볍게 버무린다.
- 소의 양을 3등분하여 고르게 소를 채운다.
- 양념장 국물의 양을 조절한다.

김치조리 학습모듈

■ 학습방법

김치 재료 준비	• 김치 만드는데 사용하는 도구와 사용법 및 계량방법을 학습한다. • 김치 종류에 따른 주재료의 품질을 학습한다. • 김치 종류에 따른 다듬기, 자르기, 절이기, 세척, 물빼기를 숙지한다. • 김치 종류에 따른 부재료를 학습한다.
김치 양념 배합	• 김치 종류에 따라 재료 및 분량, 부재료 사용방법을 학습한다. • 양념을 만들기 위한 부재료 전처리방법을 숙지한다. • 풀쑤기 만드는 방법과 사용방법을 숙지한다. • 김치 종류에 따라 양념 배합하기를 숙지한다.
김치 담그기	• 김치의 발효와 숙성에 대하여 학습한다. • 김치 중량 당 양념의 양이 일정량 혼합될 수 있도록 사전에 레시피에 대하여 숙지한다. • 김치 종류에 따라 양념소를 넣거나 버무리기 과정을 실습한다.
김치 담아 완성	• 그릇의 종류, 그릇의 선택, 그릇의 모양을 학습한다. • 김치 종류에 따라 그릇을 선택하는 방법을 학습한다. • 김치를 담아 완성하기를 숙지한다.

■ 평가방법

학습 내용	평가항목	성취수준		
		상	중	하
김치 재료 준비	김치에 사용하는 재료를 필요량에 맞게 계량할 수 있다.			
	김치의 종류에 맞추어 도구와 재료를 준비할 수 있다.			
	재료에 따라 요구되는 전처리를 수행할 수 있다.			
	배추나 무 등의 김치재료를 적정한 시간과 염도에 맞춰 절일 수 있다.			
김치 양념 배합	김치 종류에 따른 양념재료를 비율대로 혼합, 조절할 수 있다.			
	김치 종류, 저장기간에 따라 양념의 비율을 조절할 수 있다.			
	양념을 용도에 맞게 활용할 수 있다.			
김치 담그기	김치의 특성에 맞도록 주재료에 부재료와 양념의 비율을 조절하여 소를 넣거나 버무릴 수 있다.			
	김치의 종류에 따라 국물의 양을 조절할 수 있다.			
	온도와 시간을 조절하여 숙성하여 보관할 수 있다.			
김치 담아 완성	김치의 종류에 따라 다양한 그릇을 선택할 수 있다.			
	적정한 온도를 유지하도록 담을 수 있다.			
	김치의 종류에 따라 조화롭게 담아낼 수 있다.			

보쌈김치

시험시간 35 분

지급재료

절인배추(500g 정도) 1/6포기
무 50g
밤(중, 생것, 껍질 깐 것) 1개
배(중, 30g 정도) 1/10개
실파(1뿌리) 20g
마늘(중, 깐 것) 2쪽
생강 5g
미나리(줄기부분) 30g
갓(적겨자 대체 가능) 20g
대추(중, 마른 것) 1개
석이버섯(부러지지 않은 것) 5g
잣(깐 것) 5개
생굴(껍질 벗긴 것) 20g
낙지다리(다리 1개 정도) 50g
고춧가루 20g
소금(정제염) 5g
새우젓 20g

요구사항

주어진 재료를 사용하여 다음과 같이 '보쌈김치'를 만드시오.

가. 무 · 배추는 0.3cm×3cm×3cm 나박썰기, 배 · 밤은 편썰기, 미나리 · 갓 · 파 · 낙지는 3cm로 썰어 굴, 마늘채, 생강채와 함께 김치 속으로 사용하시오.
나. 그릇 바닥을 배추로 덮은 후, 내용물을 담고 배춧잎의 끝을 바깥쪽으로 모양있게 접어 넣어 내용물이 보이도록 하여 제출하시오.
다. 석이, 대추, 잣은 고명으로 얹으시오.
라. 보쌈김치에 국물을 만들어 부으시오.

수험자 유의사항

1. 만드는 순서에 유의하며, 위생과 숙련된 기능평가를 위하여 조리작업 시 맛을 보지 않습니다.
2. 지정된 수험자 지참준비물 이외의 조리기구나 재료를 시험장 내에 지참할 수 없습니다.
3. 지급재료는 시험 전 확인하여 이상이 있을 경우 시험위원으로부터 조치를 받고, 시험 중에는 재료의 교환 및 추가지급은 하지 않습니다.
4. 요구사항의 규격은 "정도"의 의미를 포함하며, 지급된 재료의 크기에 따라 가감하여 채점합니다.
5. 위생상태 및 안전관리 사항을 준수합니다.

조리방법

1. 절인배추는 줄기와 잎을 분리하여 줄기부분은 3×3×0.3cm로 나박 썰고, 잎 부분은 소금에 절여 소로 사용한다.
2. 무는 3×3×0.3cm로 썰어, 배추의 줄기부분과 함께 소금에 절인다.
3. 석이버섯은 불려 채 썰기를 한다.
4. 낙지와 굴은 소금물에 씻고, 낙지는 3cm 길이로 썬다.
5. 미나리, 실파, 갓은 3cm 길이로 썰고, 배는 3×3×0.3cm로 밤은 편 썰기를 하며, 석이버섯과 대추, 마늘과 생강은 채 썰기를 한다.
6. 준비된 재료에 고춧가루, 액젓, 소금으로 만든 양념장을 넣어 버무린다.
7. 완성그릇에 배춧잎을 깔고 버무린 김치를 담은 다음, 배춧잎을 그릇 안쪽으로 말아넣고 국물을 부은 다음 대추, 잣, 석이버섯을 고명으로 얹는다.

전문가 TIP

- 배춧잎은 오랫동안 절여서 잘 구부러질 수 있도록 하며, 무는 살짝 절인다.
- 보쌈김치는 원래 절여진 배춧잎으로 버무린 소를 완전히 싸서 독에 차곡차곡 담는 것이지만, 시험장에서는 감독관이 볼 수 있도록 배춧잎을 바깥쪽으로 모양 있게 접어 내용물이 보이게 한다.
- 보쌈김치 국물이 절반 정도 오도록 담아낸다.

김치조리 학습모듈

■ 학습방법

김치 재료 준비	• 김치 만드는데 사용하는 도구와 사용법 및 계량방법을 학습한다. • 김치 종류에 따른 주재료의 품질을 학습한다. • 김치 종류에 따른 다듬기, 자르기, 절이기, 세척, 물빼기를 숙지한다. • 김치 종류에 따른 부재료를 학습한다.
김치 양념 배합	• 김치 종류에 따라 재료 및 분량, 부재료 사용방법을 학습한다. • 양념을 만들기 위한 부재료 전처리방법을 숙지한다. • 풀쑤기 만드는 방법과 사용방법을 숙지한다. • 김치 종류에 따라 양념 배합하기를 숙지한다.
김치 담그기	• 김치의 발효와 숙성에 대하여 학습한다. • 김치 중량 당 양념의 양이 일정량 혼합될 수 있도록 사전에 레시피에 대하여 숙지한다. • 김치 종류에 따라 양념소를 넣거나 버무리기 과정을 실습한다.
김치 담아 완성	• 그릇의 종류, 그릇의 선택, 그릇의 모양을 학습한다. • 김치 종류에 따라 그릇을 선택하는 방법을 학습한다. • 김치를 담아 완성하기를 숙지한다.

■ 평가방법

학습 내용	평가항목	성취수준		
		상	중	하
김치 재료 준비	김치에 사용하는 재료를 필요량에 맞게 계량할 수 있다.			
	김치의 종류에 맞추어 도구와 재료를 준비할 수 있다.			
	재료에 따라 요구되는 전처리를 수행할 수 있다.			
	배추나 무 등의 김치재료를 적정한 시간과 염도에 맞춰 절일 수 있다.			
김치 양념 배합	김치 종류에 따른 양념재료를 비율대로 혼합, 조절할 수 있다.			
	김치 종류, 저장기간에 따라 양념의 비율을 조절할 수 있다.			
	양념을 용도에 맞게 활용할 수 있다.			
김치 담그기	김치의 특성에 맞도록 주재료에 부재료와 양념의 비율을 조절하여 소를 넣거나 버무릴 수 있다.			
	김치의 종류에 따라 국물의 양을 조절할 수 있다.			
	온도와 시간을 조절하여 숙성하여 보관할 수 있다.			
김치 담아 완성	김치의 종류에 따라 다양한 그릇을 선택할 수 있다.			
	적정한 온도를 유지하도록 담을 수 있다.			
	김치의 종류에 따라 조화롭게 담아낼 수 있다.			

배숙

시험시간 **30** 분

지급재료

배(중, 150g 정도) 1/4개
통후추 15개
생강 30g
황설탕 30g
잣(깐 것) 3개
백설탕 20g

요구사항

주어진 재료를 사용하여 다음과 같이 '배숙'을 만드시오.

가. 배의 모양과 크기는 일정하게 3쪽 이상을 만들고, 등쪽에 통후추를 박으시오.
(단, 지급된 배의 크기에 따라 완성품을 만든다.)

나. 국물은 생강과 설탕의 맛이 나도록 하고, 양은 200㎖ 제출하시오.

다. 배가 국물에 떠있는 농도로 하시오.

수험자 유의사항

1. 만드는 순서에 유의하며, 위생과 숙련된 기능평가를 위하여 조리작업 시 맛을 보지 않습니다.
2. 지정된 수험자 지참준비물 이외의 조리기구나 재료를 시험장 내에 지참할 수 없습니다.
3. 지급재료는 시험 전 확인하여 이상이 있을 경우 시험위원으로부터 조치를 받고, 시험 중에는 재료의 교환 및 추가지급은 하지 않습니다.
4. 요구사항의 규격은 "정도"의 의미를 포함하며, 지급된 재료의 크기에 따라 가감하여 채점합니다.
5. 위생상태 및 안전관리 사항을 준수합니다.

조리방법

1. 생강은 껍질을 벗겨 얇게 저며 썰어, 찬물 3컵을 붓고 중불에서 은근히 끓인다.
2. 배는 모양과 크기를 일정하게 3등분하여 껍질과 씨를 제거하고 모서리를 다듬는다.
3. 다듬어진 배에 일정간격으로 통후추를 깊숙이 박는다.
4. 끓인 생강물은 체에 내려 불순물을 제거한다.
5. 준비된 생강물에 황설탕 2큰술, 백설탕 1큰술을 넣어 녹인다.
6. 5의 생강물에 배를 넣어 약불에서 뚜껑을 열고 배가 투명해질 때까지 서서히 끓여 완성한 뒤, 잣을 띄운다.

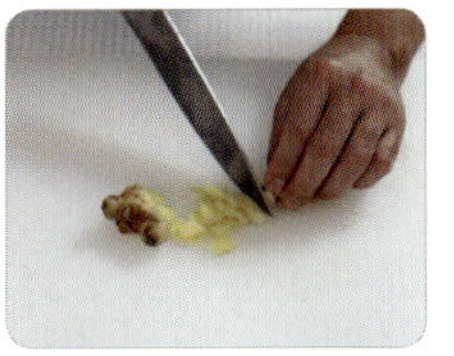

전문가 TIP

- 주재료인 배가 갈변되지 않도록 손질한다.
- 통후추를 깊이 박지 않으면 끓이는 도중에 빠지기 쉽다.
- 배를 익힐 때 뚜껑을 열고 약불에서 끓여야, 국물이 투명하게 만들어진다.

음청류조리 학습모듈

■ 학습방법

음청류 재료 준비 및 전처리	• 음청류의 종류와 특성에 대하여 숙지하고 체계적으로 학습한다. • 음청류조리에 사용하는 재료와 선별법에 대하여 이해할 수 있도록 학습한다. • 재료의 용도별 전처리 과정에 대한 설명을 하고, 수행순서에 따라 실습에 적용하도록 학습한다. • 조리도구의 종류와 용도에 맞는 도구선택 방법을 익히고 학습한다.
음청류 조리	• 음청류를 종류에 따라 주재료와 부재료를 알맞게 배합하여 끓이거나 우려내는 법을 체계적으로 학습한다. • 음청류에 띄울 고명의 종류를 학습하고, 각 조리법에 따라 준비할 수 있도록 학습한다. • 조리기구별 사용설명과 기물세척법 및 비품의 정리정돈에 대하여 체계적으로 학습한다.
음청류 담아 완성	• 음청류의 종류에 따른 그릇의 모양과 색상을 잘 선택할 수 있도록 학습한다. • 준비한 그릇에 재료와 국물의 비율을 알맞게 고려하여 담을 수 있도록 학습한다. • 끓이거나 우려낸 국물에 기호에 따라 꿀이나 설탕을 첨가하는 방법을 학습한다. • 음청류의 종류에 따라 냉 · 온으로 보관하여 제공하는 방법을 학습한다. • 음청류의 종류에 따라 고명을 손질하고 사용방법을 학습한다.

■ 평가방법

학습내용	평가항목	성취수준		
		상	중	하
음청류 재료 준비 및 전처리	조리에 사용하는 재료를 필요량에 맞게 계량할 수 있다.			
	음청류의 종류에 맞추어 도구와 재료를 준비할 수 있다.			
	재료에 따라 요구되는 전처리를 수행할 수 있다.			
음청류 조리	음청류의 주재료와 부재료를 배합할 수 있다.			
	음청류 종류에 따라 끓이거나 우려낼 수 있다.			
	음청류에 띄울 과일, 꽃, 보리, 떡수단, 원소병 재료 등을 조리법대로 준비할 수 있다.			
	끓이거나 우려낸 국물에 당도를 맞출 수 있다.			
	음청류의 종류에 따라 냉 · 온으로 보관할 수 있다.			
음청류 담아 완성	음청류의 그릇을 선택할 수 있다.			
	그릇에 준비한 재료와 국물을 비율에 맞게 담을 수 있다.			
	음청류에 따라 고명을 사용할 수 있다.			

매작과

시험시간 **30** 분

지급재료

밀가루(중력분) 50g
소금(정제염) 5g
식용유 300㎖
백설탕 40g
생강 10g
잣(깐 것) 5개
A4용지 1장

요구사항

주어진 재료를 사용하여 다음과 같이 '매작과'를 만드시오.

가. 매작과는 크기가 균일하게 2cm×5cm×0.3cm 정도로 만드시오.
나. 매작과 모양은 중앙에 3군데 칼집을 넣어 모양을 내시오.
다. 시럽을 사용하고 잣가루를 뿌려 10개를 제출하시오.

수험자 유의사항

1. 만드는 순서에 유의하며, 위생과 숙련된 기능평가를 위하여 조리작업 시 맛을 보지 않습니다.
2. 지정된 수험자 지참준비물 이외의 조리기구나 재료를 시험장 내에 지참할 수 없습니다.
3. 지급재료는 시험 전 확인하여 이상이 있을 경우 시험위원으로부터 조치를 받고, 시험 중에는 재료의 교환 및 추가지급은 하지 않습니다.
4. 요구사항의 규격은 "정도"의 의미를 포함하며, 지급된 재료의 크기에 따라 가감하여 채점합니다.
5. 위생상태 및 안전관리 사항을 준수합니다.

조리방법

1. 밀가루 6큰술을 체에 내리고, 생강즙 2큰술을 만든다.
2. 밀가루 6큰술, 생강즙 2큰술, 소금을 넣어 반죽을 하고 잣을 다진다.
3. 냄비에 물 3큰술과 설탕 3큰술을 혼합하여, 중불에서 은근하게 끓여 시럽을 완성한다.
4. 숙성된 매작과 반죽을 0.2cm 두께로 밀고, 2cm 가로, 5cm 세로로 10개를 썬다.
5. 반을 접어 세 곳에 칼집을 넣고 뒤집기를 하여 매작과 모양을 만든다.
6. 팬에 식용유를 넣어 매작과를 튀겨 낸 뒤, 시럽을 바르고 잣가루를 뿌려낸다.

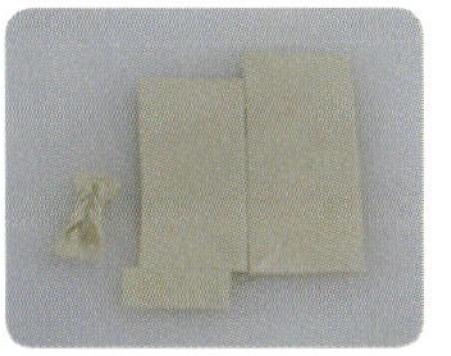

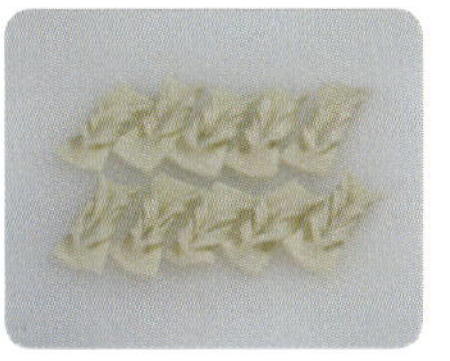

전문가 TIP

- 시럽은 물과 설탕을 동량으로 넣어 설탕을 충분히 녹인 뒤, 끓여서 농도를 낸다.
- 매작과를 튀길 때 식용유의 온도가 너무 높으면 기포가 생기고 색이 짙어진다.
- 젓가락으로 양쪽을 잡아주어 틈이 벌어지지 않도록 모양을 잡는다.

한과조리 학습모듈

■ 학습방법

한과 재료 준비 및 전처리	• 한과의 종류에 대해 사전 조사하고 발표한다. • 한과의 각 종류별 필요한 재료에 대해 숙지하고 계량한다. • 조리실에서의 안전의 중요성을 인식하고, 안전수칙을 숙지한다. • 한과의 각 종류별 필요한 전처리에 대해 숙지하고 실습한다.
한과 재료 배합	• 발색 재료의 종류 및 특징에 대해 이해한다. • 발색 재료의 특징에 맞게 배합하는 법을 이해하고 실습한다.
한과 만들기	• 한과의 종류에 맞게 제조에 필요한 반죽을 한다. • 한과 만들기에 필요한 재료를 종류 및 특징에 맞게 이해한다. • 한과의 종류에 따라 다른 모양을 이해하고 실습한다. • 집청시럽을 이해하고 집청을 한다.
한과 담아 완성	• 한과의 담을 그릇을 선택하여 담는다. • 한과의 색과 모양의 조화를 맞춰 담는다. • 한과의 종류에 따라 보관과 저장법, 포장법을 이해하고 기록해 둔다.

■ 평가방법

학습 내용	평가항목	성취수준		
		상	중	하
한과 재료 준비 및 전처리	한과에 사용하는 재료를 필요량에 맞게 계량할 수 있다.			
	한과의 종류에 맞추어 도구와 재료를 준비할 수 있다.			
	재료에 따라 요구되는 전처리를 수행할 수 있다.			
한과 재료 배합	쌀가루나 밀가루에 원하는 색이 나오도록 발색 재료를 첨가, 조절할 수 있다.			
	주재료와 부재료를 배합할 수 있다.			
	배합한 재료를 용도에 맞게 활용할 수 있다.			
한과 만들기	한과의 제조에 필요한 재료를 반죽할 수 있다.			
	한과의 종류에 따라 모양을 만들 수 있다.			
	한과의 종류에 따라 조리방법을 달리하여 조리할 수 있다.			
	꿀이나 설탕시럽에 담가둔 후 꺼내거나 끼얹을 수 있다.			
	고명을 사용하여 장식할 수 있다.			
한과 담아 완성	한과를 담을 그릇을 선택하여 담을 수 있다.			
	한과의 색과 모양을 조화에 맞춰 담아낼 수 있다.			
	한과의 종류에 따라 보관과 저장을 할 수 있다.			

무숙장아찌

시험시간 **25** 분

지급재료

무(길이 6cm 정도) 120g
미나리(줄기 부분) 20g
대파(흰부분, 4cm 정도) 1토막
마늘(중, 깐 것) 1쪽
소고기(살코기) 30g
식용유 30㎖
진간장 50㎖
깨소금 5g
참기름 5㎖
백설탕 5g
검은후춧가루 1g
실고추(길이 10cm 1~2줄기) 1g

요구사항

주어진 재료를 사용하여 다음과 같이 '무숙장아찌'를 만드시오.

가. 무는 0.6cm×0.6cm×5cm로 써시오.
나. 소고기는 0.3cm×0.3cm×4cm로 써시오.
다. 미나리는 4cm로 써시오.
라. 무숙장아찌는 무의 색이 지나치게 검어지지 않도록 하여 80g 이상 제출하시오.

수험자 유의사항

1. 만드는 순서에 유의하며, 위생과 숙련된 기능평가를 위하여 조리 작업 시 맛을 보지 않습니다.
2. 지정된 수험자 지참준비물 이외의 조리기구나 재료를 시험장 내에 지참할 수 없습니다.
3. 지급재료는 시험 전 확인하여 이상이 있을 경우 시험위원으로부터 조치를 받고, 시험 중에는 재료의 교환 및 추가지급은 하지 않습니다.
4. 요구사항의 규격은 "정도"의 의미를 포함하며, 지급된 재료의 크기에 따라 가감하여 채점합니다.
5. 위생상태 및 안전관리 사항을 준수합니다.

조리방법

1. 무는 껍질을 벗긴 뒤, 0.6cm 두께, 5cm 길이로 썬다.
2. 미나리는 잎과 뿌리를 제거하고, 4cm 길이로 썬다.
3. 간장 2큰술을 계량하여 무를 절여준다.
4. 무를 절였던 간장의 양이 2배가 되면 냄비에 졸여주고, 다시 무를 절여준다.
5. 소고기는 0.2cm 두께, 5cm 길이로 채 썰기를 하여 양념장에 버무린다.
6. 절여진 무는 체에 걸러 면보자기를 이용하여 물기를 제거한다.
7. 팬에 식용유를 두르고 소고기를 볶다가 무를 함께 볶아준 뒤, 미나리, 실고추, 참기름을 넣어 완성한다.

전문가 TIP

- 무를 많이 익혀 투명하게 되지 않도록 한다.
- 간장에 절여진 무는 여러 번 뒤적여 색을 균일하게 입힌다.
- 모든 재료가 고루 보이도록 80g 이상 담는다.

장아찌조리 학습모듈

■ 학습방법

장아찌 재료 준비 및 전처리	• 장아찌의 종류를 설명하고, 계절별 장아찌의 특성에 대하여 숙지한다. • 장아찌의 종류에 따른 재료를 필요량에 맞도록 계량하는 방법과, 필요 도구와 재료를 숙지한다. • 장아찌의 재료에 따라 요구되는 전처리법과 담금장 종류를 숙지한다.
장아찌 양념 배합	• 장아찌를 만들기 위한 장류를 배합, 조절할 수 있도록 숙지한다. • 장아찌 종류에 따라 양념장을 끓일 수 있는 방법을 숙지한다. • 만든 양념장을 장아찌 종류에 맞게 활용할 수 있도록 숙지한다.
장아찌 조리	• 장아찌 종류에 따라 주재료를 적정한 시간과 염도를 맞추어 미리 절일 수 있도록 학습한다. • 장아찌의 종류에 따라 재료에 양념장을 사용하여 첨가할 수 있도록 학습한다. • 적정한 온도와 시간을 조절하여 숙성, 보관할 수 있도록 학습한다.
장아찌 담아 완성	• 장아찌와 국물의 비율을 맞춰 담아낼 수 있도록 숙지한다. • 장아찌 종류에 따라 썰어서 양념하는 방법과 고명 사용법을 할 수 있도록 숙지한다. • 장아찌의 종류에 따라 적합한 그릇을 선택하여 담아내는 방법을 숙지한다.

■ 평가방법

학습내용	평가항목	성취수준		
		상	중	하
장아찌 재료 준비 및 전처리	조리에 사용하는 재료를 필요량에 맞춰 계량할 수 있다.			
	장아찌의 종류에 맞는 도구와 재료를 준비할 수 있다.			
	재료에 따라 요구되는 전처리를 수행할 수 있다.			
장아찌 양념 배합	장아찌 만들기 위한 장류를 배합, 조절할 수 있다.			
	장아찌 종류에 따라 양념장을 끓일 수 있다.			
	만든 양념장을 용도에 맞게 활용할 수 있다.			
장아찌 조리	장아찌 종류에 따라 주재료를 적정한 시간과 염도를 맞추어 미리 절일 수 있다.			
	장아찌의 종류에 따라 재료에 양념장을 사용하여 첨가할 수 있다.			
	적정한 온도와 시간을 조절하여 숙성, 보관할 수 있다.			
장아찌 담아 완성	장아찌의 종류에 따라 다양한 그릇을 선택할 수 있다.			
	장아찌와 국물의 비율을 맞춰 담아낼 수 있다.			
	장아찌의 종류에 따라 썰어서 양념할 수 있다.			
	장아찌의 종류에 따라 고명을 활용할 수 있다.			

오이숙장아찌

시험시간 25 분

지급재료

오이(가는 것 20cm 정도) 1/2개
대파(흰부분, 4cm 정도) 1토막
마늘(중, 깐 것) 1쪽
건표고버섯(지름 5cm 정도, 물에 불린 것) 1개(부서지지 않은 것)
소고기(살코기) 30g
식용유 30㎖
소금(정제염) 5g
진간장 20㎖
깨소금 5g
참기름 5㎖
백설탕 5g
검은후춧가루 1g
실고추(길이 10cm 1~2줄기) 1g

요구사항

주어진 재료를 사용하여 다음과 같이 '오이숙장아찌'를 만드시오.

가. 오이는 0.5cm×0.5cm×5cm 정도, 소고기는 0.3cm×0.3cm×4cm 정도, 표고버섯은 0.3cm 정도 크기의 폭으로 써시오.

나. 오이, 소고기, 표고버섯은 각각 조리하여 함께 무쳐 50g 이상 제출하시오.

수험자 유의사항

1. 만드는 순서에 유의하며, 위생과 숙련된 기능평가를 위하여 조리작업 시 맛을 보지 않습니다.
2. 지정된 수험자 지참준비물 이외의 조리기구나 재료를 시험장 내에 지참할 수 없습니다.
3. 지급재료는 시험 전 확인하여 이상이 있을 경우 시험위원으로부터 조치를 받고, 시험 중에는 재료의 교환 및 추가지급은 하지 않습니다.
4. 요구사항의 규격은 "정도"의 의미를 포함하며, 지급된 재료의 크기에 따라 가감하여 채점합니다.
5. 위생상태 및 안전관리 사항을 준수합니다.

조리방법

1. 오이는 5cm 길이로 자른 후 3등분 내어 씨를 제거하고, 0.5cm 두께로 썰어 소금에 절였다가 물기를 제거한다.
2. 표고버섯은 물기를 제거한 후 기둥을 제거하고, 포를 떠서 폭 0.3cm, 길이 4cm로, 소고기는 핏물제거 후 같은 크기로 채 썰기를 한다.
3. 간장 1큰술에 설탕 1/2큰술, 다진파, 다진마늘, 참기름, 깨소금, 후추로 양념장을 만들어 소고기와 표고버섯에 각각 양념을 한다.
4. 팬에 식용유를 두른 뒤 오이, 소고기, 표고버섯 순으로 각각 볶아 식힌다.
5. 볶아놓은 오이, 소고기, 표고버섯을 잘 섞은 다음, 3cm 길이로 자른 실고추, 참기름, 깨소금을 넣어 고루 버무린다.

전문가 TIP

- 오이는 씨를 제거하고 일정한 크기로 썬다.
- 모든 재료는 각각 볶았다가 식혀 버무려 준다.

장아찌조리 학습모듈

■ 학습방법

장아찌 재료 준비 및 전처리	• 장아찌의 종류를 설명하고, 계절별 장아찌의 특성에 대하여 숙지한다. • 장아찌의 종류에 따른 재료를 필요량에 맞도록 계량하는 방법과, 필요 도구와 재료를 숙지한다. • 장아찌의 재료에 따라 요구되는 전처리법과 담금장 종류를 숙지한다.
장아찌 양념 배합	• 장아찌를 만들기 위한 장류를 배합, 조절할 수 있도록 숙지한다. • 장아찌 종류에 따라 양념장을 끓일 수 있는 방법을 숙지한다. • 만든 양념장을 장아찌 종류에 맞게 활용할 수 있도록 숙지한다.
장아찌 조리	• 장아찌 종류에 따라 주재료를 적정한 시간과 염도를 맞추어 미리 절일 수 있도록 학습한다. • 장아찌의 종류에 따라 재료에 양념장을 사용하여 첨가할 수 있도록 학습한다. • 적정한 온도와 시간을 조절하여 숙성, 보관할 수 있도록 학습한다.
장아찌 담아 완성	• 장아찌와 국물의 비율을 맞춰 담아낼 수 있도록 숙지한다. • 장아찌 종류에 따라 썰어서 양념하는 방법과 고명 사용법을 할 수 있도록 숙지한다. • 장아찌의 종류에 따라 적합한 그릇을 선택하여 담아내는 방법을 숙지한다.

■ 평가방법

학습 내용	평가항목	성취수준		
		상	중	하
장아찌 재료 준비 및 전처리	조리에 사용하는 재료를 필요량에 맞춰 계량할 수 있다.			
	장아찌의 종류에 맞는 도구와 재료를 준비할 수 있다.			
	재료에 따라 요구되는 전처리를 수행할 수 있다.			
장아찌 양념 배합	장아찌 만들기 위한 장류를 배합, 조절할 수 있다.			
	장아찌 종류에 따라 양념장을 끓일 수 있다.			
	만든 양념장을 용도에 맞게 활용할 수 있다.			
장아찌 조리	장아찌 종류에 따라 주재료를 적정한 시간과 염도를 맞추어 미리 절일 수 있다.			
	장아찌의 종류에 따라 재료에 양념장을 사용하여 첨가할 수 있다.			
	적정한 온도와 시간을 조절하여 숙성, 보관할 수 있다.			
장아찌 담아 완성	장아찌의 종류에 따라 다양한 그릇을 선택할 수 있다.			
	장아찌와 국물의 비율을 맞춰 담아낼 수 있다.			
	장아찌의 종류에 따라 썰어서 양념할 수 있다.			
	장아찌의 종류에 따라 고명을 활용할 수 있다.			

▷ 한식조리기능사 자격증 취득과정

자 격 명 : 한식조리기능사

영 문 명 : Craftsman Cook, Korean Food

관련부처 : 식품의약품안전처

시행기관 : 한국산업인력공단

시험정보	
시험수수료	– 필기 : 11,900원 – 실기 : 26,900원 (2020년 1월 기준)
출제경향	– 요구작업 내용 : 지급된 재료를 갖고 요구하는 작품을 시험시간 내에 1인분을 만들어내는 작업 – 주요 평가내용 : 위생상태(개인 및 조리과정), 조리의 기술(기구취급, 동작, 순서, 재료다듬기 방법), 작품의 평가, 정리정돈 및 청소
출제기준	한식조리기능사 출제기준 적용기간 (2016.1.1 ~ 새로운 출제기준으로 적용)
공개문제	www.qnet.or.kr 큐넷에서 공개문제 다운로드 가능
취득방법	① 시 행 처 : 한국산업인력공단 ② 시험과목 – 필기 : 식품위생 및 관련법규, 식품학, 조리이론 및 원가계산, 공중보건 – 실기 : 한식조리작업 ③ 검정방법 – 필기 : 객관식 4지 택일형, 60문항(60분) – 실기 : 작업형 (70분 정도) ④ 합격기준 : 100점 만점에 60점 이상

▣ 실기시험 진행 방법

1. 수험자는 자신의 수검번호와 시험날짜 및 시간, 장소를 정확히 확인하여 지정된 시험시간 30분 전에 시험장에 도착하여 수험자 대기실에서 대기한다.
2. 출석을 확인한 후 비번호(등번호)를 배정받고 대기실에서 실기시험장 내로 이동한다.
3. 각자의 등번호와 같은 조리대를 찾아 개인준비물을 꺼내놓고 정돈하며, 본부요원의 지시에 따라 시험 볼 주재료와 양념류를 확인하고 조리기구를 점검한다.
4. 지급재료표와 본인이 지급받은 재료를 비교하여 차이가 없는지 확인하여, 차이가 있으면 시험위원에게 손을 들고 알려 시험이 시작되기 전에 조치를 받도록 한다.
5. 시험 시작을 알리면 음식 만들기에 들어간다.
6. 수험자 요구사항을 충분히 숙지하여 정해진 시간 내에 지정된 조리작품 두 가지를 만들어 등번호표와 함께 제출하고, 이어서 청소 및 정돈 후 퇴실한다.
7. 요구작품이 두 가지인데, 한 가지 작품만 제출하거나 익혀야 할 음식을 익히지 않았거나 태웠을 경우, 요구사항에 나와있는 작품의 수량보다 부족할 경우, 시험시간을 초과할 경우 채점대상에서 제외된다.

▣ 시험장에서의 주의사항

1. 위생적인 조리를 위해 조리복 상의, 하의(바지), 앞치마, 위생모자, 안전화(슬리퍼, 샌들, 굽 높은 구두 등은 금지)를 준비한다.
2. 장신구(시계, 반지, 팔찌, 귀걸이) 등의 착용과 매니큐어의 사용을 금지한다.
3. 배정받은 등번호의 지정된 조리대에 조리기구와 수험자 준비물을 정리하고, 감독위원의 지시에 따른다.
4. 지급재료표와 지급받은 재료가 차이가 없는지 확인하여, 차이가 있으면 시험위원에게 알려서 시험이 시작되기 전에 조치를 받도록 한다.
5. 지급된 재료는 추가 지급되지 않는다.
6. 제시하는 작품은 두 가지로 정해진 시간 내에 제출해야 점수를 받을 수 있다.
7. 시험장에서 두 가지 작품을 만들 때, 시간이 오래 걸리는 작품을 먼저 하거나 불을 오랫동안 사용하는 작품의 순서로 진행한다.
8. 작품이 완성되면 꼭 요구사항을 확인하고, 지급재료 이외의 재료가 들어갔는지 다시 확인하여 감독위원이 지시하는 장소로 신속히 제출한다.
9. 작품 제출 후에 본인의 조리작업대를 깨끗이 청소하고 조리기구를 정리 정돈한 후, 감독위원의 지시에 따라 퇴장한다.
10. 지급된 재료는 1인분의 양이므로, 주재료 전부를 사용하여 조리하여야 한다.
11. 조리기구 중 가스레인지 및 칼 등을 사용할 때에는 안전을 유념하여야 한다.

▣ 실기시험 준비물

지참공구명	규격	수량
위생복	• 상의 : 흰색, 긴팔 • 하의 : 색상무관, 긴바지 • 안전사고 방지를 위하여 반바지, 짧은 치마, 폭넓은 바지 등 작업에 방해가 되는 모양이 아닐 것	1벌
위생모(머리망, 머리수건)	• 흰색 • 일반 조리장에서 통용되는 위생모	1개
위생화 또는 작업화	• 색상 무관 • 위생화, 작업화, 발등이 덮이는 깨끗한 운동화 • 미끄러짐 및 화상의 위험이 있는 슬리퍼류, 작업에 방해가 되는 굽이 높은 구두, 속 굽 있는 운동화가 아닐 것	1개
앞치마	• 흰색 • 무릎 아래까지 덮이는 길이	1개
장신구	• 착용 금지 • 시계, 반지, 귀걸이, 목걸이, 팔찌 등 이물, 교차오염 등의 식품위생 위해 장신구는 착용하지 않을 것	
두발	• 단정하고 청결할 것 • 머리카락이 길 경우, 머리카락이 흘러내리지 않도록 단정히 묶거나 머리망 착용할 것	

손톱	길지 않고 청결해야 하며 매니큐어, 인조손톱부착을 하지 않을 것	
칼, 과도	조리용	1개
숟가락, 나무젓가락		각 1개
계량컵, 계량스푼		1세트
밀대		1개
위생타월		10장
위생비닐, 랩		1장
면보, 행주		1장
프라이팬	소형	1개
강판, 석쇠	소형	각 1개
김발		1개
산적꼬지, 이쑤시개		각 1개
가위		1개
도마	나무도마 또는 흰색	
이쑤시개		

※자격정보시스템의 수험자 지참준비물 수량(1개)은 최소 필요량을 표시하였으므로 수험자가 필요시 추가지참 가능하며, 시험에 불필요하다고 판단되는 것은 지참하지 않아도 무방합니다.

▣ 수험자 유의사항

1) 수험자 준비물을 정리하고 시험감독위원의 지시에 따른다.
2) 시험장소를 이탈할 경우, 감독의 사전 승인을 받아야 한다.
3) 조리작품 만드는 순서는 틀리지 않게 하여야 한다.
4) 숙련된 기능으로 맛을 내야하므로 조리작업 시 음식의 맛을 보지 않는다.
5) 지정된 수험자 지참준비물 이외의 조리기구나 재료를 시험장 내에 지참할 수 없다.
6) 지급재료는 시험 전 확인하여 이상이 있을 경우 시험위원으로부터 조치를 받고, 시험 도중에는 재료의 교환 및 추가지급은 하지 않는다.

〈2018년 추가 변경사항〉

1) 만드는 순서에 유의하며, 위생과 숙련된 기능평가를 위하여 조리작업 시 맛을 보지 않습니다.
2) 지정된 수험자 지참준비물 이외의 조리기구나 재료를 시험장 내에 지참할 수 없습니다.
3) 지급재료는 시험 전 확인하여 이상이 있을 경우 시험위원으로부터 조치를 받고, 시험 중에는 재료의 교환 및 추가지급은 하지 않습니다.
4) 요구사항의 규격은 '정도'의 의미를 포함하며, 지급된 재료의 크기에 따라 가감하여 채점합니다.
5) 위생상태 및 안전관리사항을 준수합니다.
6) 다음 사항에 대해서는 채점대상에서 제외하니, 특히 유의하시기 바랍니다.
   가) 기권 – 수험자 본인이 시험 도중 시험에 대한 포기의사를 표현하는 경우
   나) 실격 – (1) 가스레인지 화구 2개 이상(2개 포함) 사용한 경우, (2) 불을 사용하여 만든 조리작품이

작품특성에 벗어나는 정도로 타거나 익지 않은 경우, (3) 시험 중 시설 · 장비(칼, 가스레인지 등) 사용 시 감독위원 및 타수험자의 시험진행에 위협이 될 것으로 감독위원 전원이 합의하여 판단한 경우

다) 미완성 – (1) 시험시간 내에 과제 두 가지를 제출하지 못한 경우, (2) 문제의 요구사항대로 과제의 수량이 만들어지지 않은 경우

라) 오작 – (1) 구이를 찜으로 조리하는 등과 같이 조리방법을 다르게 한 경우, (2) 해당과제의 지급재료 이외의 재료를 사용하거나 석쇠 등 요구사항의 조리도구를 사용하지 않은 경우

마) 요구사항에 명시된 실격, 미완성, 오작에 해당하는 경우

7) 항목별 배점은 위생상태 및 안전관리 5점, 조리기술 30점, 작품의 평가 15점 등입니다.

〈2020년 추가 변경사항〉

- 실격 – 위생복, 위생모, 앞치마를 착용하지 않은 경우
- 지참준비물 추가 – 손가락 골무, 밴드 등 가벼운 상처를 치료할 수 있는 상비약
- 눈금표시가 있는 조리도구(칼, 계량스푼 등) – 눈금 표식이 보이지 않도록 조치한 후 사용하였으나 사용 불가로 변경됨

References

기초한식조리, 강영림 외, 도서출판 유강, 2014.

고급한국음식, 홍진숙 외, 교문사, 2012.

고급한국전통음식, 정순영 외, 백산출판사, 2013.

아름다운 한국음식 300선, 사)한국전통음식연구소, 한림출판사, 2008.

조리입문, 오석태, 한국조리기술연구소, 2011.

조리용어해설, 윤수선 외, 지식인, 2013.

주방관리론, 윤수선 외, 백산출판사, 2010.

한국음식 기초조리, 윤숙자 외, 지구문화사, 2012.

Lotte Hotel 직무교재.

The Plaza Hotel 직무교재.

http://www.qnet.or.kr 한국산업인력공단 한식조리기능사 공개문제.

http://www.ncs.go.kr/ncs/ NCS 국가직무능력표준 한식조리 학습모듈.

Profile

윤수선
현) 안산대학교 호텔조리과 교수
호텔관광경영학 박사
대한민국 조리기능장
Seoul Plaza Hotel, Novotel Ambassador Seoul 조리팀
서울시장, 문화체육부장관, 보건복지가족부장관 표창
프랑스 Le Coredon Blue 요리학교 연수
이탈리아 I.C.I.F, ALMA 요리학교 연수
서울 세계관광음식박람회 보건복지가족부장관상
한국산업인력공단 기능사, 산업기사, 기능장 심사위원 · 출제위원
대한민국 요리경연대회 심사위원
코리아 푸드 트렌드페어 요리경연대회 심사위원
서울특별시, 경기도, 제주도 기능경기대회 심사위원
중등학교 정교사 교원자격
직업능력개발훈련 교사

김성옥
현) 동원대학교 호텔조리과 교수
경기대학교 외식조리관리전공 관광학 박사
한국음식 조리명인 지정
농림수산식품부, 노동부 농림수산식품기술기획평가원 자문위원
식품기술사, 조리기능장, 영양사, 외식창업컨설턴트
한국조리학회 학술이사
한국조리기능장회, 세계식문화연구회, 푸드스타일리스트협회 이사 등
한국음식관광협회, 한국김치협회, 한국외식경영학회 부회장
국무총리, 문화관광부장관, 보건복지부장관, 서울시장상 등 다수

이시은
현) 강동대학교 호텔조리제빵과 교수
중앙대학교 일반대학원 식품영양학과 이학 박사
중앙대학교 일반대학원 식품영양학과 석사
조리기능사(한식 · 양식 · 일식 · 중식), 조리산업기사, 제과 · 제빵 기능사 실기 감독위원
충주시 향토음식위원회 자문위원, 향토음식경연대회 심사위원장
한국전통음식 경연대회 농림수산부장관상
한국전통음식 맛체험박람회 향토음식부문 식품의약품안전처장상

김주현
현) 동서울대학교 관광학부 호텔외식조리과 교수
이화여자대학교 일반대학원 이학 박사
한국식품영양재단 책임연구원
경북과학대학 전통발효식품과 교수
국민대학교 식품영양학과 겸임교수
식생활교육국민네트워크, 한국식생활문화학회 이사
한국식생활교육학회, 대한지역사회영양학회 이사

손은수
현) 창원문성대학 호텔외식조리과 교수
경성대학교 일반대학원 외식경영학 박사과정
조리기능사(한식 · 양식 · 일식 · 중식 · 복어)
조리산업기사(한식 · 중식)
대한민국 조리기능장
영산대학교 식품조리학과 외래강사
부산광역시 교육연수원 강사 역임
사) 한국차문화연합회, 한국음식관광협회 우수지도자상

강봉옥
현) 부산여자대학교 호텔조리제빵계열 교수
한국방송통신대학교 식품영양학전공 생활과학 석사
산업인력공단 감독위원
전문대학협의회 기획위원
부산롯데호텔 조리팀(한식)
그랜드호텔 조리팀(한식)
제14회 부산아시안게임 선수단(한식담당)
APEC회의 각국정상 만찬(한식담당)

황수정
현) 대구한의대학교 한방식품조리영양학부 교수
세종대학교 조리외식경영학과 조리학 박사
동국대학교 원전의사학전공 한의학 박사
고려대학교 식품공학과 이학 석사
한국전통음식연구소 연구원
백석문화대학 외식산업학부 교수
사) 한국조리학회 수석이사

정봉구
현) 백석예술대학교 외식산업학부 교수
호텔관광경영학 박사
대한민국 조리기능장
롯데호텔서울 조리팀 근무
백석예술대학교 겸임교수
배화여자대학교 외래교수
한국산업인력공단 심사위원
2009 태국국제요리대회 국가대표팀(고멧팀) 동메달
2010 싱가폴국제요리대회 국가대표팀(고멧팀) 동메달

강송목
현) 경남관광고등학교 교사
AT센터 현장코칭(조리, 외식경영) 기업컨설팅 전문위원
일본 후쿠오카 후쿠라쿠사 복어요리 전문가과정 수료
글로벌 리더요리 국가대표 팀장
대한민국 공인 조리기능장
산업인력관리공단 실기 심사위원